重庆归侨口述史

（1937–1978）

岳精柱 董 涛 主编

中国华侨出版社

·北京·

图书在版编目（CIP）数据

重庆归侨口述史 / 岳精柱，董涛主编. — 北京：中国华侨出版社，2022. 2
ISBN 978-7-5113-8501-7

Ⅰ. ①重… Ⅱ. ①岳… ②董… Ⅲ. ①归国华侨—史料—重庆 Ⅳ. ①D634.3

中国版本图书馆CIP数据核字（2020）第264529号

●重庆归侨口述史

主　　编 / 岳精柱　董　涛
责任编辑 / 姜薇薇
封面设计 / 姜宜彪
经　　销 / 新华书店
开　　本 / 710毫米 × 1000 毫米　1/16　印张/16.5　字数/284 千字

版　　次 / 2022 年 2 月第 1 版　2022 年 2 月第 1 次印刷
书　　号 / ISBN 978-7-5113-8501-7
定　　价 / 55. 00元

中国华侨出版社　北京市朝阳区西坝河东里77号楼底商5号　邮编：100028
发 行 部：（010）64443051　传　真：（010）64439708
网　　址：www.oveaschin.com　E-mail：oveaschin@sina.com

重庆市社科规划特别委托项目

重庆中国三峡博物馆资助项目

重庆市归国华侨联合会后期资助项目

印尼归侨，抗战机工陈寿全（左一）在滇缅公路上

荣誉证书

刘贝锦同志响应著名爱国侨领陈嘉庚先生的号召，怀着满腔爱国热忱，在抗日战争期间加入南洋华侨机工服务团，回国参加抗日救国斗争。半个世纪以来，为抗日战争的胜利和社会主义建设事业作出了积极的贡献。

特发此证，以资表彰。

四川省人民政府侨务办公室

四川省归国华侨联合会

一九八九年九月

马来西亚归侨，南侨机工刘贝锦的荣誉证书

1937 年中国广西柳州，胡志明主席与曾健斌（中，归侨曾汉川之兄）代表越南抗日力量与中国国民党何应钦部长商谈中国支援越南抗日活动经费等各项事务

归侨曾健斌（右二）参加 1946 年越南河内庆祝抗战胜利大会。

归侨曾健斌（图中作小标记处）参加庆祝越南政府成立游行集会

印尼归侨邓海东 1956 年 11 月回国，乘坐荷兰“芝万宜”海轮发给乘客的面包盒，里面装两块面包

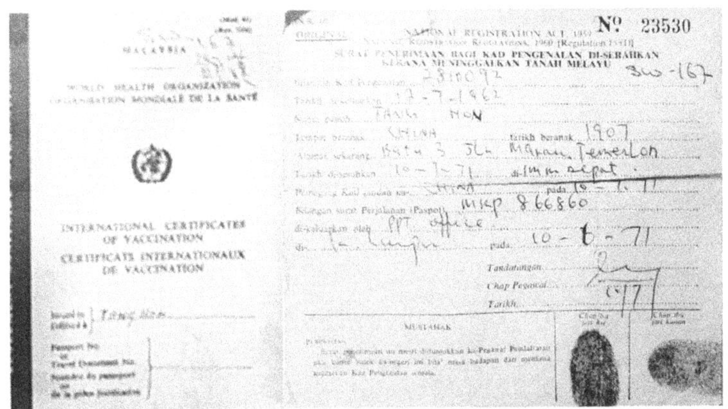

MALAYSIA

WORLD HEALTH ORGANIZATION
ORGANISATION MONDIALE DE LA SANTÉ

INTERNATIONAL CERTIFICATES
OF VACCINATION
CERTIFICATS INTERNATIONAUX
DE VACCINATION

Issued to
Délivré à

Passport No.
or
Travel Document No.
Numéro du passeport
ou
de la pièce justificative

№ 23530

NATIONAL REGISTRATION ACT 1959

SURAT PENERIMAAN BAGI KAD PENGENALAN DI-SERAHKAN
KERANA MENINGGALKAN TANAH MELAYU

tarikh beranak 1907

Tandatangan

Chap Pegawai

Tarikh

MUSTAHAK

印尼归侨邓汉（邓海东父亲）1971 年回国护照

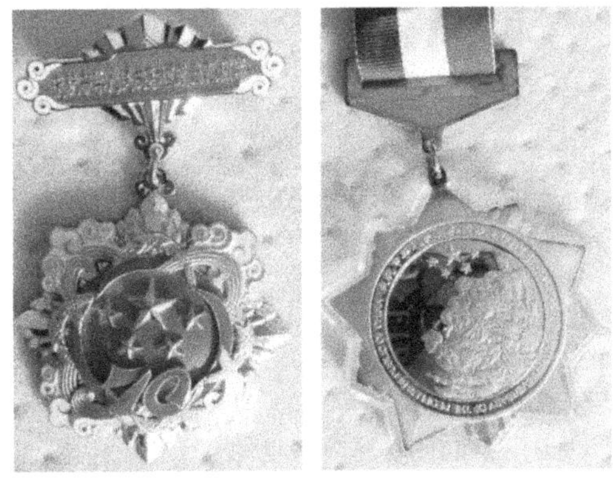

缅甸归侨郭焕贞获得中华人民共和国成立 60 周年、70 周年的纪念勋章

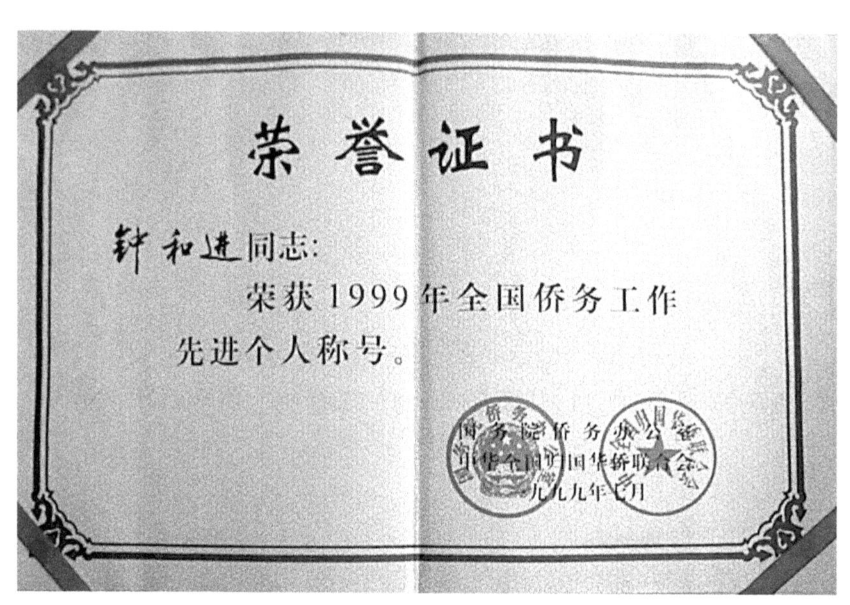

荣誉证书

钟和进同志:

荣获1999年全国侨务工作先进个人称号。

国务院侨务办公室

中华全国归国华侨联合会

一九九九年七月

印尼归侨钟和进荣获的荣誉证书

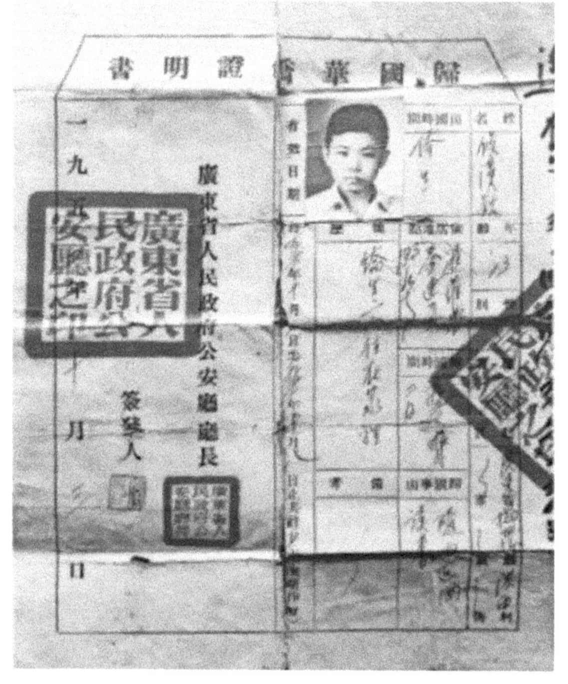

歸國華僑證明書

廣東省人民政府公安廳廳長

簽發人

一九五 年 月 日

侯汉钦的归国华侨证明书（1952.10）

毕业証書

学生李钦胜性别男系广东省五华县(市)人现年二十三岁于1961年7月在本校高中1961级第4班修业期满成绩及格准予毕业此証

校长

付校长

公历1961年7月日

归侨李钦胜的高中毕业证书

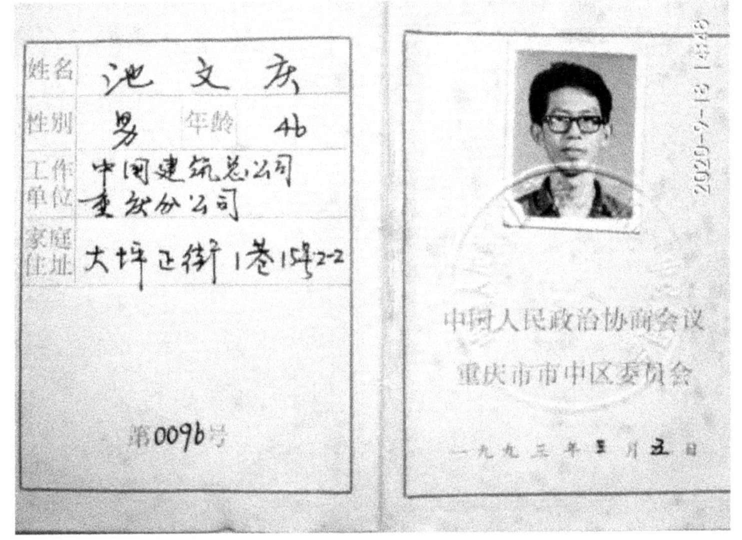

姓名	池文庆		
性别	男	年龄	46
工作单位	中国建筑总公司重庆分公司		
家庭住址	大坪正街1巷15号2-2		

第0096号

中国人民政治协商会议

重庆市市中区委员会

一九九三年三月五日

归侨池文庆的政协委员证书

前　言

说起立意研究归侨，与三位先生分不开，他们就是邓海东、池文庆、应冀。前两位时任重庆广东商会顾问，应冀是四川外国语学院（今四川外国语大学）退休教师。他们都是归侨和客家人。当时我们发起申报一个有关移民和客家的社会组织。随着交流的增多，知道他们都是归国华侨，而且邓海东先生还曾担任重庆市侨联宣传联络部负责人。出于对历史的责任感，我向三位先生提出了研究重庆归侨的想法，得到三位先生的积极支持。于是我们开始联系人员，又得到了侨眷陈玉琴的大力支持。她是抗战“南侨机工”陈寿全的女儿，非常热心，积极联络了南侨机工及其后裔。我们聚在一起商量，觉得对归侨的材料收集很有意义，又无人做过。特别是抗战南侨机工，在世的不多了。归侨口述史，是具有抢救性质的，我们就这样定位，给自己任务。

于是，我们向重庆市社科联申报了特别委托项目，得到重庆市社科联领导和规划办同志的高度重视，项目很快就批了下来。当时重庆市移民文化研究会一位副会长热心支持，表示愿意赞助费用。就这样，重庆归侨史研究项目就启动了。但是，由于种种原因，后来资金赞助未到位，只有重庆市移民文化研究会给予了一定的支持，但杯水车薪，难以为继，工作迟滞不前。2016年，我将此项目报告给了重庆中国三峡博物馆领导，他们认为此项目很有意义，不但给予了资金支持，还将此课题纳入该馆共同管理项目。此时期，又幸遇董涛博士加入。董涛博士毕业后到了重庆大学任教。因调查需大量人员，邓海东、池文庆、应冀三位年事已高，我又忙于其他项目，正好董博士带有重庆大学学生。于是在众多重庆大学学生的参与下，在重庆市侨联、渝中区侨联、沙坪坝区侨联、江津区侨联、西南大学统战部等单位的支持协助下，2018年我们终于完成了对重庆市主要归侨的采访调查，完成了此书。

在调查采访和对资料进行整理过程中，我们意识到，只有口述史不行，还必须有一部研究类的学术内容，于是就形成了《重庆归侨口述史》和《重庆归侨史研究》两个部分。两书共收录500多位归侨历史资料。《重庆归侨史研究》已经由中国华侨出版社出版。《重庆归侨口述史》主要记录了1937—1978年归国的60余位归侨归国前、归国后的学习生活工作情况及他们在社会主义建设中的贡献，展现了进取、勤劳、开放、包容、奉献的华侨精神。

本项目的实施，填补了重庆在归侨研究方面的空白，希望有肇启之功，引来更多研究者、爱好者参与。

文中所及归侨只是选择的典型者故事，当然是挂一漏万，还有许多归侨未被录入，特表歉意。

在此，向重庆市移民文化研究会、重庆中国三峡博物馆、重庆市侨联、渝中区侨联、沙坪坝区侨联、江津区侨联、西南大学统战部等单位和领导表示由衷的感谢！本书能顺利出版，中国华侨出版社的同志们付出了大量精力，在此一并致谢！

目　录

第一部分　归侨 抗日战争

第二部分　归侨 新中国

第三部分　归侨 新重庆

附 录 归侨 他文选录

第一部分　归侨 抗日战争

1937 年 7 月 7 日，卢沟桥事变爆发，中国人民开始了全面抗战时期。1938 年，南京、武汉相继失守，蒋介石国民党政府被迫迁都重庆。重庆成了中国抗战陪都和世界反法西斯远东指挥中心。由于日军占领沿海，对中国实施封锁，大量的抗战物资只能从抢修通车的滇缅公路运输，中国急需汽车驾驶员和维修工，广大华侨积极响应，特别是东南亚华侨，响应祖国的号召，在以陈嘉庚领导的南洋华侨总会的组织下，先后有 13 批 3200 多名青年华侨回国，战斗在运输线上，他们就是历史上著名的南侨机工。本部分共收录了 7 位归侨的叙述。特别是刘贝锦，在马来亚已有家室，还有幼子待哺，家境富有，人际关系和社会地位都令人羡慕，但他依然报名回国，并且捐献了十多辆汽车，带领第三批 594 名南侨机工归国抗战。蒋印生还是从印度赶到新加坡报名回国。还收录了归侨柳青参加抗战和成长为画家的过程。他们的拳拳爱国之心、抗日义举，成了我们今天无比珍贵的精神遗产，值得我们缅怀。

1. 陈玉琴：怀念父亲——陈寿全[①]

姓名：陈寿全
出生时间：1918 年 3 月
性别：男
归国前所在地：印度尼西亚
归国后所在地：云南、重庆
归国时间：1939 年 7 月 19 日
归国原因：南侨机工、抗日

我的父亲陈寿全是一名南侨机工，是抗战时期从东南亚回国转运抗日物资的汽车驾驶员，历史上统称这批驾车和修车的华侨为南侨机工。他们是响应东南亚侨领陈嘉庚先生的号召，肩负着东南亚 800 万侨胞的重托，从东南亚诸国奔赴烽火连天、满目疮痍的祖国，为挽救生死存亡的祖国奉献赤子之情的华侨青年。

1918 年 3 月 5 日，父亲出生在印度尼西亚邦加岛吻哩洋浪没乡一个华侨家庭，我的祖先们在这个异国他乡的岛上已经生活了上百年，在我父亲出世时，已是这个华侨家族在印尼繁衍的第 5 代。听我父亲说："上辈在清朝嘉庆三年（1798）间，因遇灾荒年，民不聊生，被生活所迫冒险出南洋。在人迹罕至、海产鱼贝丰富、热带植物茂密、地下遍藏锡矿的邦加岛落脚生根，定居下来。我的先辈们尽管身处异国，但从未忘记自己的根是中华民族。他们办起华人学校，让子孙后代接受汉语文化，学方块字、说中国话，时刻牢记自己是中国人。"父亲说：从他出世起，他就接受这样的教育，"祖国母亲"这一神圣的名词，在先辈们满含深情的讲述中，给他留下深刻的印象。

在没有异国异乡感觉的邦加岛吻哩洋浪没乡，父亲从华人小学毕业，进

① 本文结合对陈玉琴的采访内容（2015 年多次访谈，地址：重庆湖广会馆）和陈玉琴《回忆父亲（陈寿全）》的文章改写。

入华人中学，因祖父母年事已高，家里还有一个比父亲小好几岁的小弟弟，父亲兄弟姐妹多，他倒数第二，伯伯们都已另立门户，姑妈们出嫁离家。年迈的祖父母只得要求16岁的父亲弃学从工，到一个汽车行学修车和驾车。父亲在家是个孝子，尽管他在学校成绩优秀，尽管他那么热爱足球，尽管他弹拨曼陀铃优美动听，唱歌字正腔圆，音乐方面颇有造诣，但他知道他有赡养祖父母的责任。

1937年7月7日，卢沟桥事变爆发，日军大规模举军侵华，国土大片沦丧，人们流离失所，日寇在南京惨绝人寰的大屠杀持续一个多月，中国军民被杀害30多万人。消息传遍东南亚，激起侨胞极大的民族义愤。华人们奔走相告，惊叹倭寇觊觎中国的大好河山，憎恶小日本的狼子野心。人们纷纷走上街头，游行示威，抗议侵略者的恶劣行径。华人们纷纷要求当地的华人组织——华侨公会代表广大华侨向日本提出严重抗议，并发起成立募捐救济祖国难民的活动和组织——南洋华侨筹赈会、抗敌后援会等爱国团体像雨后春笋般的成立，抗日救亡活动搞得热火朝天。

父亲当时正是十八九岁血气方刚的青年，听说心目中神圣的祖国母亲在受难，义愤填膺。他与同学、同事满怀“国家有难　匹夫有责”的崇高责任感，积极投入到火热的爱国抗日活动中。他们上街宣传，四处演说：同胞们，日本倭寇的铁蹄正在蹂躏我们的祖国，我们的同胞正在流血牺牲，我们同是中国人，同是炎黄子孙，让我们少穿一件衣，少吃一口饭，救救他们吧。父亲与一帮华侨青年用白纸白绸叠出一朵朵小白花，冠名为“爱国花”，拿到街上义卖，将义卖的所有收入捐给华侨公会。父亲还捐出在汽车行一个月的薪水，支援祖国抗战。

身在东南亚的海外侨胞，他们开展抗日救亡运动，是在殖民地政治环境中进行的。当时马来亚、新加坡是英国的殖民地，印尼是荷兰的殖民地。殖民政府不允许华人公开抗日，提出捐款不许助买军火等，千方百计阻挠侨胞的爱国行动。为了有一个强大的组织机构带领侨胞们去实施爱国行动，陈嘉庚先生不负众望，脱颖而出。陈嘉庚先生年轻时从福建厦门远赴新加坡，随父经商，获得巨大成功，成为东南亚著名的“橡胶大王”。他看见各地筹赈会很多，但无总机构牵头领导。他听从各地区爱国侨领给出的建议，并获得重庆国民政府的支持，决定在整个东南亚地区成立南洋华侨筹赈祖国难民总会（简称“南侨总会”），各地侨领选举陈嘉庚先生为主席。总会所属筹赈分会遍布南洋各地。南侨总会发表宣言：“愿我 800 万南洋侨胞，充大精诚，固大团结，宏大力量。以为我政府后盾，则抗战断无不胜，建国断无不成。”南侨总会还根据各筹赈分会募捐的经验，总结出：特别捐、常月捐、货物捐、纪念捐、卖花卖物捐、游艺演剧球赛捐、舟车小贩助赈捐、迎神拜香捐八类捐款捐物方式。这些宣言和募捐方式，进一步激发了广大侨胞的爱国热情，整个东南亚沸腾了。从抗战开始后的两三年内，南洋 800 万侨胞汇回祖国的外币即达 11 亿元，到 1942 年日寇攻占南洋前，南洋华侨支援祖国的财力达国币 70 多亿元。物力支援有飞机 200 多架，汽车 500 多辆，救护车 1000 多辆，寒衣 1000 万件，救护药品无数。这里面，满含着南洋 800 万侨胞对祖国母亲的赤子情怀。

1938 年 10 月，上海、广州、武汉相继失守，沿海口岸及交通要道已先后落入日寇之手。我国对外交通，只剩下新疆和西南两条线。新疆大片戈壁沙漠，运程漫长且运量少。西南的滇越铁路被封锁，云南各族人民日夜奋战 8 个月新开辟出来的滇缅公路，就成为我国唯一的军运大动脉。滇缅公路自云南昆明至缅甸腊戍，全长 1146 千米，内联川、黔、桂等省，外通缅甸仰光，世界各国和海外华侨支援抗战的军需物资都靠这条公路运输。这条公路因打通、抢修时间短，简易的土公路修建在山高谷深、地势险恶、悬崖陡壁之中。沿途要翻越海拔 3000 多米的横断山脉，要跨过水流湍急的漾濞江、澜沧江和怒江，还要穿行亘古荒凉、人烟稀少的“烟瘴之地”，恶劣的行车环境，急需技术娴熟的司机和修理工。当时国内驾驶人员匮乏，国民政府军事委员会西南运输处主任宋子良致电南侨总会主席陈嘉庚，企望在东南亚代招募华侨机工回国服务，以救燃眉之急。陈嘉庚领导的南侨总会急祖国之所急，迅速在东南亚发出通告，招聘有驾车和修车技术的华侨青年回国服务。消息一出，广大华侨青年热烈响应，纷纷报名。

父亲把自己的情况与南侨总会的招募条件比照，兴奋得彻夜难眠，因为自己各方面条件都符合要求。他兴冲冲地赶到吻哩洋客属公会报名，[①] 吻哩洋客属公会的人了解父亲家庭情况，上有年迈的父母，下有未成年的弟弟，要父亲先征得二老同意。父亲犹豫了，“是啊，我走了，年迈的父母怎么办”？

① 客属公会是各地筹赈分会下属的基层组织。

年幼的小弟怎么办？父亲只得默默离开报名点。

1939年初，南侨总会招募的第一批南侨机工回国了。3月份，隔壁车行的李新容第三批回国了，常和父亲一块儿踢足球的曾南祥、杨仁贵、杨仁松参加了第五批南侨机工，也回国了。父亲认识的、不认识的华侨青年驾驶员，有的放弃店铺、家产；有的刚结婚不久；有的孩子尚在襁褓中；有的推迟婚期；有的把父母拜托兄长、姐妹关照，纷纷报名回国、报效祖国。父亲再也坐不住了，他想："自古忠孝不能两全，祖国母亲正在受难，我也是炎黄子孙，我也要回'唐山'打日本，保家乡。"他约上同事李文生、同学邱松意、表哥刘德庆，一起跑到远离邦加岛吻哩洋的苏门答腊地区，在苏门答腊筹赈分会报名成功，由筹赈分会上报南侨总会，南侨总会安排他们会同沙捞越的南侨机工，总共118人，组成第七批南侨机工回国服务团，由廖萍先生①任总领队。

1939年7月19日，出发的日子到了，父亲瞒着爷爷奶奶和小弟，收拾一些简单的行囊，悄悄向码头走去。码头上人声鼎沸、锣鼓喧天，乐队奏响雄壮的欢送军乐，当地筹赈分会为回国抗日的南侨机工举行盛大的欢送仪式。码头上簇拥着无数送行的同胞，人人脸上流露出眷念惜别的表情。父亲心里一阵难过，后悔没向爷爷奶奶辞行，当晚间发现父亲不再回家，二老心里该有多着急。

"呜——"轮船汽笛拉响，慢慢离开了码头，前方是无边无际的大海，后边是生活了21年的熟悉的板房、椰林、沙滩。忽然，一个熟悉的身影闯入眼帘，接着是熟悉的未成年的童音："阿哥，阿哥……"，父亲拼命睁大眼睛捕捉那熟悉的身影，看见了：就在那渐行渐远的海岸边，12岁的小弟见轮船已离开码头，便哭跪在海边，一边呼喊一边放声大哭。"小弟，小弟，"父亲也声嘶力竭地喊叫，"告诉爸妈，我回唐山打倭寇，请他们原谅我的不孝，赶走日本侵略强盗，我马上回来。"海风吹散了父亲的话，听不到小弟的回声，只见小弟仍跪在海边痛哭。渐渐地哭声听不到了，身影也看不见了，父亲心情沉重地回到船舱里，看见大多数同伴都沉浸在别离的伤感中。父亲呆呆地望着大家，心想："难道我们就这样含着眼泪上战场吗？不！这

① 沙捞越古晋华侨青年，一个会开车的中学教师。

样的状况怎么有抗日的士气。”父亲一把抹掉脸上的泪水，大声领唱起来：“向前走，别退回，生死已到最后关头。同胞被屠杀，土地被抢占，我们再也不能忍受。亡国的条件，我们绝不能接受，祖国的领土，一寸也不能丢！”领唱变成合唱，歌声给大家带来信心、勇气和必胜的信念。

南侨机工回国，沿途受到各地侨胞的热烈迎送。华人餐厅免费举行欢送宴；服装厂赠送中山装，短装各一套；橡胶厂赠送球鞋；百货店赠送毛巾毛毯。南侨机工所路过的街道，都张贴横幅标语，称他们是华人的骄傲，向他们学习致敬的口号此起彼伏。队伍所过，万人空巷。父亲和所有南侨机工深感此行肩负着 800 万南洋侨胞的重托，回国的使命艰巨而光荣，决心不赶走日本侵略者，誓不回南洋。

南侨机工第七批回国服务人员，乘“丰庆”号海轮在越南西贡登陆，改乘火车到越南河口，再从河口乘汽车到昆明。一路光荣，一路艰辛，总算回到祖国。父亲一行迫不及待地请求投入运输任务。国民党当局则要求每批南侨机工在昆明潘家湾训练所接受 3—6 个月的军事训练，口号是“运输必须军事化，军事必须运输化”。训练内容分为军事、政治、技术三科。这种军事训练新兵的办法，搞得华侨青年苦不堪言。且不说伙食，住宿与南洋天壤之别，霉变的米饭，沙多菜少，洗漱的水在田沟里舀。更让父亲他们难以忍受的是：列队训练、站姿、坐姿、蹲姿、卧姿、稍有差错即受训斥处罚。一天到晚处处要立正、举手、注目、礼毕等烦琐礼节和奴化的等级军训，更是难以习惯，轻则训斥，重则拳打脚踢，还关禁闭。国民党军队里有些粗俗的上司，对华侨青年爱洗澡、爱梳头、吹口琴、弹拨曼陀铃、唱外文歌，甚是不屑，处处找他们的茬。父亲他们一忍再忍，想到既是为祖国抗战吃苦回来的，只得咬牙忍受。父亲后来说，军训中教导行车如何躲避敌机的轰炸，现实中还是发挥了作用。

军训总算结束，父亲被编入西南运输处第六华侨大队十二分队。在广西河池接到一辆美国产的道奇大货车，与一同回国的华侨青年李敏合开，从广西柳州将抗日物资拉到贵阳。父亲从赤道线上炎热的印尼来到天寒地冻的贵阳，（1939 年 7 月回国，潘家湾训练 4 个月，接到车已是 1939 年底了。）气候上的不适应，生活上的不习惯尚能克服，而贵阳地无三尺平，天无三日晴，在泥泞滑湿的土公路上驾车，让他们分外辛劳，格外小心。每次行车经过贵阳晴隆的 24 道拐时，手心都会捏出汗来，好不容易拐完 24 道拐，全身内衣湿透，能拧出水来。

不久，父亲所在的车队调往芒市至昆明一段。这段路是云南各族人民在短时间内为抗战抢修出来的毛公路。开这段公路，人人要闯六道生死关：一是山高路险关。沿途要跨越怒江、漾濞江、澜沧江等几条大江，要翻越海拔3000多米高的高黎贡山、横断山、怒山等大山，两山相望，近在咫尺，而汽车盘旋上下，却要一整天时间。沿途悬崖峭壁、陡坡急弯，令人胆战心惊，稍有不慎，便车毁人亡。二是雨季泥泞塌方关。公路仓促修成，路面泥土、石块坎坷不平。云贵高原气候多变，一遇暴雨，路基不稳，边坡垮塌、泥泞黏滑，行车犹如老牛拖犁，裹足难前。三是车辆众多摩擦关。当时在滇缅公路上行驶的车辆，除南侨机工抢运抗日物资外，有国民党后勤、空军、海军、兵工署的车，还有中美公司、国际红十字会、地方军政部门的车，也有不少商车。仅经当时畹町车管所发放登记的牌照就超过一万辆。在滇缅路上行车，几乎每分钟都要会车，遇上赶路超车，擦剐不断，矛盾不断，争吵斗殴时有发生。四是瘴疟疾病关。滇西至缅北一带，是世界闻名的“烟瘴之地”，毒蚊猖獗，恶疾流行，染上疟疾，得不到医治，九死一生。五是饥饿寒暑关。汽车抛锚荒山野岭，就要饱尝忍饥受冻之苦，还得担心盗匪抢劫之忧。六是日机轰炸关。日寇为了封锁滇缅公路，每天轮番轰炸各站点、油库、修车厂，沿线扫射运行中的车辆，如躲避不及便车毁人亡。面对这一道道难关，父亲与南侨机工的战友们以坚强的毅力、大无畏的精神、娴熟的驾车技术，保障了抗日物资的运输。

有一次，父亲与李敏载着满满一车货行进在高黎贡山的崇山峻岭中，突然雷雨交加，山洪暴发，右边山崖上磨盘大的石块朝下乱滚，左边澜沧江水在悬崖下逐浪翻滚。面对此险情，车不能停，还得小心驾驶。忽然，前面一辆不知名的车，连车带人翻下悬崖，很快就被汹涌的江水淹没。父亲和李敏都不敢多看，紧握方向盘，踩着刹车，一步步挪出险区。汗水湿透了两人的衣衫，两个人几乎瘫软在驾驶室内。还有一次，父亲独自开车在一片荒野里抛锚了，正值夜间，密集的毒蚊子像轰炸机一样嗡嗡作响，扑面而来。这些毒蚊子就是瘴疟恶疾的传播者。父亲只好紧闭车门，在闷热的驾驶室内，好不容易挨到天明，路过此地的南侨机工薛勇弟热心帮助父亲修好车，继续往昆明赶，车到昆明父亲就病倒了，浑身时冷时热发起疟疾。幸好在昆明市，还有条件医治，如果在路途中，恐怕就没命了。

为了躲避日机的轰炸，父亲与南侨机工的战友们练就了驾驶车辆的高难技术——时进时退、时快时慢。为了保存体力不误运输，他们学会一口凉水、一块干粮过一餐。为了南洋华人的尊严，他们不怕与国民党的官吏、军阀抗争，只要有人欺负南侨机工，无端克扣南侨总会发给他们的生活用品，他们就联合起来，高呼“华侨通通有！”齐心协力，争取他们应有的待遇，展现出南洋华人正直不阿、勇于抗争的精神。

从 1939 年底到 1940 年底，父亲在滇缅路上奔跑了一年多，1941 年初，父亲被安排在缅甸腊戍驻修所 105 站修车兼开救护车。当时因路况差翻车、敌机轰炸毁损，车辆破损严重，跟不上运输的要求，很多车亟待修复。父亲与南侨机工吴辉、温荣庆、还有一个王姓华侨，四人组成腊戍驻修所 105 站，地点在缅甸芒友。为了尽快修复破损的车辆，父亲他们没有上下班，没有休息日，饭还在嘴里就趴在车底下，刚躺下接到通知立即开救护车去抢救伤病员。一年时间，经他们四人的手，修复好的汽车上百辆，又重新投入运输，有力地支援了抗战物资运输任务的完成。

1939 年 2 月到 1942 年 5 月，三年多时间里，父亲与 3200 多名南侨机工一道，抢运抗战物资 45 万多吨，同时他们也付出了沉重的生命代价。南侨机工在滇缅路上牺牲了 1000 多人，1146 千米长的滇缅公路，平均每一千米，就有一个南侨机工付出了生命！

1942 年 4 月，日寇从缅甸仰光登陆，向缅北、滇西进犯。中国远征军奉命出国阻击，因英军的不配合，致使远征军战斗失利，损失惨重。为阻止日寇的侵略步伐，中国军队只好炸毁横跨在怒江上的惠通桥，将日寇阻止在怒江以西。父亲所在的腊戍驻修所 105 站在惠通桥被毁前已撤回国内。

因滇缅公路运输中断，回到昆明的父亲及众多的南侨机工，成了国民政府的弃儿，无人问津。南侨机工自助自救在昆明成立华侨互助会，给失业的南侨机工发放生活费，保证基本生存。父亲也在华侨互助会领取了两个月的生活费。

父亲的堂弟陈顺来随云南保山华侨中学转到重庆复旦中学，他写信告诉父亲，同乡曾南祥、杨仁贵、杨仁松都在重庆，重庆是抗战陪都，也许好找工作。父亲立即从昆明赶往重庆，在重庆化龙桥找到既是同乡、又是足球场上的伙伴曾南祥，两人一起商量来到也是同乡杨仁贵、杨仁松所在的工厂，一个因抗战从南京迁到重庆綦江的电化冶炼厂。经五人联保进得该厂当驾驶员，直至迎来中华人民共和国的诞生。

1945年8月15日，日本宣布无条件投降，父亲与所有南侨机工在欢欣鼓舞庆祝胜利的同时，渴望政府通知复员南返。但国民党当局忙于内战，对南侨机工的要求置若罔闻，在陈嘉庚先生的亲自关怀、督促办理下，直到1946年底，第一批复员南返机工才从昆明出发。父亲因工作在地处偏僻的重庆綦江三江镇，消息闭塞，无人通知他，加上与我母亲结婚，母亲上有父母，下有四个兄弟，一大家住在一块儿，父亲就放弃了南返的机会。

1949年11月，解放军从贵阳方向往重庆推进，先行到达綦江三江。老百姓受当局的蛊惑谣言，工友们都躲进山洞。而父亲因长期订阅《新华日报》，还悄悄阅读了美国人斯诺写的《西行漫记》等进步书籍，对共产党和中国人民解放军有了进一步的了解认识。他邀约一些与他有共识的工友，保护工厂不遭破坏，并作为工人代表第一个去打开厂门，热烈欢迎解放军进驻电化冶炼厂。

1950年至1952年，父亲配合驻厂的解放军军代表，积极恢复工厂的生产，整顿工厂劳动纪律，并担任冶炼厂工会筹备委员会主任兼组织委员，父亲还写了入党申请书，希望加入共产党组织。这段时期，是父亲一辈子最舒心的日子。中华人民共和国成立了，人民当家作主了，父亲怀着对新中国幸福生活的憧憬，怀着工人阶级当家作主人的自豪，掩饰不住内心的喜悦，下班回家闲暇之时，从墙上取下自印尼带回的曼陀铃，弹拨抗日歌曲，哼唱印尼小调，清脆的叮叮咚咚乐器声伴随着我们童年的欢声笑语，一家人其乐融融。幸福的生活冲淡了父亲对印尼亲人的思念。

抗美援朝战争爆发后，尽管我们姐妹四人，还有母亲外婆，都需要父亲负担生活费用，经济并不宽裕。但出于爱国之情，父亲慷慨地把从印尼带回的作为解救危急之用的十两黄金[①]全部捐献给国家。新中国让父亲过上稳定的幸福生活，他异常珍惜。他反复给家人说："家庭困难能克服，国家不能再遭侵略，我们捐给国家，买飞机、大炮，保家卫国。"

中华人民共和国成立初期，经济困难。为筹集建设资金，政府发行大量公债，父亲要求全家节衣缩食，省下来的钱全部买"公债券"。父亲本人成天不离劳保服，印尼带回的西装领带改成我们的裤衩腰带。父亲更是在

① 50克一个黄金麻花手镯，共十个。

工作上任劳任怨，不计报酬，艰苦的、繁重的运输任务抢着做，还发明了行车中节约用油的小窍门，在车队得到推广和应用，开创了数十年行车无事故的先河。父亲是车队出名的“老黄牛”，多次被评为厂级、县级、市级先进生产者，两次荣选重庆市綦江县人民代表，参与国家、企业的议政大事。

有些人对这些归侨表示不理解，他们觉得既然海外生活舒适优越，为什么还要回来吃苦受难。父亲这批从南洋回来的抗日机工，是国民政府招募的驾车和修车的、没有军衔的番兵，既然与国民政府有牵连，肯定有不可告人的企图。父亲加入共产党，已交近一年的党费退回给他，名曰：海外关系复杂，不能入党。当然，政治上也不能用，只能当工人。父亲辛劳出车回来，批斗会正等着他，一是要交代海外关系，二是要说清楚受谁的指派回来的。一时间，“里通海外的反动归侨”“假积极、真反动”，诬陷侮辱不实之词，扑面而来。父亲心都碎了，他强忍心中的愤懑，双手压在桌上，努力控制自己因愤怒而微微颤抖的身子，一字一顿地说：“我是响应陈嘉庚先生的号召，回国抗日的。陈嘉庚先生是我们南洋华侨的领袖，是新中国第一位侨联主席。”父亲说到这里，喉咙哽咽，再也说不下去了。车队绝大多数人了解父亲，父亲几十年如一日地忘我工作是有目共睹的，他对人正直、诚恳、谦和，群众更相信实际的东西。工友们纷纷说：“我们了解陈师傅，陈师傅不用说了。”

父亲虽然没有遭到实质性的迫害，但从此闭口不谈回国及国外的事，他变得谨小慎微、沉默寡言。伴随他回国的曼陀铃也因主人的冷落变得灰垢蒙面、琴弦锈迹斑斑。父亲对我们姐弟要求更加严厉，从学习成绩到言谈举止，从衣着打扮到为人处事，他都很严格，是我们心中不折不扣的严父。他在日常工作中更是认真小心，出车准点无事故，卸货及时安全到位。为了方便上下车搬运卸货的工人，父亲不幸两次被车间排放的氯气熏昏，晕倒在驾驶室内。氯气严重损害了他的肺部，造成不可治愈的肺气肿、哮喘，使他的晚年生活备受疾病的折磨。

父亲退休后的第二年，即 1979 年，有一部电影《海外赤子》上映，父亲居然连看数场，每场看完都潸然泪下，对着远方沉思。父亲深深怀念南洋的亲人，怀念从小伴随他长大的一望无际的大海。他小声哼唱印尼故乡的小曲，但更多的是，他爱喘着气，一字不差地唱出那些曾让他热血沸腾的抗日歌曲。

1989 年，政府对南侨机工参与抗战的历史开始认可，正在逐步落实南侨机工应得的荣誉和待遇，父亲却没能等到这一天，凶残的病魔夺去了父亲的生命。

南侨机工回国参战多年，他们的壮举终将成为一段历史。这段历史在国内鲜为人知，但在南洋侨胞世代人的心中却刻骨铭心。他们当年代表着南洋 800 万侨胞对祖国母亲的赤子情怀，他们是当年南侨总会组织的规模最大、人数最多、影响最深远、纪律最严的一次爱国行动。南洋侨胞在南侨机工当年侨居和经过的地方——马来西亚槟城、雪兰莪、槟榔屿、柔佛州、沙捞越给他们建立了纪念碑，以志永远怀念。

南洋华侨机工抗日纪念碑

南侨机工是中国抗战史上最为悲壮的群体，尊重他们对国家的独立所做的贡献，是社会的责任，历史的必然。1989 年 7 月 7 日，在南侨机工回国抗日 50 周年之际，为了缅怀南侨机工的历史功绩，表彰和弘扬南洋华侨的爱国精神，云南省人民政府在滇缅公路的起点——昆明的西山公园，树立起一座雄伟庄严的南洋华侨机工抗日纪念碑。所幸现在从中央到地方专职侨务工作的干部，对仅存的南侨机工、机工遗孀都给予极大的关怀。国务院侨办在下发的一份文件中指出:“南侨机工为祖国的独立和解放事业做出了巨大的贡献”。

这就是历史的公正结论!

父亲,您可以含笑九泉了!

2. 黄蜀娥：我所知道的公公刘贝锦[①]

姓名：刘贝锦
出生时间：1902 年
性别：男
归国前所在地：马来亚
归国后所在地：云南、重庆
归国时间：1939 年 3 月 27 日
归国原因：南侨机工、抗日

我叫黄蜀娥，1947 年 6 月 21 日出生在重庆市渝中区临江门一个保长家庭。旧中国的保长相当于现在的公安部门地方派出所的一个所长，不但管治安，还要负责征粮征税等工作。正因为我父亲这样一个旧中国最基层的小官吏，却招致我们兄妹几人一辈子的苦运，也注定了我与刘国胜的姻缘。

在我不到 8 岁时，父亲因频繁的政治高压忧郁成疾，于 1955 年去世。家庭失去了支柱，没有了正常的经济来源，我们兄妹 5 人要吃要喝要生存，弱不禁风的母亲无力来承担这副重担，12 岁的哥哥只好出去打零工以求养活自己。我只读书到小学二年级，就因无钱失学在家。

华侨先锋大队长——刘贝锦

1968 年，我 21 岁，既无文化又无关系，再加上有一个人见人躲的出身，找不到一个维持生计的活儿。这时，同街坊的一个姐姐给我介绍了在四川宜宾修铁路的劳教就业人员刘国胜。当时刘国胜 23 岁，我们认识接触了一年左右，于 1969 年 10 月在刘国胜就业地——四川宜宾修成昆铁路的一个工棚里，举行了简单的结婚仪式。就业队的百多号人都跑来凑热闹，

---

① 本文根据 2008 年 5 月陈玉琴对黄蜀娥的采访录和刘国胜写的有关其父亲的回忆文章改写。

想不到劳教人员中，不乏文化及懂得吹拉弹唱之人。整个结婚仪式，比我预先想象的热闹得多。

与刘国胜认识结婚后，一直到他 54 岁，1999 年 7 月突发脑溢血去世，我们共同生活了 31 年。30 多年间，他断断续续地给我谈起他的父亲刘贝锦，及刘贝锦悲惨的人生。

公公刘贝锦，祖籍福建永春，在福建永春湖阳《桃源刘氏族谱》记道："德章，乳名贝锦，字徊筑，簪侯次子，行五百四十九，生光绪壬寅年（1902 年）四月二十三日午时……"[①]。公公是在马来亚柔佛洲麻坡出生的，出生时家境如何，马来亚柔佛洲应有记载。公公从小能得到良好的教育，从小学到大学，一路走来，懂得六国语言，家境应该是不错的。

公公刘贝锦学习成绩优异，又与马来亚柔佛洲世袭君主的儿子（常称皇子）是同窗好友。皇子的皇名叫冬古段，成人后担任了马来亚的世袭总理。1934 年，应中国南京国民政府的邀请，公公与冬古段总理商议，决定由公公当团长，带领二十多名马来亚华文中学生回国观光。那年公公 32 岁。回国观光团的地点是上海市。在祖国十多天的观光考察旅游中，公公看到祖国地大物博，锦绣山河，他强烈的民族自豪感油然而生。

1937 年 7 月 7 日，卢沟桥事变爆发，消息传到东南亚，广大海外侨胞义愤填膺，纷纷响应南洋华侨筹赈祖国难民总会主席陈嘉庚先生号召，捐钱捐物，支援祖国抗战。公公侨居的马来亚柔佛洲麻坡，离新加坡只有 2 小时车程，陈嘉庚先生在新加坡振臂一呼，公公立即响应并身体力行，捐款捐物总是比其他人多且数额巨大。因此特别得到陈嘉庚先生赞扬，陈先生接见他并合影留念，可惜照片已被毁。

刘贝锦在马来亚的次子——刘国强

1939 年 3 月，公公已不愿只以捐款捐物的形式表达自己的爱国激情，他决心亲历抗战前线，回祖国参战，把日寇赶出国土，以表海外赤子之情。

1939 年，公公刘贝锦已是 37 岁，并建立

① 《桃源刘氏族谱》，1928 年修订。

家庭还育有两儿两女。大儿子妙才 11 岁，最小的女儿惠贞只有 5 岁。大妈郑卫泪眼婆娑地苦苦哀求公公不要离开一家大小。但公公想到国家，民族已处在生死存亡关头，没有国，哪来家。他反复把这些道理讲给大妈听，承诺把侵略者赶出“唐山”即刻回来。公公毅然报名参加了南洋华侨机工回国服务团。

我想：人非草木，孰能无情。面对大妈的一双泪眼，面对 4 双无助的、恐慌的、幼稚的眼睛，公公也许犹豫过，但最终还是选择离开了他们。是国家、民族的利益重重地压在父亲心上。他视祖国、民族的利益高于一切。

公公是第三批回国的，也就是 1939 年 3 月 27 日，公公义无反顾地踏上了回国抗日的征途。他把自家企业的十余辆道奇牌大货车装入回国的海船，自己和 594 名南侨机工在喧啸的锣鼓声中，在众亲友的簇拥下，踏上回国的大轮船。因父亲有文化，大学毕业，懂六国语言（英语、汉语、马来语、法语、泰国语、缅甸语），有组织能力也有财力，他是第三批 594 名南侨机工的总领队。

公公带领着 594 名南侨机工回到了战火纷飞的祖国，国民政府军事委员会西南运输处将机工们全部集中在昆明潘家湾训练所进行短期的军事、业务培训。随后将驾车、修车技术精湛，身体强壮且特别能吃苦耐劳的部分南侨机工组建了一支华侨先锋大队，公公被委任为华侨先锋大队大队长。华侨先锋大队承担最繁重、最艰苦、最紧迫的军用物资运输任务。公公带领先锋大队的战友们，冒着日寇敌机的狂轰滥炸，满载着抗战物资，行进在横断山脉之中。海拔 500~3000 多米，沿途悬崖、峭壁、陡坡、急弯、险谷、深溪的滇缅土公路，雨季泥泞黏滑，坑洼坎坷。亚热带丛林的毒蚊猖獗，恶疟流行。公公与他的机工战友们，与天上的敌机斗，与险恶的路况斗，与恶性的疟疾斗，以生命和鲜血维系这条抗战运输线。三年多的时间（1939.1–1942.5）抢运抗战物资 45 万多吨，日平均 300 多吨。由此，南侨机工在滇缅公路上的丰功伟绩，为世人所瞩目。南侨机工中的华侨先锋大队的突出表现，更是受到国民政府的表彰。国民政府主席蒋介石到云南昆明视察时，也特地与我父亲合影留念（照片已被毁）。

1942 年 5 月，日寇从缅甸入侵我国，滇缅运输线被迫切断，国内运输只剩下昆明至保山之间。

公公率领的华侨先锋大队人员因战事牺牲三分之二，剩下不足原来的三分之一，总部设在云南楚雄。公公与机工战友们继续完成保山至昆明的运输任务。

1945年8月，经过长期艰苦卓绝的抗日战争，中国人民终于迎来了抗战胜利。这时公公已再婚，我的婆婆唐惠仙是云南楚雄人。抗战胜利的时刻，刘国胜已呱呱坠地，公公因而给他取名刘国胜。

南侨机工们与全国人民一道，欣喜若狂地欢庆抗战胜利。他们总算完成了自己的历史使命，把日寇赶出了国土，可以自豪地返回南洋。这时候，父亲一边等待凯旋南洋的通知，一边在美国陆军车队驻滇汽车材料库翻译进口器材并管理大批汽车材料。然而，国民党悍然发动内战。公公不愿参加内战，又从自己回国六七年的经历中看到：国民政府及国民党军队的高官们，穷凶极恶地搜刮民脂民膏，大发国难财。公公对他们腐朽没落的生活作风很是反感。生性耿直、刚正不阿的他，直言不讳地指责国民党官员的败坏品德，竟被国民党当局怀疑是共产党的地下党员予以逮捕，公公受到非人的折磨，直至解放军进入云南，公公才拖着满身的病体走出监狱。最为遗憾的是：公公错过了南返的机会，留在了大陆。

1950年初，公公听说重庆滞留了不少南侨机工，而重庆百废待兴，很好找工作。公公即带着婆婆和未满5岁的刘国胜来到重庆。公公凭着深厚的文化底蕴，出色的驾车、修车技术，很快在重庆中南橡胶厂找到工作。当时在重庆中南橡胶厂的南侨机工有五六个，如邱武杰、林金狮、陈存光等。

然而特殊的年代，一年后公公失去了工作，成了无产阶级专政的对象，没有人身言论自由，每天必须准时到公安局化龙桥派出所受训2小时，然后是扫大街、搬货物、罚苦役。派出所还规定公公不得随意走动，必须随喊随到。1952年底，二妹刘素贞的出世，更是加重了公公的经济压力，一家四口没有固定的经济来源，生存都成了问题。

1954年底，紧邻重庆中南橡胶厂的重庆汽车配件厂，急需制造汽车配件的高级技术指导，经该厂与化龙桥派出所协商，借调公公到该厂做技术指导。公公到该厂后，很快解决了一道道技术难题，并翻译整理了一大批进口汽车配件的资料。全厂上下对公公的一致好评，使化龙桥派出所对公公的监管也有了一些松动。

从1939年回国到1956年，离别南洋17年了，公公的思念情绪与日俱增。南洋的亲人让他魂牵梦萦。他又不合时宜地向各级领导申请，要求返回南洋，返回有众多亲人的马来亚柔佛洲麻坡。谁曾料想：这一人间正常的亲情要求，竟被扣上里通外国的特务反革命嫌疑，公公再次被批斗。本来就一贫如洗的家被清查，所有珍贵的照片被当成罪证没收、销毁。公公也被当成危害社会的特务反革命分子再次从重庆汽配厂抓进监狱，关在重庆松山劳改农场。

1957年的刘贝锦

公公被关进重庆松山劳改农场一年左右，也就是1958年3月，我丈夫刘国胜不满13岁，松山劳改农场通知他们：说公公已死在监狱，让他们去收尸。婆婆唐惠仙已气得精神恍惚，不能前去，二妹刘素贞只有5岁，也无法去。刘国胜一个人战战兢兢地进入到荷枪实弹的松山劳改农场。在监管人员的带领下，来到一间狭小、黑暗、潮湿的小屋子里，见父亲静静地躺在一张小木板床上，了无声息，尸体已发出阵阵异味。监管人员捂着鼻子让几个与父亲同样身份的犯人草草用竹席一裹，抬上一辆货车，直接拉到了火葬场。

刘国胜把公公的骨灰用他遗留的衣服包回家（因买不起骨灰盒），婆婆装入了一个普通的土窖坛里。既没地方安葬，又没钱存火葬场，只有放在家里。

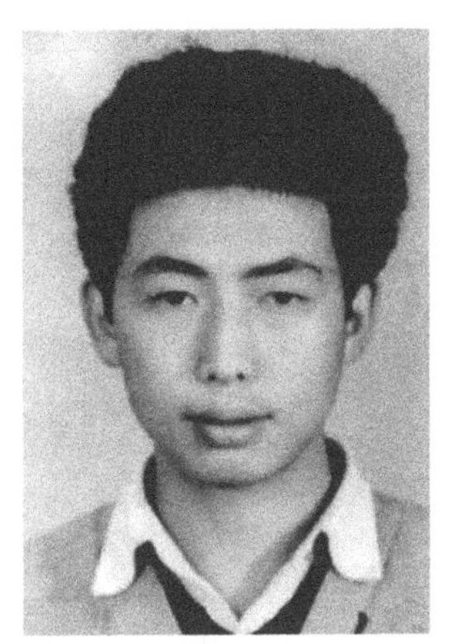

刘贝锦在国内的长子——23岁时的刘国胜

公公去世后，婆婆为生活所迫，带着二妹改嫁了。刘国胜成为流浪街头的孤儿，一日三餐的温饱尚成问题，更别说读书受教育了。刘国胜与街上的小混混们搅在一起，为一顿饱饭帮别人打架斗殴，被化龙桥派出所抓住送进少年管教所（简称少管所）。在少管所待了两年，1961年刘国胜16岁时，少管所认为刘国胜是孤儿出去无人管教，将他转入劳教，随后以劳教就业人员派往四川宜宾修成昆铁路。一修就是12年，直到1973年作为劳教清放人员才回到已有一个女儿的重庆渝中区较场口的家中。

1973 年，刘国胜回到渝中区较场口我租赁的家，以他劳教清放人员的身份，稍像样的单位都不可能接受他。我和他一起找到管辖我们住所的街道管理站（现称居民委员会），求管理站给一个能生存的工作。街道见刘国胜年富力强（刚 28 岁左右），安排他在街道生活运输队当搬运工，替人上下货物。我也申请了一个贩卖香烟的小摊儿。这样，一家人在一起，基本上解决了温饱。

刘国胜当搬运工的工作是相当艰辛的，没有任何的机械设备，所有的脏活、重活全是肩挑背扛。1978 年—1981 年间，他连续发生三次较大的人身安全事故。第一次，他挑着百多公斤的强硫酸桶上车，连接车厢的跳板突然断裂，连人带桶从跳板跌落，溅出的强硫酸瞬间烧坏了他的左腿。第二次，刘国胜与其他三人共同抬一块重达四百公斤的钢板，抬绳突然折断，锋利而沉重的钢板割断了他的左手腕动脉血管。第三次，刘国胜负责将一大桶凝固的沥青加热熔化，熔化的沥青铁桶突然倾覆，刘国胜躲闪及时，未被烫伤，但弥漫的沥青毒气则让他全身皮肤红肿了 10 天，头脑昏沉了半个月。

1991 年，刘国胜全家照，
左起：刘娟、黄蜀娥、刘国胜、刘璐

公公刘贝锦的骨灰装在一个土窖坛里，婆婆唐惠仙一直放在家中。婆婆改嫁后，又带到改嫁后的家里，从 1958 年到 1981 年，20 多年一直没有安葬。人们常说：人死后要入土为安。1981 年清明前后，我和刘国胜就到婆婆家，把公公的骨灰取出，埋在我的母亲坟旁（我母亲 1966 年去世，为棺葬）。两亲家在一起，公公不会感到孤独吧！

改革开放后，国家鼓励个人勤劳致富。我和刘国胜省吃俭用，先积攒了两万多元买下了租赁的房屋，随后，又在买下的房屋里办家庭饭馆。因我们的饭馆在渝中闹市区，南来北往的人多，我们又特讲信誉和卫生，生意越做越好。1985 年—1995 年这 10 年间，是我和刘国胜最为舒心的日子，不愁吃穿，还略有结余。

刘国胜（后排左五）在重庆市侨联领取四川省侨联、侨办发给父亲（刘贝锦）的荣誉证书。

1989年5月，因南侨机工回国抗战的历史得到政府承认，刘国胜为父亲刘贝锦1957年误判为敌特反革命分子一案向当地公安部门写了申诉信，要求澄清事实，作出公正结论。1989年10月，刘国胜代父亲在市侨办、侨联领取四川省侨办、侨联下发给刘贝锦的荣誉证书。1991年5月31日，距刘贝锦冤死狱中33年后，重庆市公安局沙坪坝区分局终于作出"原对刘贝锦送'集中劳动'不当，应予纠正"的决定（见附1），至此，过去强加在爱国归侨刘贝锦身上的所有罪名都不复存在。人的一生有多少个33年？33年来，刘国胜、刘素贞两兄妹为冤死的父亲不只是流泪，而是内心在流血！

妹刘素贞2003年与妹夫邹绍荣、孙女邹佩合影

1995年渝中区较场口整体改造，我们的房子属拆迁范围，国家补偿了部分拆迁费，又在渝中区的长江对岸南坪补偿了一套三居室的房子。家庭饭馆开不成了，经济收入没有了，好在两女儿已成人，不管是当商场营业员还是公司小职员，总算可以自食其力了。

1997年，刘国胜才52岁，就突发严重的脑溢血，引起半身瘫痪，吃喝拉撒均只能在床上。我把开饭馆积蓄的钱和拆迁补偿的钱，全部用在他身上，想把他治好，至少希望他能达到生活自理。事与愿违，钱花光了，刘国胜还是未能站起来。1999年6月30日，第二次更为严重的脑溢血使刘国胜陷入了深度昏迷后就再也没有醒来，我们又没有医保，家里也没有钱送他进医院了。1999 年 7 月 2 日，刘国胜离开了人世，终年 54 岁。

二妹刘素贞与丈夫在重庆市最大的商品批发市场——朝天门市场批发商品拿出来零售。经过几年的艰苦打拼，挣得一些家业。又赶上国家改革开放的有利时机，两个儿子也很早涉足商海，家庭总算过上小康的生活。

2006 年秋天，二妹却又检查出患腹腔鳞癌，妹夫及两个儿子尽其所有挽救二妹的生命，可癌细胞很快转移至肝肾，仅维系了半年多，二妹于 2007 年 3 月 28 日因癌症离开了人世，终年也只有 54 岁。

我常想：公公刘贝锦 1902 年出生，1958 年去世，终年 56 岁。刘国胜、刘素贞两兄妹也分别只活了 54 年。是不是公公刘贝锦走的时候，不知道两个孩子怎么活下去，老担心他们在人间受难，所以早些召唤他俩到阴间团聚。如果是这样，那就祝愿公公刘贝锦、丈夫刘国胜、小姑子刘素贞的在天之灵都得到安息。

附件 1：沙坪坝区公安分局为刘贝锦被送“集中劳动”纠错文件

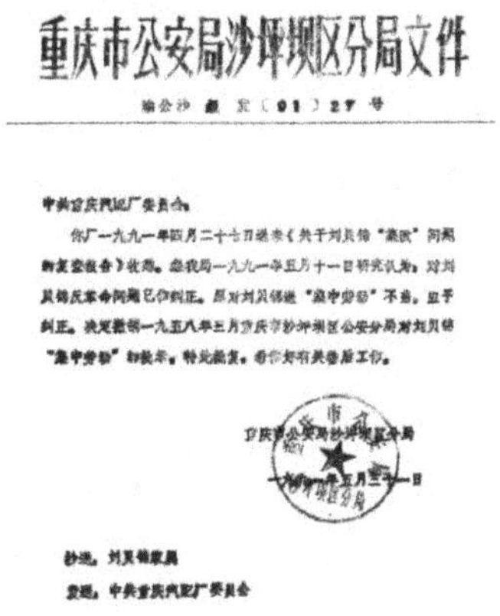

重庆市公安局沙坪坝区分局文件

渝公沙[illegible]字（91）27号

中共重庆汽配厂委员会：

你厂一九九一年四月二十七日送来《关于刘贝锦“集训”问题的复查报告》收悉。经我局一九九一年五月十一日研究认为，对刘贝锦反革命问题已作纠正。原对刘贝锦送“集中劳动”不当，应予纠正。决定撤销一九五八年三月重庆市沙坪坝区公安分局对刘贝锦“集中劳动”的决定。特此批复，希你们做好善后工作。

重庆市公安局沙坪坝区分局
一九九一年五月三十一日

抄送：刘贝锦家属

发送：中共重庆汽配厂委员会

附件 2：刘贝锦生前手迹

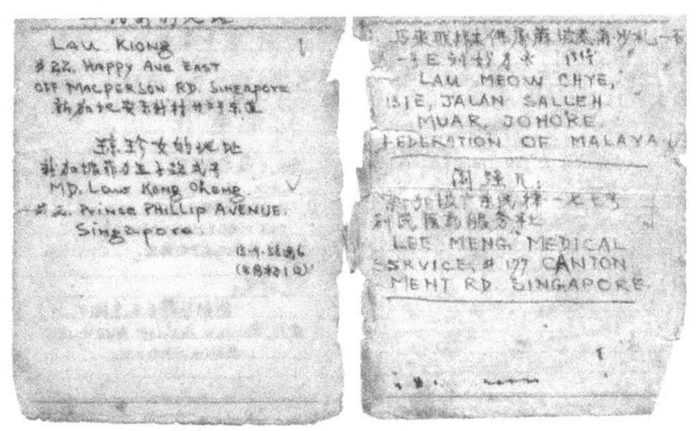

Lau Kiong
#22, Happy Ave East
Off Macpherson Rd. Singapore

琼珍女的地址
#2. Prince Phillip Avenue.
Singapore

LAU MEOW CHYE,
131E, JALAN SALLEH
MUAR, JOHORE
FEDERATION OF MALAYA

LEE MENG MEDICAL
SERVICE, # 177 CANTON
MENT RD. SINGAPORE

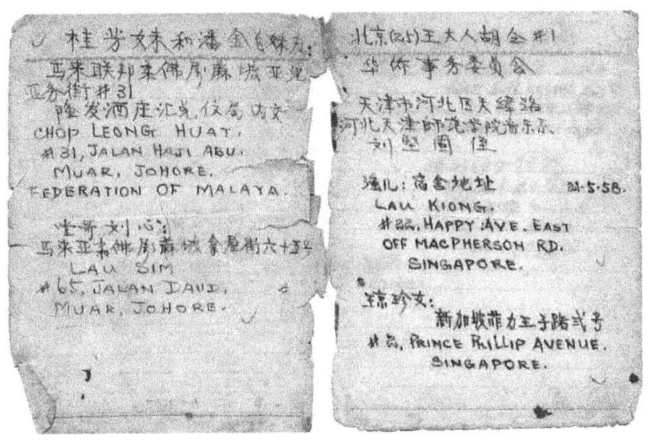

桂芳妹和潘金色妹夫：
CHOP LEONG HUAT,
#31, JALAN HAJI ABU.
MUAR, JOHORE.
FEDERATION OF MALAYA.

LAU SIM
#65, JALAN DAUD,
MUAR, JOHORE.

北京(6)王大人胡同#1
华侨事务委员会

强儿：宿舍地址　31.5.58.
LAU KIONG.
#22, HAPPY AVE. EAST
OFF MACPHERSON RD.
SINGAPORE.

琼珍女：
新加坡菲力王子路式号
#2, PRINCE PHILLIP AVENUE.
SINGAPORE.

3. 傅泽秀：父亲傅财起的最后遗愿

姓名： 傅财起
出生时间： 1909 年
性别： 男
归国前所在地： 马来亚
归国后所在地： 云南、贵州、重庆
归国时间： 1939 年 7 月 3 日
归国原因： 南侨机工、抗日

我敬爱的父亲是福建籍的马来亚华侨、1909 年生于马来亚的古晋。

1937 年 7 月 7 日，卢沟桥事变爆发，中国进入全面抗战阶段，侨居在海外的炎黄子孙，得知国家惨遭外辱，生灵涂炭。与祖国命运与共的海外中华儿女，个个义愤填膺，同仇敌忾。“国家兴亡、匹夫有责”的祖训，驱动着海外华人华侨的民族责任感。我的父亲傅财起当年 30 岁，风华正茂，在古晋已成家立业，并育有了一男一女两个孩子。父亲家里经商，生活条件比较优裕。当时国难当头，父亲响应了陈嘉庚先生的号召，不顾一切地抛下了双亲，丢下妻子和一双幼小的儿女，背着家人悄悄地报名参加了“南洋华侨机工回国服务团”。在廖萍队长的带领下到了新加坡，编入廖萍先生为总领队的第七批南侨机工队伍，于 1939 年 7 月 3 日从新加坡经越南回到中国参加抗战的行列。

1947 年父亲在贵州与我的母亲张菊华结婚，中华人民共和国成立后定居在重庆，在重庆阀门厂工作。1954 年 11 月母亲在重庆生下了我，不知是否因为我，抗战胜利后父亲没有回到马来亚。

在我的记忆里，父亲几乎没有跟我讲述过他回国后的经历。但他常常对我讲起他在马来亚不仅有父母，还有妻子和两个孩子。记得大概是在 1976 年的时候，父亲就经常对我讲很想回到马来西亚古晋看看父母和大妈及孩子们，然而历史原因使父亲的这一愿望在他生前终未实现。

20 世纪 70 年代初，我们曾收到从马来西亚寄来的青纱，父亲叫我戴上。在那时，他就告诫我，一定要联系到在马来西亚的亲人，一定要和他们见面。

我父亲于 1983 年在重庆去世，享年 74 岁。他最后的遗愿就是希望我能够见到马来西亚的亲人，以了却他的心愿。他的遗愿我一直牢牢记在心上。

2005 年，居住在马来西亚古晋的哥哥到广州治病。得知哥哥他们到了广州后，我赶赴广州中山医院，在哥哥的病榻前，我终于见到了海外的哥哥及其亲人，同时也见到了日思夜想的大姐。兄妹相见无语而唯有两行热泪面对。

大姐现年都八十多岁了，她何时回到中国定居潮州我不清楚。但是，父亲希望我与海外亲人联系见面的遗愿终于实现了，希望父亲地下有知，英灵慰藉！

虽然父亲没有更多地讲起他在滇缅路上的经历，但我相信，他和所有的南侨机工一样，在艰险的滇缅路上风餐露宿，在崎岖的山路上冒着日机的狂轰滥炸，抢运着战斗物资。他们用生命和热血谱写了中华民族华侨史上最优秀的篇章。我为有这样可敬可爱的父亲而感到骄傲和自豪。

4. 刘秀同：我的父亲母亲[①]

姓名：刘振东、黄秀芳

出生时间：1908 年、1922 年

性别：男　女

归国前所在地：韩国、朝鲜

归国后所在地：辽宁、重庆

归国时间：1963 年 2 月

归国原因：逃难

我是朝鲜的归国华侨，1955 年出生。我父亲 1908 年出生，是韩国临时政府的一个高级官员，他从学生时代追求革命，毕业于上海同济医科大学。我爷爷在我父亲很小的时候就去世了。1910 年日本侵占朝鲜，朝鲜亡国。我祖父率全家流亡到中国东北。当时有很多朝鲜人流亡到中国。我父亲小的时候在临江县的一所小学读书，在那时候他就接触了当时的抗日联军，小学时任朝鲜独立义勇队通讯报道员，在梁起铎先生引导下从事抗日复国运动。小学毕业后到吉林永吉毓文中学读书。毕业后，我父亲参加朝鲜义勇队的工作，1927–1928 年由东北朝鲜独立义勇队负责人张基础（金筱夏）先生资助到上海同济大学专修德文科。因为当时同济医科大学是用德文教学，我父亲不懂德文，上了几年预科班之后考入上海同济医科大学。

1919 年韩国临时政府在上海成立，由流亡到中国的一批韩国的知识分子，包括一些爱国志士组织，从事抗日复国运动。他们组织的第一届临时政府的主席是李承晚，后来是韩国的第一届总统。上海韩国临时政府是重庆韩国临时政府的前身。很巧合的是上海韩国临时政府和中国共产党成立都在上海的法租界里，它们离得很近，就是在一条街上。临时政府后来补选金九[②]

① 本文以刘秀同的父亲——朝鲜人刘振东在中国的“韩国临时政府”活动及其家人在韩国、朝鲜、中国的情况为线索。2016 年 12 月 8 日，在刘秀同家接受作者采访。

② 金九，抗日战争时期，曾任韩国临时政府主席，在中国领导韩国人开展抗日复国活动。著有《白凡逸志》，有中文版。

为主席。

在大学期间，父亲加入了安昌浩领导的“兴士团”，与李泰环一道发起成立“韩国学友会”组织，追随金九，积极从事抗日复国运动。1932 年，韩国临时政府搞了一次刺杀活动，在虹口公园由尹奉吉义士刺死了日本的一个大将，即“虹口公园刺杀事件”。父亲上了日本的黑名单，被迫外逃躲避抓捕。这个事件在当时引起了轰动。临时政府没办法在上海待下去，开始流亡，先到了嘉兴，在嘉兴待了几年，后又辗转杭州、武汉、长沙、柳州，最后到重庆。

我父亲大学毕业后，就在上海行医。后随临时政府撤退到武汉。武汉沦陷以后在临时政府出资帮助下，父亲在江西开办了江西庐山牯岭肺病疗养院，实际上就是秘密地为韩国人服务。武汉沦陷后，父亲来到宜昌，认识了我妈妈。我妈妈高中毕业，我外公在武汉海关工作。我父亲到了宜昌需要人手帮忙开诊所，就把我妈妈招聘进去了。父亲曾经结过婚，前妻是汉城有钱人家的女儿。大概在 1938 年，我父亲他们到了四川万县。临时政府西迁到重庆，父亲被安排到綦江。临时政府在綦江很不方便，后来就在渝中莲花池租了一套房子，临时政府搬了过来。当时的韩国临时政府分歧很大，有很多的派系，很复杂。1940 年 4 月 8 日父亲与母亲黄秀芳（曾用名黄芳）在重庆结婚，金九主席主持，很多临时政府成员参加，如赵素昂（外交部长）、严大卫（宣传部长）、李始荣（后任大韩民国第一任民选副总统）、李青天（光复军总司令）等。因金九母病，金九要从事独立运动，缺人照顾，父母婚后便与金九主席住在临江门的同一栋小楼房，既照顾其母亲，又包揽了金九主席的衣食住行，父亲还成了金九主席的侍医。

刘振东行医执照

父亲在 1940 年 9 月任韩国光复军司令部上校军医处长；1942 年 10 月任大韩民国第三十四届临时议政院议员、韩国独立党中央执行委员；1943 年任中国国民党军事委员会技术研究室肺科医师；1944 年 3 月任大韩民国第三十六届临时

重庆大韩民国临时政府旧址

议政院议员，从事独立运动。1945 年日本人投降以后，他们的军队在西安，当时他们准备回本土作战，部队还没到本土时日本就投降了。当时金九就有预感，他们没有在本土作战，主要从事的海外抗日，朝鲜半岛的民众对他们的认识有些欠缺，国际社会也没有承认当时的临时政府。美国人占领韩国之后，对金九主席提出了一个要求，只能以平民的身份回国。李承晚是亲美派，美国人想要扶持李承晚。

重庆国共谈判期间，毛泽东主席接见了金九主席。

1945 年父亲与金九主席一行二十多人回到汉城，金九主席积极从事独立运动。1949 年韩国大选，李承晚担任第一任总统，金九被排斥。当时美国扶持了一批日本占领时期的官员，这些官员有一定的经济实力，所以很多亲日派掌握了韩国的经济命脉。我父亲无所事事，已经没办法生活了，妻子子女都在国内，因为当时亲日派在那边很得势，1946 年，经金九主席同意，父亲从韩国回到了上海。回国以后很快大陆就解放了。

1949 年，一名亲日派的陆军少尉暗杀了金九主席。

父亲滞留南京。1946 年至 1950 年先后在上海、南京开诊所行医。1951 年被江苏省南京红十字会聘为内科主治医生。1951 年，南京市公安局外事处找到我父亲，需要掌握一些临时政府在重庆的资料。因为我父亲作为知情人士，知道当时的很多内幕。他们就让我父亲写大量的材料。我父亲能说会写，为南京市公安局外事处写了很多东西，现在那些材料都在那里。当时我父亲在南京市红十字会工作。因为一直从事独立运动，生活很艰苦，积劳成疾，导致我父亲身体不是很好，得了脊柱炎，一家人只有靠中国政府发放救济金生活。一直到朝鲜战争结束以后，朝鲜政府号召在中国的朝鲜人回去参加战后的朝鲜建设，当时南京市政府看到我们的家庭情况比较糟糕，就动员我们回朝鲜，对父亲说："你是朝鲜人，有一技之长，不如回国为国家做事。"于是我父亲恢复了朝鲜国籍。

1957 年，父母带着六个孩子一家人回到朝鲜。当时我们回去受到朝鲜最高人民议会议长金科奉接见，由他出面安排到朝鲜咸镜北朱乙荣誉军人疗养所疗养。1958 年，父亲向金日成写信，得到了每月 2000 元的生活补贴。

1959 年，我父亲身体情况不好，卧病在床，身体基本不能自理。我父亲再次给金日成写信，父亲被接到平壤中央医院治疗。曾给家里写了两封信报平安，当时应该已经被控制起来，之后再无消息。朝鲜公安部后来我家住处抄家，找我父亲留下的东西，家里的相册等带走了。他们动员我们入朝鲜国籍，我母亲拒绝入籍。母亲本来是在医院药房工作，后被安排到洗衣房工作。在生活上他们也开始排挤我们，冬天给我们很少的燃料。那时我大姐、大哥（双胞胎）在读高中，他们放假回来之后第一件事情就是上山打柴。1960 年，母亲多次到平壤中央医院打听父亲下落，他们都否认我父亲的存在。我哥哥为寻父曾几次与警卫发生争吵甚至被抓入狱，因受了很大的刺激，后来得了精神疾病。

生活很艰难，我母亲提出想回国，当时的人根本不批准。那时的中朝关系很微妙，因为自然灾害，中国有一批难民跑到朝鲜，朝鲜人也往中国跑。我二哥很聪明，偷偷到中国问了一些接待人员，当时的中朝边境设置了很多接待站，我二哥就问通过合法手续回来需不需要祖国的同意书？接待站人员说，你们要回来就回来，根本不用。

1963 年 2 月，母亲带着 6 个孩子离开朝鲜，我们走得很紧张，遇见熟人就说是走亲戚家。一路小心翼翼，坐火车来到朝鲜的三丰镇，晚上十点多到图们江边，在人流中一家人走向了中朝边界。当时朝鲜边防军故意在冰上放很多水，走过去很容易摔倒，我哥哥把我背过来，衣服全部都湿透了。边境上遇到一个人，问我们是哪里的人，我们就说是从朝鲜过来的，我们是华侨，那个人很热心，把我们带到公安局烤火、吃饭，并送我们到了接待站，对我们的身份进行核实。当时中国自然灾害刚结束，在接待站住的一个多月里，每日只有两顿饭，玉米煮的菜叶子。后又被送到延吉接待站。很快情况被搞清楚，南京局里有我们的档案。我母亲提出想要回南京，当时有两个方案，一个是被遣送原籍，一个是留在当地。因为姨妈在重庆铁路医院工作，辽宁侨务处就将我们一行人送到了重庆。受到侨务处接待，母亲被安排在医院工作，几个孩子或工作，或读书。我的语文不好，复读了一年级。

因为父亲的关系，“文革”时，有人写了一封检举信，母亲被检举，进了学习班。她们结婚前，母亲根本不知道我父亲是做什么的，甚至不知道我父亲是朝鲜人，母亲之前写我父亲的籍贯都是写的辽宁。大概是 1939 年，我母亲与父亲即将结婚前，看到当时韩国政府各党派内斗的事情，韩国政府为了保密封口，就让我母亲和我父亲结婚。金九主席还做了我父母婚礼的主持。当时临时政府很困难，我父亲因为行医，经济条件较好，就把金九主席接到我们家里来生活，日本轰炸重庆以后，金九主席和我们家一起搬家。我父亲知道很多临时政府做的事情。我母亲把这段事情交代清楚之后才从学习班出来。在知青上山下乡时，因为归侨政策，我可以不下乡而直接参加工作，重庆市政府给我安排了工作。因为有海外关系，入团、入党一直未被批准，改革开放后才入了团。

后来我在工厂当过工人，为侨属平反后，安排我做侨联委员，并且任政协委员，一直到 1993 年。有一次我在侨联开会，因为改革开放要引进外资，很多有海外关系的人都参加了这个会。会上有一位韩国临时政府官员后代在会上发言，她说金九主席的儿子到重庆来，想为重庆做些什么事情。会后我告诉她，我的父亲和金九主席是很好的关系，我在我母亲的交代材料里看到过。她问我是谁？我讲了我父亲的名字，当时她就惊了，她说金九主席在书里提到我父亲的名字。我父亲的照片和父亲留下的东西证明我们和我父亲的关系。会后第二天，我和母亲到她的家里，当时她就把这个事情给金九主席的儿子讲了。金九主席儿子时任韩国交通部长和国会议员。后金九主席的儿子来到重庆访问我家。我母亲和金九主席的儿子是同龄人，都是 1922 年出生的，金九主席的儿子是中国西南联大附中毕业的，说一口流利的中国话。他说现在政府对独立运动的家属都有很好的待遇，你把材料写好，我给你带回韩国，帮你向政府申请你们的待遇。我们写了一份交给他。后来他给我们回信，说没有办法，是因为你父亲自己到朝鲜去的。当时韩国政府有一个规定，凡是自己到朝鲜去的人员，不管你有多大的功劳，国家是不认账的。有几个韩国学者来中国访问，看到我母亲身体不好，我也下岗了，家庭生活很困难，十分同情我们。他们资助我们一些钱，并且说帮我们查找我父亲的下落。他们通过一些情报网去找，结果找不到我父亲的坟墓。他们回来之后和我们讲：你父亲的坟墓我们至今没有找到，十分遗憾。我妈妈为此一直耿耿于怀。我父亲确实为韩国临时政府做了很大的贡献，当时我父亲在李家沱搞了一个医务室，我父亲既要负责那些家属的身体，还要负责那些官员的身体保健，自己还要行医。我母亲一直想找韩国投诉，但没有人理我们，有些人根本不见我们。金九主席的回忆录《白凡逸志》中文版出版，在北京人民大会堂举行发行仪式，我代表我母亲去了，很多我父亲的战友知道刘振东的子女过得这么辛苦，都非常同情我们。

1997 年，母亲逝世。有一些韩国记者来看我们，都是那种爱莫能助的感觉。我当时写了很多信给韩国政府，但他们都没有回信。2003 年，韩国一记者在《韩国民族日报》报道了我家的整个情况，在韩国引起了很大的反响，很多人知道了我家的情况后，大量记者来重庆采访。2005 年，韩国记者来重庆采访独立运动后代，包括 KBS 电视台。应韩国一民间团体邀请，2005 年 8 月 15 日，我与女儿来到韩国，受到国会议长接见，被告知静待消息。2006 年，几家电视台来访，我的事情被提上“国家报勋处”，专门对海外的有功人员进行评审。2007 年，在韩国的堂哥打电话给我，说我父亲的事情解决了，但因我父亲后来自己去了朝鲜，所以勋格降了一级。同年 10 月，在韩国政府驻成都领事馆，总领事金一斗先生代表韩国政府，向父亲授予建国勋章——爱国章，由我代领，并给予我每月生活补贴。我奋斗了十五年，终于得到一个结果，很不容易。2010 年，我退休。

5. 柳青：丹心勤绘 美丽山河①

姓名：柳青
出生时间：1920 年
性别：男
归国前所在地：新加坡
归国后所在地：广东、重庆
归国时间：1924 年
归国原因：年幼随父母回国

柳青是重庆著名画家，归国华侨，原籍广东潮州普宁，重庆市人民政府文史研究馆原馆员，重庆美术家协会名誉理事，重庆嘉陵江书画院院长。

柳青先生遗照

他的画如其人——豪放、朴实，充满一个赤子对祖国、家乡的赤诚的爱。他出生于新加坡，4 岁随父母回到老家定居。他自幼喜爱绘画，少年时拜岭南著名画家孙斐谷为师，就读于广东省立寒山师范。1937 年 7 月 7 日，抗日战争全面爆发，全国卷入了轰轰烈烈的抗日洪流，海外侨胞掀起了史无前例的支援祖国抗战的热潮。由于受到华侨爱国思想的熏陶，风华正茂的他便投入了抗战洪流中去，在潮州参加了青年抗敌后援会，继而在汕头参加了“南洋华侨青年随军工作队”和“广东省战时艺术工作团”，担任美术干部从事艺术创作，宣传抗日。

1938 年，沿海沦陷，他随团深入敌后，不辞辛劳，跋山涉水，徒步于粤、湘、鄂、川等地。他做激励抗战的宣传画，举办个人旅途写生画展，激发人们爱国热情，共赴国难。在成都、乐山、重庆、泸州等地举办“大凉山

① 本文为邓海东多年前采访，为尊重原文，用了第三人称叙述。收录时稍有修改。

画记”个人展，引起极大的反响。

一个成功的艺术家，他的作品总是与时代命运紧密相连。他主张“画当随时代”“国画要兴国”，要为生活服务，为革命实践服务，他一生的艺术实践始终贯彻这一原则。1997年他的《柳青国画》集问世。这部画册，收集了他91幅作品，集中了他历年来的艺术精华。中华人民共和国成立后，他长期生活在重庆，从事创作和教学，他把重庆视为第二故乡，其作品大都描绘峡江的风情，他画的山川，壮丽雄奇，伟岸挺拔，气势磅礴，又浸透着巴山蜀水的韵味和特色。他也时时关心自己家乡的建设，他的《月是故乡明》《南国春早》等作品，画面葱葱郁郁的老榕树，池塘里成群鹅鸭自幼游弋戏水，齐整的房舍和丰收的田野，一派充满生机的南国侨乡的田园风光，表达了先生发自内心对家乡巨变的赞美和一个游子对故乡的眷念之情。在他的笔墨呼唤中，我们能找到今天所需要的精神力量，这种力量让我们感到他的作品的美，使我们更加热爱今天。

柳青先生的创作态度是严肃认真的，在艺术创作中始终贯彻这一原则：在继承传统的基础上深入生活，师法自然捕捉大自然中美的东西，通过自己深厚的笔墨功底创作出有自己风格的作品。所以，他的作品既有传统的美，又充满时代生活气息。他到了76岁高龄，仍不断外出写生收集素材，反映了他孜孜不倦的艺术追求和自强不息的人生观和艺术观。由于数十年来的勤奋探索、耕耘，硕果累累，他的作品曾在北京、香港、台湾及国内外展出和发表，为国内外有识之士所收藏。中国书画家协会授予他“亚洲中国华人艺术家荣誉证书”，其作品及词条入编《中国当代艺术界名人录》《世界当代著名书画家真迹博览大典》等辞书中。柳青先生于2006年因病医治无效离开我们，但他的人生经历及其艺术光辉留给我们许多宝贵的启示。

6. 蒋印生：以身许国，何事不敢为①

姓名：蒋印生
出生时间：1927 年 8 月 18 日
性别：男
归国前所在地：印度
归国后所在地：云南、贵州、重庆
归国时间：1939 年
归国原因：南侨机工、抗日

蒋印生先生在天安门广场

蒋印生，1927 年 8 月 18 日生于印度，祖籍广东。20 世纪 30 年代末，日寇猖狂入侵我神州大地，一时间国土沦丧，生灵涂炭，中华民族处于危急存亡的关头。1939 年，年仅 13 岁的蒋印生先生响应著名爱国侨领陈嘉庚先生的号召，满怀“国家兴亡，匹夫有责”、誓死不当亡国奴的强烈民族责任感，从印度辞别父母和殷实的家庭，回到祖国投身抗日救国服务工作。一个 13 岁的少年为何敢投身炮火纷飞的战场？现年 83 岁高龄的蒋印生老人引用古代著名爱国将领岳飞的“以身许国，何事不敢为”作了有力的回答。

当时日本为控制整个中国，对抗日物资加强封锁。西南边陲的云南到缅甸公路成为唯一的国际通道，世界各国和海外华侨支援我国抗日的军需物资都赖此通道运输。蒋印生先生一回国就投入紧张的运输工作，滇缅公路山高谷深，地势险恶，道路崎岖，险象环生，蒋印生先生和 3000 多名抗日服务团成员一样不顾个人安危，冒着纷飞的战火，夜以继日抢运军需辎重及兵

① 本文根据重庆市永川区归侨侨眷联合会稿件整理改写，故文中用了第三人称叙述。

员，抢修、组装车辆物资，曾参加过昆仑关战役，抢运药品，运送军需，在这条抗日生命线上风里来雨里去，出生入死，为抗日救国奉献出了自己的青春年华，曾被誉为“粉碎日寇封锁战略的急先锋”，为广大华侨的爱国行动谱写了可歌可泣的壮丽篇章，在中国人民抗日战争史和世界人民反法西斯战争史上建立了不可磨灭的功勋。

1943 年至 1949 年，蒋印生先生因运输成绩显著，被调往美国驻昆明华侨救济总署担任驾驶员，尔后，到贵阳国民党辎汽七团担任驾驶员，直到 1949 年 10 月中华人民共和国成立后，参加中国人民解放军到西藏军区任驾驶教官，为部队培养了众多的驾驶人才，因此荣获中国人民解放军西藏军区一、二、三等功臣和“军区积极分子”及“军区最高政治荣誉”称号，并获得在“八一”军旗下照相的殊荣。

1958 年，蒋印生先生光荣退伍，被安排到四川省汽车运输公司永川汽车 25 队工作（现重庆长途汽车运输（集团）有限公司）。在地方驾驶工作中兢兢业业、任劳任怨，安全行车，爱护国家财产，不为名不为利，以娴熟的驾驶技术被评为该队第一名特级驾驶员。通过党组织的长期培养和考察，1979 年 7 月光荣地加入了中国共产党，并出席了全国第二次归国华侨代表大会及全国侨务工作会议。1982 年当选为 25 队工会主席，直到 1993 年退休，期间曾多次被评为先进工作者，并当选为重庆市人大代表，原永川市（现重庆市永川区）人大代表及政协常委。

蒋印生先生祖籍广东，祖父一代长年在东南亚各国经商做生意，住在印度第二大城市加尔各答。1979 年，80 高龄的老母亲通过外交途径终于找到了阔别四十余年的蒋印生先生，1980 年，蒋印生先生有幸回到了阔别四十余年的出生地——印度加尔各答，母子相拥畅叙离别之情，母亲兄弟姐妹劝他留在印度殷实的家庭，他动情地对母亲说，我的根在中国，我的心在中国，与此同时，台湾国民党一“国大”代表游说他到台湾去，并许诺十分优越的条件，蒋印生先生掷地铮铮地正告，当初我就是爱国才回到祖国的怀抱，我现在已是一名光荣的中共党员，我决不能做有辱祖国，有辱共产党的事，匆匆祭别老父，挥泪老母，毅然回到祖国。回国后，蒋印生先生善于团结归侨、侨眷，一心扑在党的侨务工作上，帮助党和政府解决归侨侨眷工作，先后多次被评为原四川省重庆市，原永川市归侨侨眷先进个人，并参加了重庆市第一、第二、第三次归侨侨眷代表大会。

1993 年，蒋印生先生光荣离休后又被推选为二十五队退管会副主任和退休党支部书记。为了让老同志“老有所学”“老有所乐”，组织开展钓鱼、游园、野餐等活动，退休党支部每月定期过一次组织生活，学习有关文件，哪家有困难都主动上门帮助解决，深得退休工人的爱戴。特别是在企业体制改革和医疗制度改革中，他和其他同志一道做好宣传解释工作，大力支持改革，在退休党支部中首先统一党员思想，再做好群众工作，使得各项改革措施顺利推行，为组织排忧解难。由于工作出色，他所在的退休支部被评为重庆长途汽车运输公司先进支部，他个人也多次荣获“优秀共产党员”的光荣称号，为祖国的繁荣和统一发挥余热。

7. 侯汉钦访谈录及其对父亲侯泽良的回忆[①]

姓名： 侯泽良
出生时间： 1913 年 10 月
性别： 男
归国前所在地： 泰国
归国后所在地： 重庆、延安
归国时间： 1939 年 4 月 23 日
归国原因： 南侨机工、抗战救国

我的父亲侯泽良，于 1913 年 10 月 27 日出生，是广东揭阳市揭西县凤江镇鸿西山头村人。祖父侯再春有八兄弟，因家境贫寒，家乡又闹灾荒，其中四兄弟便到泰国谋生。听说那时去泰国，坐船需几天几夜，浪大、风大，路途危险。

侯泽良着八路军军装照

祖父去到泰国后，靠做水果生意生存。泰国华侨有一个特点，往往集中居住，非常团结，要是哪家姑娘遭受当地人侮辱，华侨们会第一时间进行反抗。

1934 年，父亲出于不得已，也乘船去到泰国求生计，在商店从事会计工作。实际上，早年为了家族有人出人头地，光宗耀祖，父亲受家族人之托，边放牛边读书。由于父亲聪明、勤奋，成绩异常出众，深受家族成员赞许。但无奈因家庭经济有限，父亲只能读到初中，总待业在家也不是办法，所以父亲在祖父建议下去往泰国。后来，母亲、姑母、叔叔等家人也相继去泰国生活。

1982 年，父亲的同学、老乡、挚友后来成为泰国华侨富豪的林祯祥老先生回乡探亲，曾向家族人提起，父亲学业好，团结人，乐于助人，尤其思想开明，不迷信，讲现实，具有强烈的爱国心。据他了解，父亲在家乡读书

① 本文根据邓海东采访，侯汉钦回忆文章及访谈内容整理改写。

时，就在寻求救国的道理。

我后来听说，父亲到泰国那年，祖国正处危难之际，父亲边工作边秘密从事抗日救亡活动。在父亲带领下，罗道让、曾定石、周介文、张锐等一批热血青年，[①] 自发在泰国进行抗日募捐活动，不断输财回国，支持抗战。由于父亲成绩突出，受到华侨一致认可，成为当年有名的抗日领头人之一。

据说，那一非常时期，当地爱国侨胞非常尊重父亲。大家在抗日救亡实践中意识到，只有中国共产党才能救中国。

我的父母亲是一同前往泰国求生的，母亲叫黄如惜，受封建意识影响，母亲刚出世不久，就抱到父亲家，成为童养媳。那些年，夫妻俩在那里生活平平淡淡，父亲在外做些什么，母亲起初并不知情。直至 1939 年 4 月，她在枕头底下发现父亲留下的一封信，方才恍然大悟，原来，父亲秘密从事抗日救亡活动已多时。就这样，在泰国中华总商会帮助下，在父亲组织和带领下，父亲与罗道让、周介文、张锐一起出发回国，投入抗战，毅然舍家救国。

母亲发现那封信时，父亲已离家 1 个月。1939 年 10 月，我出生在曼谷。母亲是位坚强的女性，一个人扛下了家庭责任。但母亲的内心是柔弱的，担惊受怕的日子令她崩溃，时不时以泪洗面。那时我还小，心疼母亲，母亲哭我也哭。

我童年时期的生活很贫寒，回国前，可以说没穿过一条完整的裤子。10 岁左右，我学会了帮叔叔卖布，卖得还不错。而一家人基本生活来源，主要依靠祖父沿街叫卖水果来勉强维持。不仅如此，祖父还要承担国内老家 5 名亲人的生活开支，有钱就寄，几乎没有存余。

为避免招来麻烦，侨胞们将父亲回国一事隐瞒下来，无人提及，闭口不谈，这才让祖父、母亲、哥哥、我及家族亲人在泰国平安无事。

父亲回国如何参加抗战？我后来从父亲处得知，在中华总商会的号召下，父亲于 1939 年 3 月初与罗道让、周介文、张锐、曾定石等人瞒着亲人，历尽艰辛，由泰国经缅甸、云南，于 1939 年 4 月 23 日到达重庆八路军办事处，一行人受到了革命家叶剑英、董必武的接见。那一时期，日军轰炸重庆化龙

① 罗道让，海陆丰农民赤卫队队员，大革命失败后，逃到泰国，1939 年回国，后到延安。曾任中央警卫局副局长、代理局长、湛江地委副书记。曾定石，东江纵队队员，大革命失败后，与罗道让等一起逃到泰国，后又一起回国到延安。曾任广东省人大常委会副主任、副省长。周介文，1939 年 3 月初与罗道让、侯泽良、周介文等人一起回国，后到延安。曾任吉林省供销总社秘书长。曾定石原是广东省人大常委会副主任、副省长。

桥，父亲一行人的住处被炸毁，随身携带的行李也被烧毁。危机之时，重庆八路军办事处设法用救护车秘密将父亲一行人送到西安。1939 年 7 月，他们步行到达延安，不久后，父亲被分配到陕公通讯学校（保密单位）学习。

那些年，日本侵占了泰国等东南亚国家，但父亲仍然和泰国爱国侨胞积极联系，在泰国中华总商会的号召、组织和帮助下，许多华侨青年纷纷离开侨居地，回到祖国，来到抗日前线。1941 年 4 月，父亲加入中国共产党，为国家出生入死，做出了自己应有贡献。

林祯祥老先生曾告诉我，他本要同父亲一起到延安的，考虑到走后，家中妻儿无人照管，才没有和父亲同行。中华人民共和国成立后，为帮助我们一家回国团聚，他曾亲自到广州，通过人民政府找到我父亲，幸运的是，父亲命大还活着。就这样，林祯祥老先生出资，安排我们回国。而我的四叔公，重金买通泰国警察，将我、母亲、祖父、哥哥的身份证明全部销毁，秘密地将我们送上了回国的巨轮。

起航前，四叔公站在岸边向我们挥手告别。我那时还小，不懂离别的含义，远远看见四叔公在岸上热泪盈眶。起航前还发生了一件事，令我至今不能忘怀。两名爱国姐妹刚登上船，还没反应过来，便被其父亲通知泰国警察抓走了。那时我懵懵懂懂体会到，爱国是要付出代价的，回国在那个时代困难重重。

我还记得，巨轮离开公海后，藏在巨轮里的 200 多名年轻华侨一涌而出，他们很兴奋，似乎在欢呼回国的自由。那艘巨轮在海上运行了七天七夜，行船期间巨浪滔滔，船体非常颠簸，颠簸得连船底的螺旋桨也露出水面，发出巨响。

1952 年 10 月 3 日，巨轮在汕头码头靠岸。祖父出示了缝在衣领内的军管会证明，证明我们是军人家属，就这样，我们顺利上了岸，并拿到了盖有广东省人民政府公安厅红印的《归国华侨证明书》。

由于从小缺乏父爱，回国后见到父亲第一面，并没有什么很大反应。父亲沉着，不多言，从事的是保密工作。母亲见到父亲虽然责怪了一番，但毕竟久别重逢，很快便原谅了父亲。回国后，父母又生下了 3 个妹妹。

在延安时期，父亲受到党的重视，一直从事电台秘密工作，并被派往前线。1953 年，父亲被任命为邮电部广西邮电管理局供应科科长、1955 年为邮电部武汉供应处副处长，后调至邮电部重庆供应处担任负责人。因父亲工作原因，我们跟随父亲到各地生活。

1939 年 10 月 10 日我出生于泰国曼谷，籍贯广东揭西县。1952 年 10 月回国，1968 年参加工作，毕业于原西南师范学院（现西南大学）地理专业。1982 年加入中国民主促进会。1992 年 7 月在重庆市字水中学（原重庆市第四十五中学）退休，目前为重庆潮人海外联谊会、重庆市潮汕商会顾问。

我在武汉市第四十一中学、重庆市二十五中学、重庆市第一中学读过初高中。因回国时年龄已是 13 岁，不识字，也听不懂国内方言，所以起初念书非常吃力。但因为穷怕了，对知识充满渴望，所以很快进入学习状态。我上课专心听讲，早起念书，成绩上升得很快。后来因成绩突出，表现良好，长期担任班干部及少先队大队长。

其实，父亲从未过问过我的学习情况，或许是看见我学习刻苦，他很放心。不过，初中保送高中时，父亲曾建议我："有书读，就继续读下去。"在重庆市第一中学读书的那段往事，我印象非常深刻。当年，不少华侨学生集中在这里学习，虽然学习成绩比不上重庆本地学生，但体育成绩却很拔尖，华侨学生最擅长篮球、羽毛球、田径。

因长期睡不好觉，精神压力大，我曾休学两年。我在渝中区黄花园河边担过煤，有过连续工作 37 小时不休息的经历。但后来，还是选择返校读书，后来我如愿考上了西南师范学院（现西南大学）地理专业。

1968 年，我被分配到重庆合川当中学老师，1970 年，我被调回主城从教，在重庆市第四十五中学担任地理老师，后连续多年担任教研组长直至退休。工作期间，曾先后担任重庆市江北区第七届、第八届、第九届、第十届人大代表，第十届人大常委，并任民进会员、重庆市潮人商会顾问，曾参与组建潮人联谊会发起人之一，多次参加世界潮团联谊会年会活动。

近 10 年间，我 4 次回泰国探亲，姑母、婶母都上了 80 岁年纪，还健在，她们知道我现在生活安稳，很欣慰。探亲期间，我曾多次受到泰国中华总商会负责人热情接待，同时见证了泰国侯氏宗亲总会的建立。

无论如何，我很庆幸，能在那个风雨飘摇的时代存活下来，父亲给下一代树立了榜样，他经受住了时代的考验。他爱党爱国，为祖国解放贡献出一份热血，也为祖国建设作出重大贡献，他将永远铭记在我们心中，他的一身正气也将继承和发扬在后辈身上。

第二部分　归侨　新中国

本部分主要收录了中华人民共和国成立以后回国的华侨青年，他们回到祖国，主要是读书，受到祖国的培养，他们参加了新中国的建设，后来多成为单位骨干。这部分归侨，人生之初主要在重庆之外工作，后来到了重庆。他们的人生经历丰富多彩，但也艰辛困苦。在收录的 9 位归侨中，他们都是先在重庆之外的祖国各地参加新中国建设，后因种种原因，如单位调动、婚姻关系、学校毕业分配等原因，来到了重庆。他们之中，有的一样受到极“左”思潮时期的影响和“文化大革命”的打击，甚至生活发生了很大变故。如归侨应冀，原本已参加解放军西南服务团到了重庆工作，但因极“左”思潮和“文化大革命”的影响，被迫与家人分离，到山西工作了 20 多年。在苏联国际儿童园长大的秦崴，1950 年从苏联归来，其父母皆为新中国开国功臣、老革命、高级干部，但在“文革”期间，一样因父母蒙冤而受牵连，夫妻被迫离婚分离，一个在重庆，一个在上海，“文革”结束后，两人复婚，秦崴被调到重庆工作，一家人方才团聚。吴敬甫教授，也是为了家庭团聚，夫妻双双来到重庆西南师范学院（现西南大学）工作。缅甸归侨池文庆，当年还带着妹妹、弟弟三人一起当知青到湖北乡下劳动。他们的人生实在坎坷与艰辛，但他们初心不变，依然爱着祖国。

1. 应骥访谈录

姓名：应骥
出生时间：1930年10月
性别：男
归国前所在地：韩国仁川
归国后所在地：上海、重庆、山西晋城
归国时间：1946年
归国原因：随母亲回国读书

我父亲年轻时曾是一名清代海军的下级军官，在一次爬桅杆作业中，不慎失足坠落到甲板受伤，未得到及时治疗而造成下肢残疾。父亲有兄弟三人，我父排行第三。父亲16岁时到韩国仁川，先在他的李姓表哥的裁缝铺里当学徒至近30岁，后独立经营“祥昌裁缝店”。我的母亲是广东佛山人，经所在济良所姐妹和我的姑妈介绍与我父亲认识，二人在上海成婚，婚后生有五女一子。

1930年10月23日，我出生在韩国仁川。

1935年，经父亲朋友的帮忙，我进入由日本人办的仁川纪念幼稚园读书。这所日托幼儿园中大都是日本人或者少量的朝鲜人，只有我一个中国人，因此大部分人都对我怀有敌意，受欺凌是常有的事。

在我就读于韩国仁川华侨小学的时候，我的两位姐姐正在国内读中学。每逢暑假，姐姐们都要回韩国与家人们团聚，同时也为我带来她们所听到的一些流行歌曲和世界名曲，满足了我对于新鲜事物的思念和渴望。随着抗日战争的爆发，一些革命歌曲，如《义勇军进行曲》等也由中国大陆传唱到日本、朝鲜和韩国的华侨学生之中，成为华侨们相互鼓励与扶持的基础。

在华侨小学念到五年级时，由于家里原因，我跟随母亲回到上海。起初，我在沪西的一所天主教学校——金科小学做插班生，因为当时我的数学和英语底子差，考试不及格未能毕业，成为别人都看不起的留级生。在发奋

努力之后，我以同等学历成功申报了当时由英租界工部局主办的华童公学[①]。受父亲不断地催促，母亲匆匆返回仁川，只留下我一人在上海读书，尽管年纪尚小难以自理生活，但幸得热心的邻居照料，那年的暑假倒也过得舒适快乐。

在上海待了两年，我回到韩国，顺利地进入汉城的光华中学初二班当插班生。而当时，日本殖民当局的文教部门却不准这所朝鲜唯一的华侨中学使用“光华中学”这个校名，只得根据批文规定，使用含糊不清的“光华学校”作为学校名称；殖民当局还规定，华侨中学生的校服必须向日本的中学生制服看齐——除了允许用青天白日做边饰，中间为“光华”两个字的帽徽外，其余的和日本学生一样，外出必须打绑腿束武装带和背日式背包，否则就不准搭乘火车。

光华中学设在当时的中国驻汉城总领事馆。为镇压华侨的不满和愤怒，日本殖民当局还派遣宪兵和警察武装闯入校内，对学生逐个搜身，查看他们的书籍、笔记甚至是生活用品。若没有搜到可疑物品时，便肆无忌惮地随便抓捕班长和他们看不顺眼的几个学生投入监狱，施以酷刑。有一段时间我正读《曼殊大师文集》，在当时，如果学生被发现读这种“大部头”的书，一定会遭到逮捕、严刑拷打甚至折磨致死。因为我是走读生，嫌书太重不想背来背去，便在放学回家前，把书放到课桌桌面下的存书柜里面。一次日本宪兵搜查学校，幸好当时的班长皮德生得到了小道消息，临走时帮忙看了走读生桌面下平时放书本和杂物的柜子。当他发现这本《曼殊大师文集》的时候，立即把它取了出来，塞进黑板背后的夹缝内，这才让我甚至是和他一起的走读生免受牵连。

1946 年，我再次与母亲回到上海，在上海的七宝农业职业学校上学。经过共产党地下党员的交流，与这些中共地下党成员建立起良好的关系，1949 年，邓小平在上海等地组织中国人民解放军西南服务团，我有幸被选上，遂前往重庆加入共产党，参与革命。到了重庆之后，我的第一份工作是西南粮食局总仓库川东接粮大队的一名随车（船）押运员，也是在这个时

① 华童公学，创办于 1904 年，曾易名模范中学，陕北中学。1945 年 9 月，为纪念上海抗日名将谢晋元团长，而改名“晋元中学”。谢晋元，广东梅州人，抗日战争时期，在 1937 年“八一三”淞沪会战中率 800 壮士死守四行仓库，鼓舞了全国人民的抗战信心。

候，我遇到了自己的妻子，迄今为止，我们夫妻二人已携手走过人生中六十个春秋。

1952年，我因患浸润性肺结核住进重庆渝中区一号桥坡上的红十字医院。由于有这种病史，我在农场劳动期间曾不止一次地咯血，最终由农场卫生所用救护车专程将我送回重庆市粮食局。这种情况根本不符合下放劳动的条件。但是受当时市粮食局人事科的工作人员逼迫，为我治疗的大夫不得不将病例改为“可以参加轻微体力劳动。若出现异常，应立即来医院诊治”，这就成为人事科催促我回农场劳动的绝对理由。

1954年，我考上了当时的北京农业大学（今中国农业大学）畜牧专业。但正是因为在体检复查时对于患有肺结核病一事的严格复查后，受两年前的病例影响，我被证实“不宜在农校学习，特别是参加实习”，后被退回原单位。

1958–1959年，我们夫妇被同时下放到南川县黄草坪农场[①]。这种情况并不符合中央关于下放劳动锻炼的具体规定——若夫妻二人都需要劳动锻炼时，只能先去一人，留一人在家以便照顾家属。而当时的重庆市粮食局相关人员封锁消息，将我们夫妻二人全部上报，导致当时尚在读小学的女儿无人接送，特意辞去工作、从北京来渝想要投靠儿子的母亲也失望至极、束手无策。

1960年夏，幸得堂兄王凌的引荐，我来到山西晋城发电的列电44站工作。在这里，由于仍未摆脱原重庆市粮食局人事科的影响，我频频被派遣出差天津，特别是在有重大国事活动之时：一次听闻某国元首要来，陪同的是周恩来总理，而恰恰是在此之前，我被派往天津采购办公桌椅之类用品，使得我大失所望。在晋城的二十年分离当中，我们夫妇受尽了“左”的荼毒，招致了“莫须有”的颠沛流离。

应骥先生加入中国共产党

20世纪80年代左右，我再次回重庆。韩国华侨的经历，在

① 黄草坪农场，后更名海孔农场，最后定名金佛山农场。

日控区被迫学习日语的基础，以及在山西劳动时对于当地方言的学习，使得我在日本语言和文化等文字语言方面、人类源流等人类学的研究方面卓有成效。1990 年，我被四川外国语大学聘为日语系教师，后为重庆大学三峡文化研究所特约研究员，2009 年被巴渝人文学院东方语学院聘任为名誉教授。迄今为止，我出版了《日语词义辨析和语法释疑》，这是我第一部专著，这部著作对日语近义词和语法方面尚未解决的疑难，提出独特创见 40 多处，为开创中国人自己的日语语法进行了大胆的尝试，后来获重庆市外文学会 1989—1990 年优秀科研成果一等奖，获得了社会广泛的认可。1997 年，出版了专著《日本大和民族追源与中日文化交流》，在这部作品中，我根据出土材料认为早在六千多年前中华文明就已经在东瀛生根发芽了，生活在日本地区的弥生人及他们创造的弥生文化可以证明起源于中国，这说明中日两国民族间的交往至少可以上溯到公元前数百年，研究尤为可贵的一点是对日本大化革新原因的探讨，由于自小生活在日本统治下的韩国，对日本人和日本文化有深刻的认知，所以我在这一点上提出的看法还是能够令人信服的。随后，我又出版了《巴人源流及其文化》《中日夷越文化探究》等五本专著，还有 60 余篇论文发表，但是有未发表的学术成果曾被别人盗用，并在海外出版。

我的爱人为 1925 年生人，现在已经 91 岁高龄，她出生于地主家庭，中华大学英语系毕业。我们夫妇只有一个女儿，50 年代初生，现今 62 岁左右，现在在家，曾下乡当过知青。

2. 伍名苏访谈录

姓名： 伍名苏

出生时间： 1929 年

性别： 男

归国前所在地： 新加坡

归国后所在地： 北京、广州、重庆

归国时间： 1950 年 1 月

归国原因： 心向祖国，建设新中国

我是中华人民共和国成立初期从新加坡回国的华侨，到北京后就进入中共中央统战部，参加中共中央对外联络部主办的归国华侨青年训练班学习。结业后训练班全体学员就组成南下工作团，到广东侨乡参加土改。后来，我调回北京分配到中央侨委会从事侨务工作，后调到重庆加入了中国致公党。

我的父亲先去了新加坡，他在那里是一个做皮鞋的手工工人。我四岁那年，我母亲从我的家乡海南文昌将我带去新加坡后，又自行回国了。

1950 年 1 月，新中国解放初期，从《南侨日报》得知了广州解放的消息，我和新加坡中正中学的同班同学潘正安、谢锷为一起回国参加学习、建设祖国，毅然归国，我们当时都是高中在读学生。我是得到了我的父亲的支持的，但我的同学却是放弃了海外优裕的家庭生活，瞒着父母毅然归来的。潘同学是马来亚（现马来西亚）霹雳州关丹市首富的儿子，而谢同学是新加坡《南洋商报》总编谢松山的儿子。我们坐船从香港到达广州，途中经历了一周的暴风雨，逗留了一段时间后，我们有幸在黄埔军校旧址听了叶剑英司令员的一次报告。不久，谢同学在广州参军，我和潘同学则上北京进青训班学习。

青训班是由中共中央统战部、中共中央对外联络部主办的，创办于 1949 年 5 月，是对外联络部为培养华侨干部成立的培训班，学成后本准备把学员派回原侨居国开展革命工作，后来因为有“革命不能输出”的指示才

作罢。学员结业后部分分配到党中央或中央政府各部门工作。学员按照所在的侨居国分班，比如印尼班、泰国班、越南班等，从英美统治的国家如新加坡、菲律宾等回来的年轻学员则分在英文班，学习课程除了所在国的语言之外，主要是学习马克思列宁主义、毛泽东思想，再联系自己的思想实际，改造世界观，为今后参加革命工作打好思想基础。在青训班学习期间，我们全体学员参加了几次大型的有意义的活动：1950 年 10 月底全体学员参加了周总理亲临、刘少奇同志致悼词的任弼时同志追悼会，这是我首次见到党和国家的高层领导人；1950 年和 1951 年，我们全体学员先后两次参加反殖民主义斗争日的游行，通过天安门广场时高呼口号的情景我是至今难忘。1950 年底，美帝国主义发动侵朝战争，青训班领导召开大会，作了抗美援朝报告，全体学员群情激昂，纷纷递上入朝参战的申请书，归国华侨青年爱祖国，愿为祖国献身的精神跃然纸上。为了为入朝参战做准备，青训班领导还安排了一次向解放军学习的活动，组织全体学员进行了一次长途拉练，到秦皇岛一个部队进行实弹射击演习。这是我一生中第一次，大概也是最后一次使用枪支进行实弹射击。青训班学员除了紧张学习外，周末经常举行文艺晚会，穿着东南亚各国的服装在舞台上载歌载舞。

1951 年，全体学员组成南下工作团到广东侨乡参加土改工作，我先后在惠阳、开平、恩平等县工作，主要任务是发动群众，斗争地主恶霸，分土地，宣传党的侨务政策，维护归侨、侨眷的土地和房产利益，纠正侵犯、损害归侨、侨眷利益的错误。我们和农民实行三同：同吃、同住、同劳动，这对从来没到过农村的归侨青年是个重大的考验，吃的是玉米、番薯这些粗粮，只有在收割季节才能吃上焖南瓜饭，只有到县上开会时才能尝到荤菜。我身上经常有虱子，瘙痒难以忍受。参加侨乡土改工作的这段经历，对我身心的磨炼受益匪浅。

1954 年，我调回北京中央侨委会工作。在中央侨委工作期间，全国侨务扩大会议曾在中南海大礼堂举行，作为大会工作人员，我曾多次进出中南海。作为《侨务报》记者，我曾在北京举行的第十六届奥运会选拔赛的现场进行采访，并且出席过全国文艺汇演的场馆观看演出。我还先后到天津等地采访过一些知名华侨，撰写了一些文章在《侨务报》上发表。

在北京工作期间，我有幸见过不少党和国家领导人，有刘少奇和周总理等。在青训班学习期间，当时党中央统战部部长李维汉、副部长童小鹏等都给我们做过报告。我多次聆听中央侨委主任廖承志的报告，20 世纪 50 年代著名羽毛球运动员陈福寿曾到中侨委参观，我和同事搭档，在中侨委礼堂和陈福寿打了一场二对一的表演比赛，观众齐聚一堂，笑声不断，至今难忘。

1957 年的“反右”斗争，灾难突然降临到我的头上。1958 年我被戴上“右派”帽子，降三级工资，与中共党政机关处理的数千人一起到黑龙江各个农场进行劳动改造。我分在八五〇农场。夏天伐木，冬天修建云山水库。我经常挑一百多斤重的木料走十几里路。在修建云山水库时，我每天都抡着十字镐挖掘硬土，一天要干十个小时左右，在“大跃进”期间，多次加班，不分昼夜地干，而且一般都是在零下二三十度的严寒中进行，最冷的一天竟然达到了零下四十一度。在北大荒劳动的那段时间，虽然身心受到严重的创伤，但我那时还是二十岁的小伙子，就算是经历了一场特种锻炼吧！在这种恶劣的环境中，劳动强度之大，时间如此之长，发生意外事故是难免的。在一次爆破中，我们单位一位同事在劳动途中因心脏病复发不幸溺水身亡。在历时两年多的劳动中，唯一使我感到欣慰的是王震同志亲临云山水库来看望我们。他是延安搞生产大运动时著名的三五九旅旅长，当时担任农垦局局长。他在讲话时的第一句话是：“同志们，我代表中央来看望你们了。”许久没听到“同志”这个称呼了，中共的一位高级领导还代表党中央称呼我们为同志，这使所有在场的人感动不已，精神上得到极大的安慰。

1961 年，我和许多人被宣布“摘帽”，我被调到重庆交通学院，但这次处理没有解决政治待遇问题，没有恢复工资待遇，我还是被另眼看待，不是真正的平反。学院人事部只临时安排我到图书馆工作，干了一段时间又调到文印室搞缮写和油印工作。

“文化大革命”时期，我被学院工宣队安排劳动队进行监督劳动，没有行动自由，离校进城要请假，我也从教职工集体宿舍被赶到学院最差的一间平房里，与一位有历史问题的教授为邻，管理人员规定，每天必须写一篇检查或检举材料。在这里，我的劳动强度不亚于在北大荒农场，在盛夏炎热的气候里，每天上下午挑着一百斤左右的砖头从操场到数十米高的水塔，供应修水塔使用，来回十几趟，我经常赤膊上阵，汗流浃背。学院卡车给食堂拉来米面，把米面背到食堂的工作由劳动队全包了，我背一百五十斤重的大米是家常便饭，更为惊险的是我被派到学院青红楼教学楼去检修房顶，第一次从梯子爬上数十米高的房顶时，脚都在发抖，梯子无人撑，稍有不慎后果不堪设想，经过一段时间的磨炼，我上下房顶自如，可以提着两桶灰浆在屋脊上来回行走。在“文革”中，我被抄过家、挨过打，我的许多英文版的文艺书籍，其中《莎士比亚文选》《双城记》《飘》等被洗劫一空。

1979年，我终于收到了盼望已久的原单位中侨委的平反通知书，得以彻底平反，恢复原工资待遇。平反后，学院原副院长陶中哲找我谈话，说经过调查，我在“文革”中安分守己，组织上决定要留我在学院工作，安排我到外语系工作。人到中年我才安安心心地为国家做了一些工作，我除了分管外语图书资料工作，为外语教师教好外语做辅助工作外，还做了两件较为突出的工作：一项是打印英语考题，十年期间，学院所有的英语考题都是我一手打印的，我打印的考题错误极少，不用老师校对，被誉为“信得过”的产品；另一项是为钱伟长教授主编，在我们院出版的，发行到世界各国的《应用数学与力学》杂志打印英文版版稿，在应用电脑技术排版前，1980年前的杂志英文稿都是我用打字机打出来的。因此，我在1985年被学院评为先进工作者。我于1989年退休，因工作需要，被外语系返聘又工作了两年，直到1991年才离开工作岗位。

1987年我在重庆加入中国致公党。中国致公党是由归侨、侨眷及与海外有联系的代表性人士、专家学者组成、具有政治联盟特点、为社会主义服务的政党，是与执政党中国共产党通力合作的一个参政党。致公党一向自觉接受中国共产党的领导，具有爱国爱乡的优良传统，成员利用海外华侨华人有广泛联系的优势，团结他们为祖国建设和统一大业做出了重大的贡献。参加致公党后，我一向积极参与党组织的活动。因此我被评为致公党重庆市委2005年度优秀党员，获得致公党市委颁发的荣誉证书。2008年，在纪念中共中央发布“五・一”口号六十周年征文活动中，我写了一篇名为《忆往事话盛世》的文章，发表在《团结报》上。9月，我获得了中央统战部宣传办和团结报社颁发的三等奖证书，此文还被收录在致公党重庆市委二〇〇七至二〇一〇理论文集中。

致公党成员过组织生活既严肃认真又宽松活跃，每逢中国共产党下达重要文件，都要进行传达，认真学习，大家在会上畅所欲言，气氛轻松愉快，党员之间团结友爱，互相关心。有一次我动过手术在家休息，致公党南岸区委主委时玫、副主委石劲来我家探望，我倍感温暖。近年来重庆市侨联、南岸区侨联对归侨、侨眷做了许多送温暖的工作。市侨联每年春节都要组织一次“百名老归侨回娘家”的活动，让大家见面，畅叙友情，观看文艺节目。会上，重庆市华商会基金会给经济困难的归侨、侨眷发送红包，充分显示了新归侨关爱老归侨的亲情。南岸区侨联也经常组织归侨、侨眷在市内参观，并组织各种讲座，增进他们的知识，让他们更健康地生活。去年春节，区政府还给三十位归侨、侨眷发放了三百元红包，这是我这辈子首次领到政府发的红包。多年来由致公党或市、区侨联组织的参观学习活动不计其数，我记得路途较远的有成都青城山、都江堰、广安邓小平故里、黄山台湾回归六十五周年纪念碑；市内有民主党派展览馆、红岩村、陈独秀旧居、聂荣臻元帅陈列馆等，充分体现组织和政府对归侨、侨眷的关怀。

我和我的老伴是“文革”后经由别人介绍认识的。我有二子一女，两个儿子都自谋职业。我的女儿已经出嫁。

作为一名归侨，我的一生非常平凡，谈不上为国家为人民做了多么大的贡献，我只是成千上万归侨中的普通一员。我的晚年生活也很幸福，算是非常有福的人了。

3. 池文庆访谈录

姓名：池文庆

出生时间：1946 年 9 月

性别：男

归国前所在地：缅甸

归国后所在地：昆明、武汉、重庆

归国时间：1967 年 10 月 23 日

归国原因：心向祖国

我叫池文庆，从出生起就在缅甸生活，于 1967 年 10 月 23 日回到祖国。1965 年 3 月至 1967 年 3 月，在仰光大学肄业，美以美商学院商业专科毕业，美以美商学院是美国教会办的。我祖父那一代离开祖国，后来辗转到了缅甸生活。据我父亲讲，我的祖父功夫很厉害，而且还懂得一些医术，他健在时，仍有许多人来找他治疗跌打损伤。祖父担心后辈用他教的功夫惹祸，并未将功夫传下来，所以从我的父亲开始就已经不再擅长武术了。我是现在能够知道的这个家族的第四代人，至于当时第一代人去了哪个国家，我还不是很清楚，希望以后有机会再去缅甸，或者其他的东南亚国家，找一下祖父他们最早生活的足迹。

1946 年 9 月，我出生在缅甸，我是父母的第七个孩子，在我出生的时候，家里人正在逃难，我是在一个小舢板上出生的。后来妈妈告诉我，我出生那天晚上正好是八月十五，月亮又大又圆，月光很亮，我的出生也给逃难中的家人带来不小的安慰。后来我才知道，我出生的地方名叫“班达诺”，后来曾经担任联合国第三任秘书长的吴丹也出生在这里，他也是第一位来自亚洲国家的联合国秘书长。

早在 1942 年的时候，日本的侵略势力已经到达了缅甸，我母亲后来对我说，我的命很大，几次差点没命但都被人救下来了。在缅甸，六七岁的小男孩都喜欢玩足球，下雨了也要出去玩。我有一次去玩足球时正下大雨，出了车祸，丢掉了门牙，但没有造成其他更严重的伤，所以说我命大好像还是很有道理的。

关于童年时代的很多事情，我的记忆已经很模糊了，但是对我姐姐的印象却很深刻。在我的记忆里，姐姐一直对我很好，也很照顾我，那时候家里的孩子很多，我是最小的，姐姐悉心地照顾我，也陪伴着我度过那段最艰难的日子。

关于在缅甸的生活，很多细节我也记得不太清楚了，我只记得我小时候身体很虚弱，曾经得过白喉，是村里的一个老人家用喉风散加朱砂等中药治好的。小时候我家很穷，我基本上是吃百家饭长大的，等到父亲办了企业，搬到首都仰光，我们一家人才算过上安定的生活。

后来我渐渐长大，也开始上学了，我最开始在一个台山人办的公学——新桥公学读小学，这种华侨捐款办的学校是免费的，我因而省了不少学费，给家里节省了不少的开支。我记得那时候教书的先生是用台山话教书，因此我学会了台山话。后来我们搬了家，我转学去了缅甸很有名的华英中学读书，学校那个时候用港版教材教汉语，教书先生是用闽南语教的，因此我又学会了闽南语。台山话和闽南语对我以后的人生一直有着非常重要的作用。

在我的印象中，父亲是家里最重要的支柱，也是对我影响最大的人。我的父亲虽然没有读过书，但他在经商方面的能力很强，来到缅甸之后，我的父亲开始只是一个小挑工，后来通过辛勤的劳动，逐渐成为企业家。父亲和家庭对我的影响很大，我们家的家训是儿孙就应该志在四方，到世界各地闯荡，而且家训里也说子女必须要分散，长大后不能够都聚集在父母亲的身边。家教和家训对一个人的成长至关重要，我们平时是说客家话的，客家人有一句老话：“宁卖祖宗田，不忘祖宗言。”

我父亲在事业上的成功跟我母亲的支持是分不开的，我母亲贤惠能干，家务和子女的教育都是我母亲一手操持的，父亲从来没有在这些事情上操过心。

任何国家都有地方主义、排外主义，缅甸也不例外。就算我们一家加入缅籍，也不可能成为缅甸的一等公民。而且当时缅甸正在进行军政府改造，政治和社会环境都不太好，再加上我父亲是企业家，所以我们家在缅甸就更加的敏感。那时候中华人民共和国成立，中央人民政府号召广大年轻人回国建设祖国，这些消息通过缅甸的华人报纸、华人学校、小人书等媒介传到了缅甸的华人之中。我父亲再三考虑，决定变卖家产，让我带着弟弟妹妹三个人一起回国。

我和弟弟妹妹是坐飞机回国的，当时是先到的昆明，然后再去武汉。能从缅甸直接回国的华侨在经济方面都还算是不错的，经济条件一般的人是没有办法回国的，能回到国内还是觉得非常的幸运。我回国后，先到了昆明市华侨补校，然后又转到武汉市华侨补校过渡，最后被安排到荆沙警备区学习政治、文化及军训。回国后，我发现内地用的是简体字，但是我们一家人在国外生活了很久，对简体字没有任何了解，我因此不太能读得懂中文，我的中文是后来在“文革”时读大字报和下乡时学会的。

我们在国内没有什么亲戚，回国后我们兄妹三人受到了国家的照顾。1969 年 3 月，我在湖北省沔阳县插队务农。由于带了弟弟妹妹一起回国，弟弟妹妹年纪很小，不能独自生活，所以我只能把他们也带到农村去。在乡下时，妹妹喜欢赶麻雀，弟弟会帮着我一起放牛。在下乡前，我妹妹意外摔伤了尾骨，需要动手术，但当时动手术没有很高的安全保障，妹妹本人也不同意，所以采取了保守治疗。在下乡后的一个冬天，妹妹的病情恶化，瘫痪在床，只能由我和弟弟每天拖着妹妹步行三十多千米前往医院打吊针。后来在国家的关怀下，妹妹得以调回沙市看病工作。我们当时的辛苦不能和父母亲讲也不可能跟他们讲，就算写信他们也是收不到的。我们兄妹三人一起在国内经历了很多，因此我们的感情一直很好。

我回国的时候正好赶上“文革”开始，我下乡插队了一年多，成了公社的生产先进个人。我到现在还记得当时的情况，当时生产队一共有 382 户人家，那时做的事情我也记得很清楚。在下乡的时候我遇到很多特殊的情况，也学到了很多道理，这是在其他地方学不到的。下乡后各种农活我都要做，我在农村要挑粪，每天至少要挑二十桶，我们下乡的地方在当时要种三季稻，我们每季还要栽秧。由于下乡的地方受到了水灾，大概有半年的时间是没有大米吃的，没有大米时我们就吃小米、红苕等饱腹。

我们下乡的时候不知道将来会怎么样，什么都不知道，但是我父亲对我的影响比较大，他曾说过一句话：“幸福和灾难是孪生兄弟、成功和失败也是孪生兄弟，所以你不要太在乎这些眼前的困境，事情做了就算了，不要太在乎这些遇到的问题。从一开始就不要太在乎它，不然的话也就没有什么生活可言了。”所以在下乡的时候，我坚持每天至少读两个小时的书，我读了很多毛泽东和马克思的文章，包括《资本论》等书籍，这些对我以后有很大的帮助。

下乡期间，我还参加过一个国家的援建项目。我是华侨，有海外背景，在当时的政治条件下原本是不能参加援建项目的，但是在我的不懈努力下，终于成功地加入了一个援建项目。北京的一位领导说，他这辈子见过的唯一的一个参加国家援建项目的华侨就是我，我对此也感到十分自豪。

下乡结束之后，我们兄妹三人得以返回城市。我回城后进行了一系列有关机械的技能学习，并在湖北情报所和图书馆进行了有关情报、专利、标准化的系统的学习。这段有关情报的学习令我终生受益。后来我在精密机床厂，很受师长的看重，这才有机会去上海、北京读书。

对于工作，我还有很多记忆。我最开始在湖北省沙市第二机床厂工作，后在湖北省进出口管理委员会外资处做翻译工作，在机缘巧合之下我从一个工厂技工变成一名翻译。我记得那时候湖北省沙市第二机床厂在接待外宾时，外宾问及具体技术方面的问题，翻译并不能解答，我正好在一旁工作，于是很自然地用英语回答了这个问题，得到了外宾和领导的赏识，从此开始我的翻译事业。

1984 年，我又被调到了重庆建管局外经处，1990 年前往瓦努阿图共和国参与国家经济援助项目，1991 年在重庆中建公司、重庆建工集团海外公司从事翻译工作。2005 年任重庆索通翻译公司副译审、重庆广东商会顾问，主要从事技术工作。

我在工作时遇到过伯乐。当时我刚调到维修车间，有一位四川乐山市峨眉县的工厂职工给了我很多帮助。他以前是一机部机床总局的研究员，1959 年后到厂里喂猪，他很聪明，很多农业专家都会来向他请教。我经常帮他做农活，相处的时间较长，他常常教我一些工作上的窍门。他曾告诉我：“你现在调到维修车间，建议你到资料室把全厂的所有设备说明书都借来，把所有的电路图、润滑图、传动图画下来，然后贴在你的寝室学习，这对你将来有好处。”当时厂里的精密机器都是进口的，我都按照他说的做了。不到半年，我的技术水平就变得比较强了。后来我也因此成了厂技术革新核心小组成员，做出了一定的成绩。

受到家训的影响，我一直十分尊重老人。我在工厂工作的时候，工厂里还有一个孤老，我很尊重他而且经常去陪他。他告诉我：“窍门处处有，只要你有心；窍门有大小，只要你自己肯找。”我一直牢记他的话，在工作中注意寻找窍门，这也是在做情报工作时必须要注意的。这些工作和我本身的专业并不相关，但是因为我在技术方面做了很多努力，在之后的工作中比别人更加突出。

在工作中我也是受到过一些不公正待遇的。例如在公司负责瓦努阿图共和国的国家经济援助项目时，我是工作单位的主要翻译，本来公司开始是准备派我去的，但是人事处长以我的英语不能和国际接轨为由，换了另一个人前往。我对此并没有表现出抵抗情绪，但半年后，人事处长又突然要求我收拾东西马上前往该地从事翻译的工作。尽管我的爱人当时并不同意，但我还是不得不前往。我先到成都办理相关证件、取票，拿到了护照和机票，带着两个工程师一起前往北京，又送他们去马耳他。随后我持照会前往瓦努阿图共和国，享受到持照会的待遇。负责人跟我说是李总工程师推荐了我，但公司方面却以我身体不好、头晕眼花为由，派了另一人前往。但是公司派出的那个人不能胜任这项工作，正巧负责人的女儿是我同学，负责人向他女儿核对了事实，才临时将我调去工作。

在这项工程中，因为公司与当地一位著名企业家签订的合同出了问题，工程款不足且不能按时到账。考虑到我和这个企业家的私交较好，公司派我前往谈判。在这次谈判中，该企业家同意将价钱下调近一半，我虽然替公司解决了这个问题，但并未收到任何奖励。在回国时，联合国的高级官员及当地的一个著名企业家全家都来送我，大家都怀疑我有什么背景关系，但其实只是因为我待人好，和这里的人关系处得很好。

我们家的家训也有关于财产方面的问题，要靠自己的奋斗创造的果实才有意义。第一次缅甸开放时，我和弟弟妹妹一起回到缅甸探亲。我父母当时已经去世，在讨论父母的遗产问题时，我和弟弟妹妹都拒绝继承父母的遗产，把遗产全部留给哥哥姐姐。因为父母去世之前都是哥哥姐姐在照顾，去世之后也是他们出钱办丧事，而我们在中国已经有自己的事业了，所以没必要再继承父母的遗产。

我已经退休了，现在很多时间都在家照顾孙女，但是我仍然有自己的事情要做。我现在在重庆市侨联做义务工作，侨联有开会、走访之类的活动，也担任过几届重庆市渝中区政协委员，还在社区大学学习营养学，退休后的生活非常充实。

我有一个独生子，毕业于西南师范大学（现西南大学），现就职于重庆大学经管学院。按照我们家的家规，子女长大后由他们自己去独立生活闯天下。在我儿子的成长过程中，我并没有给他提供过多的帮助和照顾。

我的妹妹从学校毕业分到了广东珠海，我的弟弟在湖北沙市工作。她们都生活得很好。感谢党和政府对我们归侨的恩情，感谢侨办、侨联对我们归侨的关爱。

4. 许俊泉访谈录

姓名：许俊泉

出生时间：1944 年 10 月

性别：男

归国前所在地：缅甸

归国后所在地：广东、湖北武汉、重庆

归国时间：1947 年

归国原因：读书

我爸妈最先去的缅甸，他们到了缅甸之后，有一个规定，华人可以加入当地国籍，转为这个国家的公民。我爸爸妈妈没有转，还有几家人都没有转。我就问他，你们为什么不加入他们的国籍呢。爸爸说我们是中国人，我的家乡这么好，我又有儿有女在那里，我的国家就是我的“爸爸”，是最大的“爸爸”，我为什么要加入你这个小国家国籍？后来他说我们是叶落要归根，我在外国确实走不动了，还是要回来，还是想念着我们的家乡。他们认为还是家乡好。若不是遇到缅甸反华事件的话，他不可能那么早回来，要等老了的时候，我们把他接回来。至于我们兄弟姊妹，是愿意在那边就在那边，不愿意就回中国。

我爸爸是一个做酒卖的生意人，在一个小城市的正街住，靠河边，有阳光，在毛淡棉。卖什么酒呢？是树子酒，是在树子上面挖个槽，然后流出来的水，用小船运到这边来，我父亲收进来以后放在大水缸里，摆在房子里，也就在门面里，捂着，捂 3 天就可以卖了。就这个工艺。那些码头上的工人都来买，他们下班热了之后，刚好回来就买这个酒喝。

我于 1944 年 10 月 7 日生在缅甸，我是最大的，下面还有两个弟弟一个妹妹。我最小的妹妹 1959 年出生，现在已经五十多岁了。他们回来的时候，最大的弟弟才十二三岁，大弟弟八九岁，小妹妹六七岁。

1947 年的时候，缅甸打仗了。父亲赶紧把我送回来，就从缅甸送到广

东，我们家乡是广东的。我爸爸妈妈直接把我带过来了。回来大概有一年的时间都住在广东。一年以后，缅甸没有打仗，我爸爸妈妈又过去，过去一看，完了，房子什么都没有了，后来才慢慢又安定一个家。安定之后我就留在中国的家里没有去缅甸了。我爸爸妈妈都喜欢我，我是第一个儿子，如果在外面打仗打死了怎么办呢，留在家里她们也可以安心，以后回来，生活也有指望，叫养男防老，积谷防饥。他们再过去以后，才生下我弟弟和妹妹。

我回来后到了广东伯妈那里，因为我的父亲有两个老婆，家里有个伯妈，缅甸这个就是生我的妈，把我送回广东后，我就跟着伯妈一起生活。由我的爸爸妈妈寄钱回来。那个时候寄钱不容易，缅甸政府规定不能寄钱回国，不准换成人民币。华侨寄钱都是偷偷摸摸地拜托人。专门有一种人，来来回回地走，你把钱交给他，他到了广东以后，换成我们国家的钱，再寄给我们，每年我上学的学费就是我爸爸妈妈托人带的。寄得好就好，不好就把你的钱“吃掉”了。

我到了 13 岁的时候，我伯妈的姑娘，也是我同父异母的姐姐，嫁到了武汉。后来姐姐就接伯妈和我去武汉住，1959 年底，我和伯妈到了武汉。我在武汉读了 3 年书，正是 1959、1960、1961 年发生三年自然灾害时期。我读了一年高中就去部队当兵了。1963 年，我刚好 18 岁，老师都不知道我去检查身体，他见我几天都不去上学，问我姐姐，才知道我去当兵了。到 1968 年复员回到武汉，政府安排我在长江轮船公司工作，在由重庆到上海的客船上工作。一个来回就是 13 天，武汉到上海实际上是 7 天，但是要开到重庆来，再倒转回去，又从武汉开到上海。

1968 年 3 月，我复员到武汉工作以后，我的爸妈和兄弟姊妹从缅甸回国了。那个时候缅甸反华。她们 5 月份到广州。我就把爸妈弟妹全接到武汉来住，生活都由我一个人负担。我那时候每个月只有三十几块钱，但是我们家五个人，生活费不够，再加上两个弟弟妹妹小，要读书，父母也是六十多了，不好找工作，生活困难。我便向单位申请生活补助。我们单位马上给分了一套房子，因为国家有政策，归国华侨要特殊照顾。

我的弟弟和妹妹在二十多岁时，通过香港的亲人联系过去打工，现在就在香港，已有一二十年了，在香港成了家，就一直住在那里。我跟他们有联系，我微信开着，有什么事马上就可以通话。

回来以后，国家和武汉市侨办都很照顾我们，很关心我们，我爸爸就说，庆幸还有条命回来了，回来以后，国家多好，多照顾我。他说我们政府和国家都好，比外国好。

后来我结了婚，为了照顾家庭，才调到重庆来，调到重庆市第二工业安装公司工作，也分了房子。我从部队复原，在船上工作，后来改行学了厨师。我有一个儿子，现在还有一个孙子。我儿子知道我归侨的身份。现在我兄弟姊妹回来也是我儿子在照顾。

许俊泉及家人

许俊泉的父母及兄弟

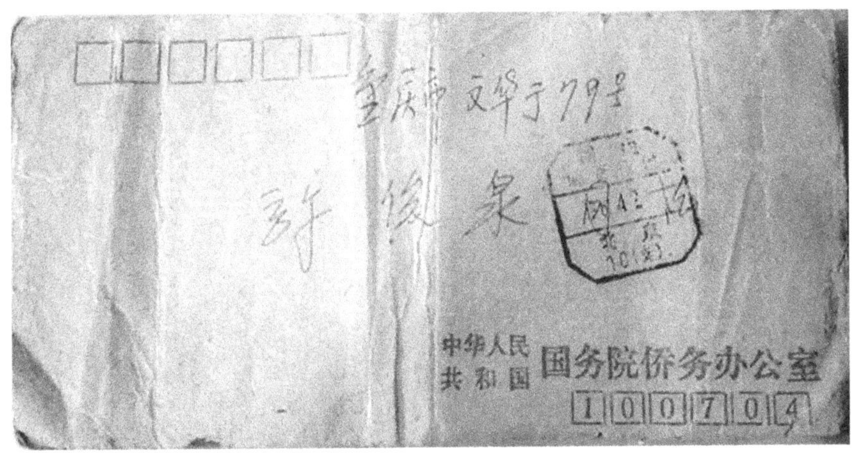

侨办信封

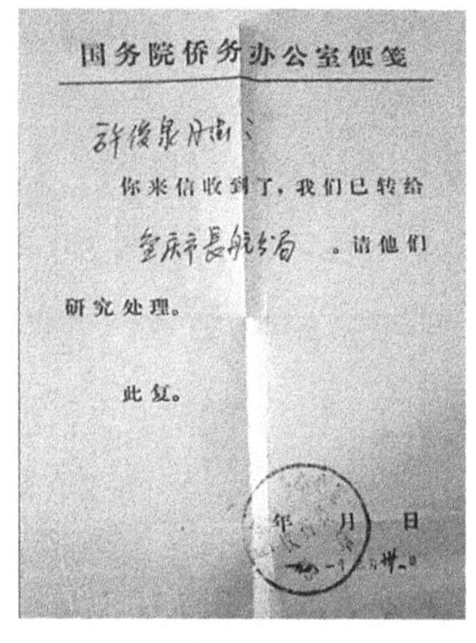
国务院侨务办公室便笺

许俊泉同志：

你来信收到了，我们已转给重庆市长航公司。请他们研究处理。

此复。

年 月 日

侨办回信

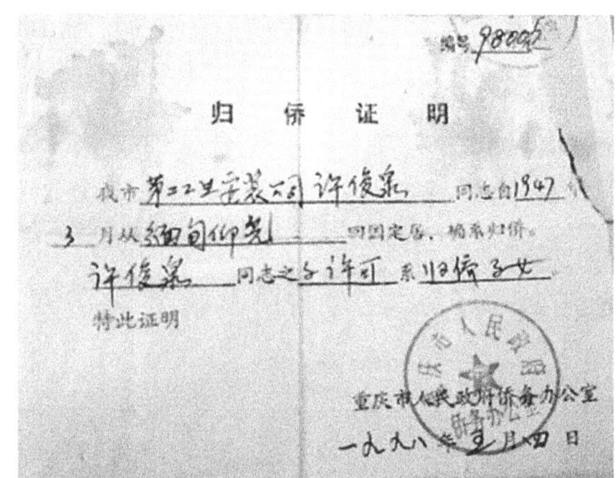
编号 98095

归 侨 证 明

我市第二工业安装公司许俊泉同志自1947年3月从缅甸仰光回国定居，确系归侨。许俊泉同志之子许可系归侨子女。

特此证明

重庆市人民政府侨务办公室

一九九八年5月四日

许俊泉的归侨证明

我有的时候去渝中区侨联开会，跟其他归侨见一面，很多都认识。人虽认识，但是名字没有沟通。还是感谢政府和国家，感谢人民，大家对我们都很照顾。

5. 戴霭强访谈录

姓名： 戴霭强
出生时间： 1932 年 6 月
性别： 男
归国前所在地： 香港
归国后所在地： 香港、广东、重庆
归国时间： 1951 年
归国原因： 参加广西航运公司桂山轮起义

我出生在广东郊区。回国之前主要在香港，南洋的其他国家也有经常去。我小时候住在广东乡下，抗日战争的时候就去了香港，之后父母去了新加坡，我就住在叔父家里，由叔父管教。直到 1947 年之后，我的父亲才回到了香港，母亲在 1957 年患上子宫癌去世了。

读小学时听说解放军南下的时候，把英国的三艘军舰打了[①]，军舰回香港的时候，很多人跑去双港、九龙海边看那些被打了的军舰。当时我和一个哥哥想从海里游泳去看，但是没有看到。听人家说，其中一艘被打了个大窟窿。当时心里就有一种小小的扬眉吐气的感觉。那时对国共啊政治什么的没有什么感觉，从这件事之后，觉得共产党是真不错，很长中国人的志气，后来又知道了一些什么中美合作所的事情，慢慢对国共之间的战争有了认识。邓公（邓小平）那句“落后就要挨打”是真的有道理！

广州临近解放的时候，听说解放军和葡萄牙在澳门那里打了一仗，葡萄牙向我们中国人赔款了，这还是近代以来第一次，当时心情很激动。中华人民共和国成立之后，香港这里很多进步学生搞了好几天的大游行，争取香港解放。那时我身边有很多同学就回去，建设新中国，我要好的就有一个，后

① 1949 年 4 月，解放军发起渡江战役，英国军舰“紫石英号”等企图阻挠解放军渡江作战。警告未果，解放军开炮击中“紫石英号”等。毛泽东在为解放军总部发言人起草的《为英国军舰暴行发表的声明》中庄严宣告：“中国的领土主权，中国人民必须保卫，绝对不允许外国政府来侵犯。”

来去了吉林。

我第一次回大陆，是因为我的一个哥哥（这个哥哥在香港出生，现在澳门）。他当时在广西省银行所属的一个航运公司工作，已经结婚了，结婚之后回了一趟香港，还带着个孩子，不怎么方便，要求我送他们回大陆，我当时没多想就答应了。这趟回去的过程中有一件事情给我留下了很深的印象，当时从九龙那里过海关检查的时候，哥哥塞了港币才放行，而到了大陆这边，他照例又摸出两个银圆，但穿黄军装的解放军没有收钱。这让我对解放军刮目相看。解放军这边检查完携带的行李之后就放行了。因为这件事情，我的思想上有了很大转变，觉得还是共产党是真正能救中国的。我把哥哥送到了广州，第二天就回了香港。

我的父亲那辈有三个兄弟，分了家，当时我就住在叔父家里，第二家的哥哥是名海员。当时在香港读书的时候，叔父管得不是很严，跟着哥哥去很多国家，这个哥哥当时是海船上的轮机长，手下管着十几号人呢。我当时就对轮机舱里的机械很感兴趣，跟着哥哥学了不少东西。也是因为这个，后来我就在广西航运公司旗下的桂山轮上做事，在船上的轮机舱工作。

广州解放那天晚上，开始的时候我并不知情。当时去澳门吃馄饨，中间突然停电，不知道怎么回事，直到当晚回香港的时候才知道广州解放了。

之后轮船招商局、民生公司起义了。广西省银行下属的广西航运公司也起义了，二哥说起义回广州，问我去不去，其实我当时可以去也可以不去，母亲希望我去广州，希望我继续读书。

广西航运公司旗下有三艘船，分别是“桂山”“桂海”和“桂华”，都是由美国的登陆舰改装的商船，停在香港。起义之后，想把船开回大陆，船在港口停了很多天，当时在船上的船员大家心里都知道有大事要发生，虽然大家白天还是该干什么就干什么，没什么特别的。但是大家都知道说不定什么时候就收到通知，开船回大陆。当时船上还有一个广州中山大学毕业生，是一个中共地下党员，当然这事我们后来才知道。一天晚上我们接到了开船的命令，大家迅速做好开船的准备，而心中还是很紧张的，因为当时珠江口满是国民党的军舰。但是“桂山轮”走到一半又回去了，我们都不知道原因。第二天国民党报纸就用“桂山轮缩头龟”为头条报道了这个消息，不久之后我们又再次出发了，这次没有直接去广州，是从内河走的。记得当时在澳门停了十几天，待在船舱里耳边的枪声就没有停过，后来从中山走。白天是不敢走的，就靠在河边的树荫下，因为天上有国民党的飞机。五月份左右到了广州。有一次在离码头不到1000米的地方遭到了轰炸，当时真的是非常危险的。后将船交给了华南海军，解放军举行了隆重的仪式欢迎“桂山号”回国，时任广东省军管会主任的叶剑英参加了交接仪式，并对此予以了表彰。接收过程中，我们发现船上一个中山大学毕业的见习生居然出席了仪式，后来才知道，他是派去香港接收轮船的地下党。整个接收仪式很隆重，敲锣打鼓、群众游行，我们也很激动。政府将我们几十个船员安置在中山五路的一家酒店，中午、晚上都在茶餐厅免费用餐，还发给我们零用钱。

之后“桂山轮”被恢复为登陆舰，后来听说在解放海南的时候被国民党打中了。海军的领导想说服我们参军，但当时我的年龄还小，加上家里不是很同意，就没有参军，一直被安排住在广州的一个旅馆里。

“桂山轮”回来了，但是“桂海轮”还是一直停在香港。当时华南海军有一个叫李昭基的负责人找到我们，希望我们帮忙把“桂海轮”弄回来，我们当时就答应了。我们二十几个船员回到香港后，陆续分散登上“桂海号”，和船上的留守人员完成了轮船检修，最终成功将轮船驶回广州。这次还是很顺利的，这时候我们心中已经有了觉悟，希望为新中国出份力。当时中国没有什么军舰，我们也算为国家做了一点小小的贡献吧。作为起义人员，政府给我们开了证明，我正式回到了祖国怀抱。

这次回来之后，我听从了家里人的意见，准备好好读书。回广州之后，经过一个面试就进入了华侨学校学习。我对机械感兴趣，本意是想考铁道部门，但恰逢刚成立的邮电部广州电讯技术学校在招人，电话是新行业，我顺利考取了有线电话专业，正式进入通信行业，毕业后就被分配到了重庆电信局市内电话科，一直工作到现在，退休后还做了广东商会的顾问。儿子是重庆邮电大学毕业的，在邮电系统工作，孙子是在西南大学毕业。

我在广州上火车，沿粤汉铁路往北到了武汉，然后换轮船到了重庆。老实说重庆给我的第一印象不好。除了打铜街有一点洋房，其他街面大都很破。20世纪50年代初期，重庆不仅缺设备，也缺技术人员。政府很重视我们，刚参加工作的工资就是55.5元，在重庆算是高工资。

到了1956年，我在重庆已经工作四年，机房维护、设备安装已经驾轻就熟，甚至已经能够独立设计电话局。这一年，邮电部将我调到北京506厂，从事一批德国库存设备的维修。中华人民共和国成立初期，邮电人才稀缺，邮电部对专业技术人才都实行调配。北京的工作结束后，1957 年底，组织又安排我去支援四川项目。我本来是想在结束四川项目之后就回北京或广州，但路过重庆时，重庆电信局的领导就不准我走。从此我就再也没有离开过重庆。

中华人民共和国成立后，电话一直没有进入私人领域，都主要是政府和国有单位安装使用。在改革开放初期，由于市场经济的需求，私人电话呼声越来越高。当时社会上还曾就电话按次收费进行过一次讨论：一种观点认为，社会主义国家不能在社会公共服务领域按次计费，另一种观点认为应该引入计费制度。1984 年，邮电部还组织专家就此展开了讨论。但是，按次收费很快占据了主流。重庆制订了每 3 分钟收费 5 角钱的资费标准。当时我在电信一厂，立马和同事一起搞出了计费设备，这套设备很快就行销全国。

从 1950 年离开香港回大陆已经整整 70 年。中华人民共和国成立后，由于历次运动，有 20 多年中断了与香港亲人的联系。

1949 年 10 月 1 日中华人民共和国成立后，香港人自制了红底黄星的五星红旗上街游行，很多香港市民自发踊跃募捐，希望能尽快解放全中国。1992 年我因出差回了一趟香港，当时就觉得人情味没那么浓了。小时候我在那里大街小巷到处跑着玩，现在这些都淡薄了。

6. 林日森访谈录

姓名： 林日森
出生时间： 1929 年 2 月
性别： 男
归国前所在地： 新加坡、马来西亚
归国后所在地： 海南、沈阳、哈尔滨、北京、遵义、重庆
归国时间： 1950 年
归国原因： 回国读书　结婚

我在海南出生，在抗战的时候，1937 年还是 1938 年已记不太清楚了，那个时候去了新加坡。

情况是这样，我家在海南岛文昌县，我们那个地方华侨特别多，很多人都到外边打工，出去讨生活，现在留下的都是老人或者小孩，基本家家户户都有在外面打工。我的祖父和父亲都是独生子，在家里就很被溺爱。我七八岁上小学的时候，我父亲从国外回来。我父亲比较小的时候就经商，在国外做生意，从新加坡到马来西亚、泰国、越南，他就是帮在外国的中国人带东西和钱、书信等回国给家人，家里有什么事，带点钱回国。日本占领海南后，我父亲从新加坡到中国香港、湛江（广州湾），坐班船偷渡回海南。我父亲就来回这样跑，四个月跑一次，但其实这种生意是很危险的，如果不巧在海上碰见日本人，就会被日本人杀害。但当时日本人屠杀村子，继续在村子里待着也很危险，于是我父亲就带我出去。

当时我八九岁，有两个妹妹和一个弟弟。父亲把我交给他在湛江的朋友管，父亲去了新加坡。后来父亲又一次回来之后，把我带着从海南到湛江经香港到新加坡。我在新加坡的一个岛上待了一个星期，检查身体健康后才进入新加坡。当时新加坡还没有独立，我父亲带我到马来亚的一个农村，那里有一个同乡的朋友开橡胶园，我父亲让他朋友带我。之后我父亲又一次回海南，大概半年后父亲回来带我回新加坡，后又到马来亚，将我交给同村的一

个人管我。后来日本占领新加坡，我父亲带我一个人在马来亚。父亲没有工作后，把我带到柔佛。有个同乡的人在火车站开了餐厅，父亲就在他的餐厅里当服务员。我那个时候在中华小学读书，经人介绍找了份工作，13 岁的我在站长（日本人）那里当用人，平常买菜收拾房间这些工作，站长的厨师和司机都是海南人。

过了一段时间，那时候我刚 14 岁，父亲带我到新加坡。新加坡火车站也有个餐厅，父亲这个时候在餐厅当服务员。新加坡火车站对面的码头有一个出租汽车公司，我父亲介绍我去当徒弟。当时新加坡的这个公司运输需要司机，其中有个司机是海南人，我就跟他学，15 岁的时候就会开车了。在出租汽车的公司里中午吃饭的时候有两包饭，我吃了一包，剩下的一包我让父亲卖出去。那个时候，我父亲在做副业，学了日本话。那时一盒烟也很奢侈，很多人没钱买，也舍不得买一整盒。我就买一盒盒的香烟，然后拆开一根一根地卖出去，就这样做了一年多。

后来美国人轰炸新加坡，我们在修汽车的地方挖了一个坑，我和父亲两个人就躲在里面，一个飞机打信号弹，后面的就开始轰炸。我和父亲一起逃跑，有些日本人占领的房子被打烂了，没人住，我和父亲就住在里面。1945 年日本投降，我父亲回海南，还是做帮人带东西的生意，把我交给我表姑，我表姑开了家麻将馆。过了一年多，我父亲回到新加坡叫我回国结婚。我和我爱人定的是娃娃亲，三岁的时候定的。后面就是我回国读高中、结婚。我在高中二年级的时候，听说北京有一个华侨联谊会，对归国的华侨在工作、结婚、学习等方面都有照顾。当时我已有小孩了。我们班上有三个同学是归国华侨，其他两个同学是从泰国回来的。我跟家里人说我想去北京那个华侨联谊会看看。我父亲同意后给了我两百块钱，我们三个人就北上了。

我们到北京之后，有人在北京东交民巷接待我们，吃住不要钱。我们在北京等了三四个月，那时候的负责人问我们愿不愿意去东北。当时总共有四十个人，东北三省当时是东北人民政府。我们先到沈阳，东北教育部长接见了我们，让我们去长春的东北人文大学学习，部队里教授文化。我们在那里补习了三个月，学习数理化，补习完以后考大学，我报了两个志愿，第一个是汽修机械，因为我之前在新加坡的时候修理过汽车，第二个报的铁路，因为我在新加坡、马来亚生活的地方都是在车站旁边。最后我被录取到哈尔滨铁道学院。我就从海南岛到哈尔滨，从最热的地方到最冷的地方。学校里所有的被子、棉衣都不要钱，吃饭也不要钱，每个月还有18元钱的生活补贴。我读书的5年里，没有向家里要钱，就来的时候我父亲给了我200元。学了一个学期之后，哈尔滨的学校要和北京合并，我就又在北京学习了。我读书的时候对家里情况不太了解，1953年土地改革，有人说我们家是地主，就不让我父亲出国，我们家的房子和家里的钱都被没收分出去了。结果最后说搞错了，但是分出去的东西就不归还，我家里人那个时候只能住一套小房子。后来允许出国后，我父亲就去新加坡了。

父亲后来在新加坡的一个橡胶园搞了一个养鸡场，“文革”的时候当地政府不给我母亲办护照，没办法出国。我父亲在外面又娶一个，后来养鸡场被收走，1980年我父亲回国。

我毕业后分配到重庆铁路管理局，1956年到重庆。我们就是从1956年到现在都住在这套房子里。1957年我就回海南接家人，安顿在重庆。1966年我被调到贵州，在遵义待了20年，1986年才回到重庆。去遵义的时候，我妻子和孩子都不去，他们就在重庆待着。

我夫人家里是泰国人，她没有见过她父亲。她的父亲、爷爷都是泰国人，她的叔叔、妹妹都在国外。她出生之后父亲就回泰国去了，就不管她了。我们那边很多年轻人去国外，有人在国外发财，村子里的人就过去，有个落脚点，在那里打工，像现在的农民工一样。

我当时在铁路上管理，军运派下去机关，因为我有海外关系，不让我去。从1957年开始我就是技术员，1993年退休。

我的少年时期在国外就没有家，我父亲把我交给这个交给那个，我只好一直在国外做小工，直到中华人民共和国成立后回国，我才有家。毕业后我的工资就是62元，工人的平均工资才是27元，我一个人养三个人，从海南过来之后，我的女儿出生。现在，我的重孙都出生了。

7. 秦崴访谈录

姓名：秦崴
出生时间：1937 年 5 月
性别：男
归国前所在地：苏联
归国后所在地：北京、上海、重庆
归国时间：1950 年 7 月
归国原因：心向祖国

我的父亲叫秦化龙，他在抗日战争期间因为生病被送到苏联治疗，后来留在苏联莫斯科中山大学学习；我的母亲叫韩福英，在 1936 年的时候被党组织派往苏联莫斯科中山大学学习，从事情报联络工作。1937 年 5 月，我在莫斯科出生。我家里一共有六个兄弟姊妹，弟弟秦平也是在苏联出生的。

后来我就在苏联伊凡诺沃国际儿童院生活。伊凡诺沃国际儿童院是苏联专门收养各国共产党员和革命子女或者烈士遗孤的机构，开始时有 27 个国家的儿童，后来慢慢增加到 50 多个国家的，有西班牙、罗马尼亚、德国、朝鲜、保加利亚、美国等，其中中国的儿童有 70 多个。

1941 年的时候，我还在伊凡诺沃国际儿童院生活。那一年苏联卫国战争爆发了，战争严重影响了儿童院的生活，食品和生活用品供应一度非常紧张。我们这些战争中的儿童，最初一段时间是吃不饱穿不暖的，后来苏联政府有所重视，情况有了好转。另外，大家也积极通过自己的劳动改善生活条件：种菜、养猪、喂鸡等。我和弟弟也经常到农庄参加劳动。儿童院的孩子年龄都不大，小一点的摘菜、喂鸡；稍大一点的负责防空值班、缝衣服、宣传、表演、挖战壕等；再大一点的，年满 18 岁就去参加民兵，接受训练，支援打仗。

1950 年 7 月，我们坐了一个星期的火车，终于回到了祖国。当时中国送去国际儿童院的孩子有 50 多人，回来的只有 10 多个人。回国的费用由苏联政府承担，条件是要接受苏联面对面的询问。

回国之后，我并不知道父母的姓名，所以被安排住在北京中央组织部招待所，由中组部帮助寻找父母，最终找到了她们。当初在苏联的时候，我不知道父母是革命者，这属于要保密的内容，回国后我才知道他们是被派到苏联养病、学习的革命者。现在我的母亲已经99岁了，居住在北京，父亲已经因病逝世了。在反法西斯战争胜利七十周年的时候，我的母亲还获得了中国人民抗日战争胜利70周年纪念章。我也受到普京总统的邀请前往莫斯科，获得了伟大卫国战争胜利70周年纪念奖章。

回国之后，因为父母都是革命者，我就属于所谓的“红孩子”。因为自小便在苏联生活，回国之后我对一切都感到既新鲜又陌生。不同的成长环境、文化氛围、生活方式让我在很长一段时间极不适应。

最大的障碍是语言。我从小在伊凡诺沃国际儿童院生活，接触到的第一语言就是俄语，上学学的也是俄语。刚回国时我不会说中国话，和别人沟通极其困难，这让我非常苦恼，于是我就在北京华侨补习学校学习汉语。学校里还有很多归侨，我们的时间都抓得很紧，都想早日说一口流利的汉语。

其次就是饮食习惯上的差异。苏联人喜欢以面包、牛奶、土豆等为食，而中国人则爱吃大米、面条、包子等。一次中组部请我们这些从苏联回来的孩子们吃饭，大家都一致要求吃面包和煎鸡蛋。

后来我考入上海外国语学院，并在1963年毕业。我的爱人是四川外语学院毕业的，我们在1966年9月结了婚。当时我的父亲任国务院农林口政治部主任。

后来我到了部队，因父母的“问题”，我成了“黑五类子女”，被下放到农场改造，我爱人也申请与我一起。1971年，我们离开了五七干校，我们一共在干校里待了不到三年的时间。这时我父母的问题还没有完全得到解决。

离开干校之后，我们回到原单位等待分配工作。我和爱人都是中尉，回到原单位后就请求复员。当时有一个规定，哪里来哪里去。因为我在上海参军，所以就要回到上海去。组织部门说，因为我结了婚有了家，就不能再回到上海了。其实这应该是托词，我的父亲原来是上海警备区政委，他当时还没有得到平反，所以实际上还是因为我的家庭背景问题。组织部门还说，虽然不能回到上海，但是到乡下去还是可以的，让我们两人回到我爱人的老家。我爱人的家乡在成都新津县农村，当时我们俩都想不通，不想到农村去。于是后来，我迫不得已提出了离婚。那一夜，我们两个都非常痛苦，一夜没睡好觉。组织部批准了我们的离婚申请。

离婚之后，我一人回了上海，最初被安排到工厂劳动；"文革"后，又被调往科技情报所当翻译。因为爱人当初是在重庆参的军，就带着孩子回了重庆，重庆方面安排她到北碚组织部工作。

"文革"结束后，我的父母得到平反，我和爱人又复婚了。但她依然进不了上海，只有我到重庆。其实我早就想明白了，只要我们一家人团聚，在哪里都是无所谓的。于是我离开上海，来到了重庆。

在重庆，我和爱人被安排在四川外国语学院（现四川外国语大学）工作，我在俄语系教书，爱人担任系总支书记，这里的领导、老师都对我们很友好。一直到退休，我没有再调动工作。我和爱人有两个小孩子，一个在重庆工商大学教书，一个在旅游公司工作。我觉得我们现在的生活非常幸福。

8. 吴敬甫采访录

姓名：吴敬甫

出生时间：1931 年 9 月

性别：男

归国前所在地：香港

归国后所在地：广州、北京、重庆

归国时间：1952 年

归国原因：归国读书

我都 87 岁了，我的学生中好多都退休了。我每天锻炼、画画，没有一天停过。这一屋子都是我的作品。并在学界举办了两次展览，我准备到我 88 岁的时候，身体还可以的话，再举办最后一次展览。

我是 1931 年出生的，出生的地方是在浙江宁波。上海离浙江很近。我一岁多就到上海了，在那儿读小学和中学，到十七八岁我才到香港去的。因为那时全家搬过去，我家人是在国民党的中国航空公司工作。全家搬到香港，是中华人民共和国成立前的事。

在香港接着读高中，毕业以后就是实践。那时香港没有现在这么多大学，我只有找工作。但我不愿意去给外国人干事。后来我到了两航公司当工人。那时公司已经起义[①]。香港九龙有个老机场，叫启德机场。那里停了二架飞机，就是国民党的飞机，不能飞到台湾去，是人民的财产，共产党不允许它飞到台湾。它们就停在启德机场。我就是搞维修，到飞机上去拆螺旋桨。

① “两航”起义，是指 1949 年 11 月 9 日“中国航空公司”和“中央航空公司”的员工在中国共产党地下组织的策动下，在刘敬宜和陈卓林两位总经理率领下在香港举行起义，宣布脱离国民党政权，投向祖国怀抱。刘、陈两位总经理乘坐“行宫号”飞机由香港飞往北京，其他 11 架飞机飞往天津。两公司在港员工 2391 人在起义宣言上签名。各地员工相继响应。起义后，大批技术人员和职员陆续回国参加航空建设。在港的飞机和器材，在员工的尽力保护下运回国内。“两航”起义直接推动了香港的中国银行、招商局等 27 个中资单位的相继起义，在当时的影响十分巨大。两航起义为新中国的民航事业奠定了发展的物资和技术基础，掀开了新中国民航历史的第一页，对新中国的民航发展具有重大意义。

我父亲是两航公司的，里面很多员工都是家属，一般不接受外人，都想往共产党队伍靠拢。大概做了两年。后来听说要将飞机移交给新中国。我们所有的员工礼拜六礼拜天都要学习，开始学社会发展史。

进入公司的，除了很多都是职工的子弟，还有一大批是国内学者、教授。在那儿不是长久之计啊，怎么办？于是我们一批人都回来参加国内高考。我们 1952 年回来，先到广东。因为我们是在香港民航公司，两航公司。到国内就由公司接待我们。我们在香港是给国家维修飞机，所以国内人员对我们非常照顾。由广州民航局出面联系，安排我们在招待所住下，吃住都不要钱。我考上了北京师范大学美术系，1956 年毕业之后留校任教。那时候北师大要把美术、音乐、体育三个专业分出去，不办了，据说是因为领导认为这三个系最费钱，体育最后成为中央体育学院，音乐跟美术成为北京艺术师范学院，我就留校到北京艺术师范学院去了。

我从小就喜欢美术。小学放学时，在上海有很多铺子，外国人开的，门面经常关着，有画画的，有卖画的，别的同学都没兴趣，我，就喜欢看美术作品，所以后来考了北师大美术系。

北京艺术师范学院设有美术系、音乐系、表演系，培养演员的。后来又改为北京艺术学院，不培养师资了，专门培养艺术人才。我们的老师都是顶尖的画家。我听过吴冠中老师讲课，我结婚的时候，吴老师来了。吴老师在法国留学，回来以后到中央美术学院。他在法国留学，他的观念与一些人不同。中央美院搞创作大题材，要求老师们围绕这些题材创作，吴老师不受那个约束，学院便给他扣了顶帽子，说他搞形式主义，把他送到清华大学去了。后来我们学院教我油画的魏老师，是日本留学归来的，他非常喜欢人才，他看吴老师是个人才，又把他挖过来，到北京师范大学教书，后来是我的导师，他把我留校的。吴老师教水彩，也教油画，后来要我过去教水彩。我这一生最有幸的是遇到了很强很负责的老师。还有我们的主任张安治，是徐悲鸿的大弟子，都是顶呱呱的老师。有这么好的老师，不坚持画对不起他们。老师们老了还在画，宁可画到死，所以我到现在 87 岁还在整理、画画，向他们学习。

当时北师大在和平门，最早的时候，不太大。我们的院长是中宣部部长周扬的夫人，延安过来的，长得挺不错，人非常好，对我们老师非常好。我感觉这些领导很有人性。陈垣，老校长，延安过来的。他是研究历史的，中国有名的历史学家。每年开几次大会，陈垣要讲话。每个学期要几次。这些老学者都很好。

到 1960 年代。学院解散了，他们后来都很后悔，这是最失策的。把音乐学院解散了，另成立中国音乐学院，所以我是中国音乐学院的校友，每年都给我来信，邀请我去聚会。

我爱人是北师大毕业的，比我低两级，她们这一班正好赶上“反右”斗争。她没有被打成右派，我也没有被打成右派，我就差一点。爱人毕业被分配到唐山。我留校在北京。结婚之后，总不在一起，暑假才见一次面，有的时候她还要回老家，她是重庆人，我们又见不到，基本上是一年见一次面。两人一直分开接近八年，后来我觉得实在不行，要把她调过来，北师大好不容易同意接收，结果爱人单位不愿意放人。

后来我爱人认识了西南师范学院教育系的刘老师，因为她也是北师大毕业的，我们也是。经刘老师介绍，西南师范学院同意调来。我和爱人就一起回到重庆。当时的调动，还有一段小插曲，唐山那边说我是资产阶级的头，还在批判我，不同意调动。我不服气，就写信给廖承志，他是中国侨联早期的领导人。信中，我把我们家这几年的情况都写了。他很负责，马上叫办公室写了个通示，同意我们调到重庆，大概是 1978 年底。那时西南师范学院特别需要人，我们又都是北师大毕业的，我过去还留校，就这样，我到了美术系，她到了教育系。后来应学生强烈建议要成立设计专业，我完全支持。美术系领导就安排我写大纲寄给教育部报批。当时西南师范学院有两个专业报到教育部，一个是计算机，一个是设计专业。隔了一两个月，教育部通过了。后来我当了设计部主任，当了好多年。

我到哪儿都适应，我老婆是重庆人，我很早就习惯吃辣椒。到唐山她也吃炒辣椒。我女儿现在在成都，川师大教授，多年前就评为教授，现在都四十岁了，也教美术，西南大学毕业的。儿子也在成都。

吴敬甫国画展开幕式

爱人已去世，是 2011 年 11 月 8 号。去成都治病，我一直陪着她半年，还是走了。得的血液病，医生也说不清，太复杂了，半年去世了。先在重庆三医院医治，后来我女儿联系了一位专家，通过专家联系接收住院。当时医院病人太多，需要住院，若没有熟人，一个月都进不去，住不了院。住院治了半年。那个医药费把我吓了一跳。我那个时候工资一个月才三千多，她一天就花费四千多，我带着十万块钱，没多久就没了，最终我的爱人也没有被救过来。

9. 郭焕贞采访录①

姓名：郭焕贞
出生时间：1930 年
性别：女
归国前所在地：缅甸
归国后所在地：北京、重庆
归国时间：1949 年 4 月
归国原因：归国读书

我是缅甸归侨郭焕贞，祖籍福建龙岩，1930 年出生，国家一级演员，重庆市第一届舞协副主席（兼职），重庆市侨联第一届专职副主席，离休干部。

我于 1949 年 4 月回国到北京，5 月考入华北大学戏剧科舞蹈班。1950 年初调入中央戏剧舞蹈团当演员。1952 年 4 月任中央舞蹈团教学研究组助教、教员。1953 年 6 月被派到东北志愿军舞蹈班任教员。1962 年在重庆歌舞团舞蹈队任教兼演员。1984 年任重庆市侨联专职副主席。曾任中国致公党重庆市委副主任。

曾任重庆市第九届、十届、十一届人大常委会委员，1989 年被选为重庆市归侨侨眷代表，参加全国第四次归侨侨眷代表大会。退休后被选为重庆市侨联顾问。入编《华夏英杰》《世界名人录》《中国当代艺术名人录》中。

① 因在新冠肺炎疫情期间，以电话采访方式进行，内容稍显简要。

第三部分　归侨 新重庆

本部分收录的23位在重庆的归侨，他们一生主要时间都在重庆，多数是在归国后，通过升学学习，学校毕业后，分配到重庆工作生活的。这些归侨，其回国的原因，依然令人感动，除了少数是年幼跟随父母一起回国，归侨王秀芬因战乱从朝鲜归来，或者受当地政府排华事件影响，本就想归国者多数都是心向祖国，回祖国读书，参加新中国建设。邓海东，马来亚归侨，家里独子，父母等着他养老送终，他却在18岁时瞒着家人回国。缅甸归侨赖倩丽，在知道父母家人反对的情况下，暗中报名，办理各种手续，造成既定事实，迫使父母同意。杨志平、刘定荣的归国之路，充满着危险和艰辛。杨志平是从越南偷渡到柬埔寨，再从柬埔寨回国，中途差点被贩子给骗了。刘定荣一家回国，是伴着战争一路逃回。这些归侨到重庆工作生活，主要的是学校毕业分配者，有12位；因婚姻家庭原因者有5位；有3位是因三线建设而入重庆的；有1位是投亲到的重庆。黄志祥、陈瑞金夫妇，皆为归侨。黄志祥小时就深刻体会到殖民统治者对华侨的歧视与不公。归国后，他们一度与家人失去了联系，举目无亲，长达10年之久。对这些还年少的归侨，无疑产生了很强的孤独感和思念亲人的情绪，好在政府和学校给予了帮助。在假期，政府会安排他们旅游参观；逢年过节，一些老师也会将归侨请到家里，以慰年少思亲之情。

在这些归侨中，实际上所在“单位”给予了他们无数的关怀。在访谈中，归侨谈到他们接触最多的还是同事，得到帮助最多的还是“单位”。归侨林毅的体验非常深刻。“文革”前和改革开放后的侨联，其工作积极有效，为归侨解决了许多实际问题。归侨卢立基，就在侨联的帮助下，解决了很多问题。尽管如此，他们坚持下来了，迎来了改革开放，同样迎来了归侨的春天。虽然他们当中，有的可以出国，但他们没走，正如归侨温庆和面对问他为何不回印度尼西亚，与亲人团聚时说：“我现在就在自己的祖国，我为什么要出去？我死也要死在中国。”面对这种问题，归侨普遍的回答都是“我的根在中国”。现在谈到国家对归侨的政策，广大归侨无不称赞。洪新发在访谈时饱含深情地说：“我回国时的初衷已成事实，每当我想到这些，心中有很多话想说，但最后都化成一句话：祖国，我爱你！”

1. 邓海东访谈录

姓名：邓海东
出生时间：1937 年 6 月
性别：男
归国前所在地：马来亚
归国后所在地：广东、湖北武汉、重庆
归国时间：1956 年 11 月
归国原因：心向祖国　回国读书

我的父母从中国到马来亚，当时中国是半殖民地半封建社会，特别是鸦片战争后，西方侵略者在中国东南沿海地区大肆拐、掳华工赴南洋、美洲等地转卖，称为“卖猪仔”。我的父母就是在这个时候下南洋的，因为饥寒交迫，所以不得不离乡背井到异国他乡谋生。华工被囚禁于船舱，条件极端恶劣，过着非人的生活。我的父母先到新加坡，后来到马来亚马六甲，先后做了锡矿工人和橡胶工人，异常艰辛，但这并不能保障日常生活。

1942 年日本侵略缅甸和马来亚等地区，这时候我只有 5 岁，只能跟随大人开始逃难生活，进入原始森林躲避日军的轰炸。在逃难中，好几天都吃不到米，只能靠树叶充饥。我在逃难中几乎饿晕，还是母亲用衣物和当地土著换得一个红苕让我吃。后来父亲在森林中用斧头一斧一斧砍下又高又大的树木，开荒种地。但这样的生活并不稳定，经常有日军扫荡。尽管当时年龄很小，但我至今还记得在日军轰炸机下那种恐怖感觉。日本在那里统治了三年零八个月，我就跟随父母在森林里躲了三年零八个月，跟外界没有什么接触，我的童年是在恐吓中度过的。

日本投降之后，我们一家人又回到橡胶林，我七八岁的时候跟父母一起上山割橡胶。我在橡胶园里（文冬暹孟路三英里）的华侨小学“启蒙小学”读书。在我十二岁的时候，母亲病故，小学都没有毕业就失学了，为生活所迫，去当童工——在茶馆里做跑堂，在海南人开的咖啡店里，十几岁就开始

学炒咖啡，做蛋糕。我勤奋，爱做事，得到老板赏识。不过我在做童工的时候，还是吃尽苦头，有一次去巴萨（菜市）给一个卖肉的老板送茶，我端茶给他，他故意刁难我，说没钱，以后给。我年幼无知，就骂他，你有两个臭钱有什么了不起。这老板就生气了，猛地一巴掌打过来，我连人带杯摔在地上，整个脸又红又肿。

少年时期，因家境贫寒，我很早就意识到一个人如果要出头，必须要有自己的事业。我当时很渴望读书，每当看见穿着整齐校服的学生就十分羡慕，心想要是自己也能这样该多好啊，后来和老板商量同意，白天工作，晚上读书。

邓海东（右一）
回国前和同学合影

邓海东在回国的轮船上

这样读了两年夜校，是教会开办的学校，把小学没有读完的课程补回来了。第三年就考上了当地华侨办的启文中小学校读初中。父亲是橡胶工人，基本不管我。我从小自力更生，半工半读。白天上午上课，下午工作，就为了挣生活和学习费用。在老师介绍下打扫校园、卖报纸、卖早点、帮人上山开荒，什么都做。为了跟上学习，我做功课要比其他同学付出更多努力，每晚要 12 点以后才睡，白天上课往往要打瞌睡，我就选了靠近有水龙头的座位，每当要打瞌睡，就用龙头水猛冲几下。

读中学的时候，我看了一些进步书籍，读了课文中如鲁迅、郭沫若、矛盾、冰心、巴金、老舍等作家的作品；历史老师，地理老师常讲辛亥革命、八国联军侵略中国的故事，介绍民主革命的思想，当时新加坡也经常闹学潮，所有这些无不使我受到很大的影响。

1949 年，中华人民共和国成立了，从此海外侨胞有了靠山，无不欢欣鼓舞，扬眉吐气。我心里充满阳光，对祖国新生活充满向往。回国同学也常来信介绍国内的情况，对我有很大的吸引力，渴望回国读书，便决定用在咖啡店攒下来的钱买船票回国，开始新的生活。我回国遇到几个难题：第一个是父亲坚决不同意我回来，因为我是唯一的儿子，这是很现实的事情，父亲老了以后怎么办？谁来养老？ 1956 年，我向父亲提出来要回国读书，父亲坚决反对。我无法说服他，就背着他偷偷地回到祖国，在离开码头那一刻，想到父亲今后的孤独生活，我放声大哭起来。

第二个就是我的恋人，我有一个浪漫的恋爱故事。那个女孩家里是开饭馆的，我和一些同学在那里吃饭，关系很好。我假期时去打工，自己带着饭包，她就在饭包里装了很多东西，偷偷给我拿去。因为我是一个穷小子，她家里不太同意我们的来往。那个女孩是妈妈带她一起改嫁的，她在家里的处境也有点卑微，我们两个人互相同情。她在班里写了一篇作文——《我最敬爱的人》，虽然她没有点明写的是我，但我知道这是写给我的。所以我回来的时候也是很痛苦的选择。但是在那边真的没有前途，我还是毅然瞒着父亲偷偷回来。只有当时的女朋友知道，她还送我到车站。这一别，我心里那个伤痛啊，无法形容！当轮船逐渐远离码头，两行热泪不禁夺眶而出。我一直保存着当时女朋友的照片作纪念。她对我很真挚，很同情我。这对我人生来讲，是一辈子都不会忘记的。

回国时坐的是荷兰的“芝万宜”海轮，在海上飘荡了数天。当经过香港踏进国门，我看到五星红旗，听到嘹亮的国歌的时候，激动得热泪盈眶。回来之后在广州的华侨补习学校，补习了半年多的时间。在国内过着和在国外时迥然不同的集体生活，感到很温暖，听到《太阳出来喜洋洋》这首四川民歌让人很感动。祖国就像太阳，照得我们心里暖洋洋的。第二年通过考试，我被分到武汉十三中读初三，一年后考到武汉大学附中读高中，之后考到武汉大学中文系学习，1966 年大学毕业。

从回国到大学毕业，这 10 年，是充满阳光的 10 年。“文化大革命”爆发时，我大学都读完了，学业没有中断，很庆幸。后来就到分配，这段时间让我很困惑。当时按正规的分派，我应该去搞文艺工作，但那段时间非常乱，都是乱分配的。我的爱人是武汉大学物理系的，被分配到重庆工具厂，我被分到德阳。我问搞分配的人能不能将我分配到离重庆近一点的地方，后来我被分到合川小沔中学去教书。同时分到该校教书的有来自各个师范大学毕业的，天南海北的七八个同事，大家相处还是很愉快的。1971 年整风运动，学校突然把我一个人调去一所小学，也未说明原因，我想可能是有海外关系，“只能利用，不能重用”吧。我十分困惑。当时和爱人分居两地，大女儿也出生了，生活面临诸多困难。那所小学住的地方又黑又冷又潮湿，我患了急性肝炎，幸好学生及时把我送去医院。当时感觉整个人就像掉入一口枯井一样，很孤独、苦恼。但我心里明白，是祖国把我培养成为一名大学生，永远不能忘记祖国的恩情。

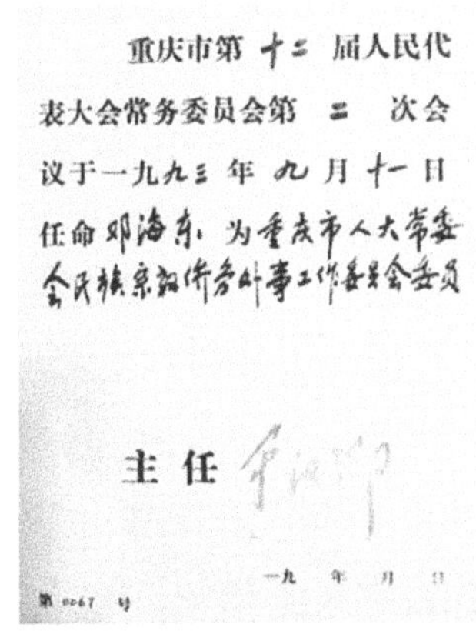
重庆市第 十二 届人民代
表大会常务委员会第 二 次会
议于一九九三 年 九 月 十一 日
任命 邓海东 为重庆市人大常委
会民族宗教侨务外事工作委员会委员

主任

一九 年 月 日
第 0067 号

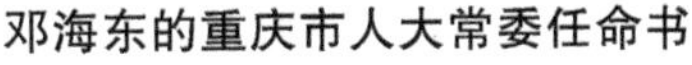
邓海东的重庆市人大常委任命书

邓海东和父亲在广州合影

我大学毕业工作后，有了家庭，生活相对稳定，我决定接我父亲回国团聚。1971 年夏，我把年老的父亲接回国。我到广州接到父亲，久别重逢，见面时悲喜交集，热泪纵横，了了我的心愿。“文革”结束不久，落实了政策，我被调出合川，在重庆市 81 中学校教高中语文，任班主任兼教研组组长。

1983 年重庆市归国华侨联合会成立，侨务部门把我调入侨务部搞宣传工作，爱人也调到致公党重庆市委工作。在这段时间里，我兢兢业业，辛勤默默工作，利用自己专业特长，写了一百多篇包括侨务报道、人物通讯、侨史论文等文章，还主编了侨联主办的《重庆侨讯》，后来扩大到《重庆侨报》《新华侨报》，任副社长、副总编，积极宣传侨务工作和党的侨务政策。在这段时间，为纪念抗战胜利 50 周年，我和人合编了 10 集电视连续剧剧本《南侨风云》，反映华侨支援祖国抗战的故事。这个剧本在四川侨报连载了两年，获得专家好评。这期间，我先后被重庆市侨务部门评为先进个人，被全国侨联评为优秀通讯员，被选为重庆市人大第九、十、十一、十二届人民代表，我的事迹被选入《全国侨界模范人物名典》中。

自己退休以后做了一件有意义的事情。母亲是广东人，教会了我讲广东话和客家话。我被邀请参与筹备成立广东商会的工作。在没有资金、没有人员、没有办公地址的情况下，白手起家，经过一年多的辛勤努力，2005 年 3 月，广东商会终于成立了。到现在已经十多年了，广东商会被评为重庆市 5A 级商会，我 2007 年当秘书长，后因身体不适和年龄大了，退下来担任顾问。还有一件事情是我在广东商会当秘书长期间，曾经到过荣昌客家盘龙花房小学考察，发现这个小学办学条件特别差，桌椅都是破破烂烂的，既没有图书室，也没有篮球场，更不用说其他电器设备了，于是就产生由商会资助这所小学的念头。回来就动员商会会员捐款捐物，第一年给学生送去书包、文具；第二年筹集十万多元捐送十台电脑，300 张课桌、椅子；第三年又帮该小学建立了图书室，修球场等等。这个传统被广东商会继承下来。这两件事使我感到十分欣慰和快乐。我退休后，还到老年大学学习中国山水画。我不打牌，不喝酒，喜欢写写字，画画画，听听音乐，周六去花鸟市场逛逛，还玩一下微信，有些画作还在一些刊物上发表过呢。我是致公党的党员，致公党在党章中明确拥护中国共产党，作为中国致公党党员应该热爱自己祖国和民族，积极参政议政，履行自己的义务，坚持参加致公党支部生活。我的晚年生活过得很充实。

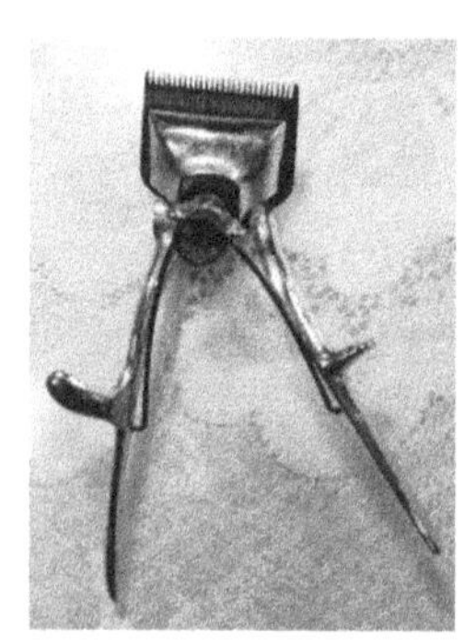

印尼归侨邓汉在印尼常用的榔头、砍柴刀、剪头刀等工具，1971 年在回国时，舍不得丢掉，迢迢千里带回。

当然，我刚到重庆的时候饮食不习惯，因为胃不舒服，现在也不能吃海椒。我爱人是广西人，我俩 1966 年大学毕业，1968 年结婚。当时结婚很简单，铺盖一卷，请大家吃点糖。哪里像现在这样结婚不得了，当时结婚三大件：自行车、手电筒、缝纫机。以前的物质条件不能和现在比。我感觉现在的思想没有以前单纯，不讲节俭了。

以前因为海外关系，不敢回马来西亚。在 2009 年千里迢迢回去，没有找到母亲的坟墓，成为终生遗憾。我父亲叫邓汉，原籍广西容县，生于 1917 年，马来西亚华侨。1971 年夏回国和我团聚。1985 年病故。

我给自己一生遭遇作了如下概括：童年，在苦难中度过；青少年，追求梦想，自力更生；青年，有阳光，也有困惑；中年，辛勤耕耘，成果丰硕；晚年，生活充实，霞光灿烂。

2. 叶培枝访谈录

姓名：叶培枝
出生时间：1931 年 10 月 20 日
性别：女
归国前所在地：越南
归国后所在地：重庆
归国时间：1948 年
归国原因：心向祖国

我的祖父从广东省东莞市来到越南，在越南期间做一些小生意勉强过活，主要经营杂货、木柴生意等。我的父亲就出生在越南，后来经人介绍认识了我的母亲，两人结婚，于 1931 年 10 月 20 日生下我。

我出生在越南海防，父母在那里有一座不是很大的房子。在我的印象中，家住的地方在越南海防市附近的八巷村，而我就在这里读完了小学和初中。记得当时小学和初中的学费都是被免除的，当地的华侨联合起来为子女们兴建了学校，并且聘请中国人作为老师任教。我就读的初中叫华侨中学，和小学一样同样是华侨公学，在学校读书的都是华侨的子女。

在读完初中之后，我和几个小伙伴一起考入了位于越南首都河内的高中——中华中学，这所学校也是中国人兴办，并且聘请中国人教学的学校，有所不同的是在这上学需要负担一定的学费，但这笔学费似乎也不是很多。我和很多小伙伴一样，在这里读书并没有感受什么经济上的压力。那时候我的父亲还在世，他经常来学校看我，并且带去各种好吃的，只是不久之后父亲就去世了（回忆到这里叶培枝有一些伤感）。如果没有后来的回国，我可能像其他大部分华侨一样，读完高中之后回到父母的公司任职，当然有些比较优秀的也可以去华侨开设的规模比较大的公司任职，只是这一切都因国内的战乱而改变。

我读中学的时候恰逢国内的抗日战争爆发，华侨都是心系祖国的，大家纷纷捐款捐物支援国内抗战。那时候大家最自豪的事情是计算自己的捐款，什么时候可以能够捐助一架大炮，什么时候可以能够捐助一架飞机，心里总是无比的兴奋。而且那时候我的老师们也都一直在鼓励大家回国支援祖国的战争，也就是受到了这样的鼓舞，1948 年，我和几个小伙伴一起从越南启程返回国内。

对于这段艰难的回国路程，我不愿意过多回忆，我甚至已经不记得自己是从哪条道路回到祖国的。我只是记得镇南关（今广西友谊关）这个地方，是的，过了镇南关就算是真正回到了祖国。说起来那个时候我们几个十五六岁的年轻人是多么的充满理想、热血和激情，大家一路说说笑笑，且行且歌吟，向着祖国前进！只是这么多年过去，这些在我的记忆中早已成为过去，变成无足轻重的事情。而我也已经忘记了那些陪伴着一同回国的伙伴，他们渐渐散去，回到国内各处投奔亲友。

我当时也想去投奔亲戚，那时我有一个亲戚在重庆江津，可是当我来到江津的时候，却发现那位亲戚早已过世，我就突然陷入举目无亲无路可走的境地，当时 15 岁的我内心感到很绝望和无助。只是这种失望的情绪并没有持续多久，很快我就和重庆人民一起迎来了解放！中华人民共和国成立，无疑给当时的人们带来热血澎湃的情绪，大家沉浸在胜利的喜悦之中。我也没有离开江津，虽然亲戚不在了，但我还是在江津住了下来，因为是海外华侨，也算是接受过教育的知识女性，我在当时当然还是受欢迎的。于是在接受过一段并不很长时间的培训之后，1950 年我开始在江津的一所小学校内教书，从此开始走上教育岗位，一直到 1988 年退休的时候，我已经是一位有着 38 年教龄的老教师了。

我一直没有回越南。我有一个妹妹，叫叶培英。父亲在我回国之前就已经过世了。我回国后，培英妹妹一直陪着母亲生活。后来越南独立之后民族主义情绪持续高涨，华侨在越南的生存状况越来越艰难，终于越南爆发大规模的排华运动。1977 年大批华侨被越南政府驱逐出国，而且出境的华侨还要缴纳 12 两黄金，在此前后大约 20 万华侨离开越南，而且华侨的生命财产都受到巨大损失。我的妹妹叶培英和母亲也就是在这个时候前往西贡（胡志明市旧城），也就是在西贡，我母亲去世了。后来我妹妹叶培英也离开越南，前往美国生活，再后辗转加拿大等地，现在澳大利亚定居，前些年也曾回来看望我。

我在江津一直平静地生活着，只是刚开始的生活和工作都不是那么顺利。我祖上是广东人，饮食口味和四川人有很大的不同，最早的几年在江津生活很不顺利。而更加麻烦的是当时的江津人都说四川话，而我讲国语和广东话，因为要上课教书，孩子们听不懂国语和广东话，我也很难过。于是我就拼命地学习四川话。为了学习四川话我曾经痛哭过好几次，刚开始的时候就是在黑板上写，让同学们看，然后请当地人教我四川话。几十年过去，我的口音已经完全和当地人一样了，只是我再也不会讲广东话了。前几年妹妹叶培英回来跟我讲广东话，我听得懂，只是再也不会说了。

在江津工作了大约十年的时候，我组建了自己的家庭。当时二十五岁的我遇到了比大我好几岁的四川铜梁人安恩伟。[①] 安恩伟当时是龙门中学的党委书记和校长，在我们结婚前不久，安恩伟的夫人过世，给他留下两个女儿和一个儿子。于是二十五岁的我就这样加入了安恩伟的家庭，后来我和他又有了一个女儿，一家人的生活倒也平静祥和。

儿女们后来逐渐长大，也接受了良好的教育，纷纷成家独立过日子，儿子和二女儿已经过世，但在永川工作的外孙却极为孝顺，逢年过节都会回来看看我这个外祖母。大女儿跟随丈夫住在重庆主城，各自都有着相当不错的工作，也是每年都会回来看望我。小女儿也住在重庆主城，他们的儿子在重庆理工大学工作。我很喜欢这个小外孙，他们一家人都很希望我搬过去和他们一起生活，但我还是喜欢已经生活了六十多年的江津，这里有我的伙伴和关心照顾我的重庆江津侨联，我不愿意离开。

我最得意的还是我的学生们，这些年我从四面山小学到蔡家再到龙门中学，都不记得究竟教过多少学生。那些孩子都很听话，哪怕是最早那些听不懂我的广东话的孩子们，都很听话很愿意学习，后来我被调到其他学校，他们哭着拉着我不让离开。我的学生中做什么的都有，有些人和我一样当了老师，有些去做生意，也有些成了政府官员。让我印象比较深刻的是我早年有一个叫袁桂泉的学生，当初唱歌跳舞样样都行，也曾经担任过班干部，帮了老师很多忙。后来这个学生去了东北，前些年也曾回来看望我，给我带来东北特产。也有很多学生就生活在重庆附近，学生们也经常会约起来到老师家里拜望，这些都是让我感到无比自豪的事情。

---

① 虽然丈夫已经去世了好几年，但叶培枝提到这位“老安”的时候还是充满了爱意。

3. 李钦胜访谈录

姓名： 李钦胜

出生时间： 1938 年 6 月

性别： 男

归国前所在地： 越南

归国后所在地： 香港、澳门、广东、四川成都、重庆

归国时间： 1955 年 6 月 9 日

归国原因： 心向祖国　回国读书

我叫李钦胜，是越南归侨，很小的时候我就自己一个人离开了家去越南。当时是“水客”把我带出去的。所谓“水客”，就是当时在越南和大陆之间来回跑的一群人。那个年代没有邮汇，通信往来十分困难，远离家乡的人挣到的钱没有办法寄回家，这些“水客”就把越南华侨的钱带回来拿给华侨家里的人。如果家里有人想要去越南——不管大人还是小孩，越南那里的华侨就会托“水客”把他们带到越南去，早些时候，这被称为“卖猪儿”，他们就是这样把我带出去的。当时我的哥哥在越南，他托“水客”到我们家里通知我，说要把我带到越南去。东南亚国家都有这种水客。

我的父亲在我出生之前就去世了，在我出生三个月后，我母亲也改嫁了，就把我托付给我的伯伯、伯母抚养。我在越南的哥哥不是亲生的，是堂哥，我还有一个亲哥哥在广东的韶关，没有出去。我的养父母并没有出去过，只有我堂哥在越南打工做裁缝，我当时去越南也是去和他一起打工做裁缝。在越南的时候，我还小，还是在当学徒，只能打杂，有的时候帮老板带小孩，但是做饭和做清洁专门有人，不用我。我到现在都不会说越南话，我们在那里干活，也不是做生意，我在里面做手艺，不用学越南话，都是讲中国话，讲自己家乡话。我的老家在广东省五华县，我是从那里去的越南。出来以后我也没有回去过，直到三年前才回了一次老家。

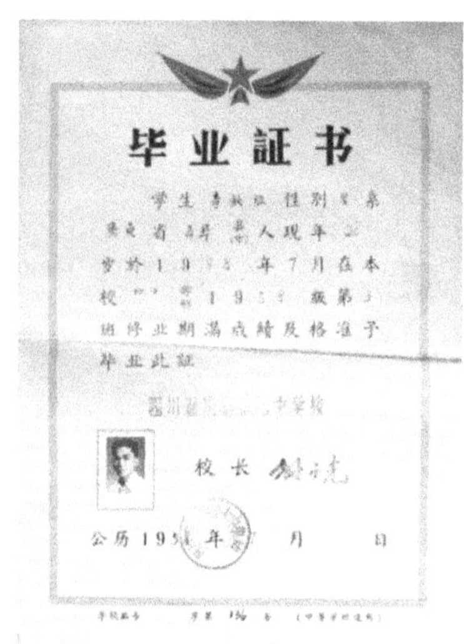

毕业証书

学生 [illegible] 性别 [illegible] 系
[illegible] 省 [illegible] 人现年 [illegible]
岁於 19[illegible] 年 7 月在本
校 [illegible] 19[illegible] 級第 [illegible]
班修业期滿成績及格准予
毕业此証

校长 [illegible]

公历 19[illegible] 年 [illegible] 月 日

李钦胜初中毕业证书

1955年6月9日，我从越南出发到广东，那时火车和船都还没有通，我先是从越南西贡坐飞机到香港，然后坐船到澳门，再坐船到广州。我们回来的时候有好几个人，都是在西贡的时候认识的，大家一起坐飞机到香港，他们好多人都回自己的家乡了。我和一个同伴是回来读书的，但是都没有和别人说，其他人只当我们是回家探亲的。当时不敢说自己是回来读书，我们那时还受到国民党的临时管理，如果知道我们回国读书是不会给我们发护照的。我在越南时就问过与我同行的那个同伴回去做什么，他说："回去读书啊。"然后我说："我也是啊！"

到了广州之后，我们先住在旅馆里，第二天再去找华侨招待所。到了华侨招待所的时候，招待所员工让我们去归国华侨招待所，但是我们没有住进招待所，而是去了归国华侨中等补习学校，也就是现在的暨南大学。

当时我是和彭明露一起去的学校，彭明露现在住在沙坪坝，后来当了沙坪坝中学的校长。在广州，他碰到了在越南时的两个同学，也就把我一起带到补习学校去了，在里面填了表，第二天就搬到补习学校里面去了。我是六月份进去的，老师们都在放假，已经没有补习了，我们只能自己拿一点儿资料看，自己给自己补习。我小的时候在中国读了三年多的书，之后就没有读书了。进到补习学校之后，要根据自己的情况选择考哪一个年级，但至少要考初一。我当时要考初一，他（彭明露先生）要考初二。我考试的时候什么都不懂，也没有老师上课，只能自己找资料看，有些题不懂，但是一个寝室的人都是华侨，有考高中的、考大学的，大家都是海外回来的，都是一家的，他们便热心地教我。第一次考试是7月份，我考初一，其他的同学考初二。当时考试有两道题，我到现在都记得。一道题问从广州到北京要经过我们国家的哪两条大河，答案是长江和黄河，我当时回答的是珠江和黑龙江；第二道题问我们国家的首都在什么地方，我说在南京，但是答案是在北京。这样我第一次考试就没考过，没考过学校就发了一个通知给我，说李钦胜同学你没有考过，请你再次努力，下次再考。一年可以考两次，第二次我就考过了，就去了成都。

考完试之后本来是分配到长沙的，我从越南回来的朋友说长沙不好，长沙的华侨同学经常和国内同学打架，所以我就去了成都。成都伙食费才六元钱，一毛钱能买四个鸡蛋，在那里生活很便宜。本来分配到长沙的同学就都去教务科改，说我们几个同学要一起去成都，教务科就给我们改到了成都。当时很少人选择去成都，大部分人都要改到上海、广州、北京之类的地方。

我九月份到成都读初一，读了三年，初中毕业之后，我本来不想读高中了，那个时候年龄已经大了，都二十岁了。我当时想考中专的铁路学校，但毕业的时候学校动员大家考师范院校，不过班主任说我语言不行，语言不行肯定不能读师范。所以我初中毕业之后就被保送到高中，虽然保送上高中，但是我还是想报考铁路学校。可是我拿不到毕业证书，毕业证书在学校保管，学校说已经保送上了高中，还考什么中专学校啊。那我只能上高中了，在当时读了高中就只能考大学了。高中时我的成绩不太好，考大学报志愿时有两张表，第一类是国家级的学校，清华北大之类的；第二类是水平低一点，是省内的大专院校。我第一张表填的很高，填的清华、北大、上医等等，我有个同学看到我的表说："噫！你填这张表你考得上啊！"就是考不上才写这张表，看到我的成绩他们看也不用看。第二张表我填的是重庆医学院，也就是现在的重庆医科大学。他们说重庆医学院就是中专的水平，其实并不是。这样我 1961 年就到了重庆，1966 年毕业之后，1968 年才分配。

年级大部分同学都被分到阿坝、甘孜、梁山的农村、工厂，很少有分到去县里的医院或是像巴县之类的，全都分到最底下一层。当时重庆市有两个名额，大家都觉得这两个名额肯定不好，肯定不是留在重庆市里面的。我当时想要去巴县的工具厂，这个工厂是从上海迁过来的国防厂，有两个名额，我说我想要去这个厂，但是工厂的同志说不会要我。我当时不明白为什么不要我，他说："因为你是华侨。我这个厂内迁的时候，从上海迁到了重庆，进行三线建设，在上海凡是有海外关系的人，港澳台或者有海外关系的全部留在了上海。其他没有海外关系的才来的。你是华侨，我不能要你。"这样我就明白了，我也想得通啊。他来的时候就不要这些人（有海外关系的），那个时候讲究阶级纯正，害怕有什么特务潜进来。

就这样我最后分配到重庆市，我和我的一个同学分到了重庆市的名额。但是那个同学不走，可是我一个人，家也不在重庆，我没有办法，分配的名额三个月不去就会被取消，那我只能去了。我到市里面去报到，市里面让我到长寿去，说长寿也是重庆市管辖范围啊，这是重庆没有错啊，没有到重庆外啊。我到长寿去报到，他们又让我到云集去，云集在狮子滩过去一些，在涪陵的边上，是在大山里，他说那个地方也是重庆市啊。我问有没有近一点儿的，他说没有，近一点儿的都不要医生，没办法我在那里待了几年，到1973 年才回来。

到 1973 年我回来了，在重庆医科大学第二附属医院，一直工作到退休。在医科大的工作没有什么特别的事儿。我 1973 年从农村回来，就在内科当住院医师，最后做到总住院医师，负责管理几个内科病房、医生排班这些的工作。1979 年主任叫我到上海医学院去学习核医学，在上海学了一年之后，就回来当核医学医生了。

我工作不久后就结婚了，大概是在 1968 年，女儿是 1969 年出生的。虽然我 1966 年毕业，1968 年才工作，但是上面还是在我一毕业就开始给我发工资了，1967 年我已经有 43 块 5 的工资了。我和我妻子是经人介绍认识的，我们感情很好。当时我去长寿的时候，我妻子没有和我一起去，而是和女儿一起留在了市里，我妻子当时在南岸皮鞋厂工作。我在长寿工作时，妻子和女儿常常会来看我，我也会回来看她们。她们要坐一天的船才能到长寿，上午开船下午三点多才到，来了总是要在长寿住一个晚上，因为下午三点多就没有再到云集的车了，只能住一个晚上。第二天早上再坐车到我的工作单位。当时生活比较困难，我妻子的工资比我少，只有 31 块。我那时每个月留 10 块钱伙食费，其他全部寄回家。我在上海也是这样——留 10 块钱，其他都寄回家。

我在结婚之后有了一个女儿和一个儿子，女儿现在在附二院工作。儿子和女儿都清楚我华侨的身份，但我和他们说得不多，他们也不太清楚我过去经历的那些事。现在儿子自己干，做修路的工作，以前很辛苦，回来时一双鞋都是黄泥巴；现在好一些了，有汽车了。我和儿子一起住，住在他的房子里。儿子只生了一个女儿，女儿只生了一个儿子。外孙现在已经工作了，在南岸高速路，孙女现在在读三年级。

我在越南的时候，之前的工资都不知道怎么花了，钱到哪里去了我都不知道。当时给老板做工，吃也不要钱，住也不要钱，钱都被乱花了。后来听到收音机里说中华人民共和国成立了，我们就更想回来了。于是这就开始准备钱，也不再乱花钱了，大概攒了两年时间。到我回国时，除去路费、手续费，到广东时还有七八百块。我当时回国时带了欧米伽手表和莱迪自行车，欧米伽手表是二百多在香港买的，到广州卖了四百多，莱迪自行车卖了二百七十多，又交税交了七十多，当时是超过五百就要交税的。到了广州几个月又花了很多，到成都时只剩下五百多了，当时带了一张支票到了成都。我初中三年就靠这五百块，没有申请助学金，当时学费不要钱，其他杂费、饭费之类的就是花自己的钱。上高中时钱用完了，我就申请了助学金，在班主任那写了条子，每个月伙食费、书费之类的免了，一个月有三块零用钱，每个月到财务科去领，买些牙膏牙刷。到了大学学费之类的都是免的，另外一个月有五块零用钱。

到大学第一年冬天时，大家都分成两个小组讨论助学金。我是团支书，我们到毕业都没人当上共产党员。我们班申请助学金的都统计好了交给年级主任，年级主任翻到我的名字说："这个好像是华侨。"我说："好像是吧。"这个老师真的很好，现在还在重医。当时的冬天很冷，他要班长给我领了一套棉衣棉裤，我没有申请，班长就给我领回来了，让我写了收条。老师很好，很照顾我们。现在想想，初中以前都很好，就是高中之后，大跃进、农民公社之类的。现在我还在想，那个时候的冬天太冷了，在阶梯教室上课，早上一百多人五个班的大课，玻璃是烂的，冷风吹进来，晚上还有自习，没有老师管你，你不读也没人管，都是要靠自己努力读出来。

越南的哥哥已经去世了，但现在和其家人还有联系，前一段时间还和侄儿联系过。我侄儿和侄媳妇在街边卖一些咖啡、小面之类的，生活还可以。我的两个侄孙现在在澳门生活得还挺好的。

4. 竺素珍访谈录

姓名： 竺素珍
出生时间： 1930 年 1 月
性别： 女
归国前所在地： 印度尼西亚
归国后所在地： 上海、重庆
归国时间： 1938 年
归国原因： 回国读书

我叫竺素珍，是印度尼西亚归侨，1930 年 1 月 22 日出生。我的祖籍是浙江宁波，我父母那一辈的时候出去的。我的父母都在印尼，现在已经去世了。因为工作，他们十几岁的时候就出去了，自己创业，在那边做生意，开的眼镜店。

我们家有六姊妹，我是老二，上面还有个哥哥（已去世），老三老四都是妹妹，两个都在加拿大；还有一个弟弟和妹妹，和哥哥都在印尼，就我一个人回来了。现在还联系，天天都在微信上联系。印尼那边信天主教。家里人也信天主教，但是我妈妈她不信这些，我也不信。我在八岁的时候就回国了，在印尼的生活都记不清楚了，怎么回来的也记不清了。我回中国就是为了读书，我父母亲还是想中国，读中国的书，就把我和哥哥都送回国了，在中国读的书。后来我哥哥回去了，我跟老伴两个结了婚，就没回去了。我回来后跟着伯父伯妈，在上海，只读了几年书，抗日战争之后就没再读了，环境不好，小学都没毕业，因为经济来源都没了，那时候我伯父也困难。

我八岁的时候回来，都是说的印尼话，那时候不会说中文要从头学，在家里面待到九岁的时候才开始听懂一些话了，之后才开始学习。我刚到上海的时候，大家都知道我是从国外回来的，我是跟着伯父伯妈的，他们对我还是可以。到了重庆之后，就没有人再说出国的事情了。但是后来还是回去过的，回去探亲。

我一开始是在上海，后来跟我老伴两个结婚了，就到重庆来了，他是重庆人。我跟我老伴是别人介绍的。我那个邻居在船上有朋友，他（老伴）也在船上工作，所以邻居就这样子介绍的。介绍了过后，我们也到重庆来了，他那个时候也是贫寒。我跟老伴到重庆来，17 岁结婚，那时候还没解放，结婚就结得早。

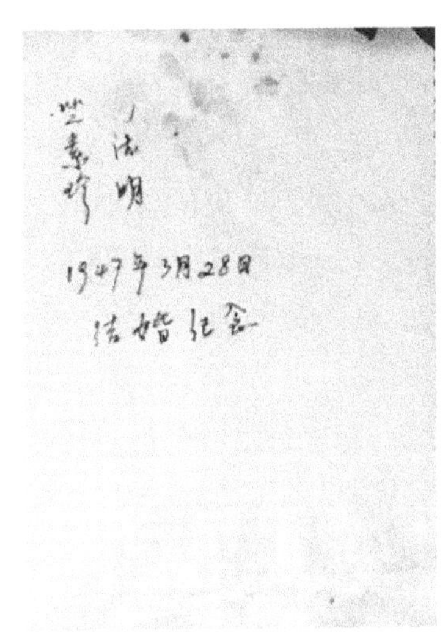

竺素珍的结婚照

最开始到重庆的时候也不适应，时间久了还是适应了。主要是吃的不适应，辣椒这些开始都吃不惯，走路也不适应。生活虽不习惯，但日子过的还是可以的，因为是在船上工作，所以那个时候工资也还不错，他国外的兄弟姐妹还帮助我们。

到重庆来了，就生小孩、带小孩，读书也没读了。后来参加工作了，最早的时候是在重庆渝中区劳保厂，劳保厂工作了一段时间，1957 年又生了最小的一个儿子，之后就没工作，回家带小孩了。1967 年，又到针织厂，就是专门做棉毛衫的工厂工作，一直到退休。工作还是辛苦，我们那时候拿不到多少钱的，一开始只有 13 块钱。

我的工作是朋友介绍的。她能干得很，自己又会裁衣服、做衣服，她有台缝纫机，天气好的时候，搬到外面就自己打一下什么的。工作的时候没什么印象深的事，就是工作嘛。以前还有互助金，就是每个职工，每个月都要存 10 块钱左右，假如说我们四个人，把钱存在这儿，如果说你没有钱了，就可以来借，她就负责搞这个工作，但是这个是业余的。她人还是很好，所以这些人对她的印象都很好，她又不跟别人争，也不跟别人吵，她就是这样。

我有三个孩子，两个儿子一个女儿，老大幺儿都是儿子，老二是女儿，他们都知道妈妈的归侨身份，都办了那个侨眷证的。现在他们都退休了。退休前，老大在重庆百货，老二在西郊医院，杨家坪那边，小儿子在长航，长江航运。读书都是读到初中高中，最小的一个明年都六十岁了。回国之后跟其他的归侨没什么联系，但是渝中区侨联的活动还是要参加。之前那个寻根的活动也去了的，有几个熟悉的归侨，有个是印尼的，有一个香港的，搞活动大家就在一起，平时没有多少联系。

在国外的亲属生活状况还可以，都是有联系的。2013 年，他们回来过，来重庆看我。孙子辈的话，一家一个，都是独生子女，我们刚好是响应国家号召。

这些年在祖国生活得很好，子女他们对我还是很孝敬的。现在年纪大了，就是国内附近的地方走一走，都是子女开着车子，把我带出去，在国内到处走走，但是国外就不方便了。

5. 温庆和访谈录

姓名： 温庆和
出生时间： 1936 年 4 月
性别： 男
归国前所在地： 印度尼西亚
归国后所在地： 香港、广东、重庆
归国时间： 1955 年 7 月 5 日
归国原因： 心向祖国　回国读书

1936 年 4 月 6 号，我出生在印度尼西亚。1955 年 7 月 5 日的早晨，我离开了印度尼西亚。我当时只有 19 岁，是独自离开的。决定回国的原因很简单：印度尼西亚是我的第二故乡，中国才是我的第一故乡。一般来讲，我们归国的时候父母亲都不同意。就我自己的家庭来说，我父亲管我比较自由，他是“随便你，孩子长得骨头硬了要自己飞”的态度，但是我母亲是不同意我回国的。

我的祖父母是广东陆丰的，他们是被“卖猪仔”去到印度尼西亚的，我的父母也都出生在印尼。我当时回来是要办护照的，我们学校当时有 21 个同学，大家需要集体办护照。那时候回国办护照要过两关。第一关是医生体检，检查我们的身体健康状况。我们学校当时检查身体时，21 个同学中有 1 个同学检查出了肺结核，健康状况不过关，所以没有被批准回国。第二关是我们要去印度尼西亚的警察局过问话关，当时过关也是我们 21 个同学集体到警察局，印尼警察就一个一个地喊，喊到我的时候，印尼警察问我是不是温庆和，我说是。他先是问我为什么要回国，我说，因为祖国是我的第一故乡，我回去要学习；接着，他问我印尼不能学习吗？我说我要回国学习，建设我的祖国；他还问我要不要回印尼，我说我不回来了，他就在护照上写上“永远不回印度尼西亚”。最后，他问我：“你父母同意你回去吗？”我说我旁边就是我的母亲，我母亲点点头，意思是同意，我这就过关了。我们的行

李在7月4日这天由劳工工会、华侨团体来一起运走了，托运行李全程是工会负责的，7月4日我们的全部行李就运到海关，我们只带简单的随身包裹就行了。

7月5日早上，我们一家吃早餐的时候，我父亲说回唐山（中国）要好好做人，好好学习。我应下后就出发了。到了海关，有好多亲戚朋友在海关外面送我们，我心里很舍不得。我们去的印尼海港的海水比较浅，大船没法靠岸，我们就只能先坐小船中转，再乘大船回国。当时送我们回国的船是荷兰船，一般一年开两次，分别是六月和十二月。因为我们乘的船要在不同的港口接人，所以上船之后没有立刻出发，而是绕着印尼海岸走了很远，接完人后才离开了印尼。

当我们坐小船离开的时候，大家一起唱着“五星红旗，迎风飘扬……”，唱着唱着就都哭了。我们回国坐的是三等船，男女同学统一住大通铺。5日，船离开码头,6日到了新加坡,7日到了太平洋边缘，在太平洋走了五天六夜，7月12日下午三点钟，我们到了香港九龙。靠岸以后，我们坐火车到了深圳，当时的深圳还是一片农村。12日，我们全体同学在深圳住了一个晚上，所有的行李也已经运到深圳了。13日早上，等所有人的行李都从船上拿出来之后，我们就到了广州。我们学生自己回来的就去华侨补校，全家一起回来的就到华侨招待所。凡是回来的华侨学生都集中在华侨补校，当时是解放军接我们回来的，广州华侨补校专门接待了我们。在那里，我们的护照就被收走了，换成了一个证明我们是华侨补校学生的身份证件。我们在华侨补校上课、吃饭是免费的，大约待了一个多月，平时学习中文、数理化等科目，最后还要准备参加统考。

大概7月12、13日，一到补校我们就填了一个去向调查表，看你是要去北京、还是上海、还是其他地方。我填表格的时候，表格下面有通知说北京去不了。我们当时纠结不定，就互相打听情况，我在上海有亲戚可以照应，但最后我填的重庆，因为我不想麻烦别人，也了解到重庆还不错，当时是全国八大城市之一，我们二十个同学里有3个人填的是重庆。听说重庆物价很便宜，生活要不了很多钱，我就在广东待了一个多月后来了重庆。我先坐火车到了武汉，然后在武汉坐“明珠号”客轮到了重庆。船上的归侨有到成都的、有到重庆的，大家一个方向，不过是先后下船罢了。我是9月12日到的重庆，在朝天门码头下的船。

我们这批归侨有 123 人，到重庆之后被分到了一中和三中读书。我读书很晚，在印尼的时候，我一直等到日本投降之后才开始读书，在印尼中华学校读一年级时，我已经 11 岁了。来到重庆，我被安排到一中读了初中。我爱好体育，体育成绩很好，就加入了一中的篮球校队。我在一中读书的时候是免费的，家里有钱就交伙食费，经济实在困难，伙食费都可以免。当时农村把食物全部送到重庆城市里，我们不缺粮油蔬菜，伙食很好。1958 年，我在一中毕业了，这时候重庆体育学校（中专）正好在招生，我就被保送到了那里读篮球专业。体育学校的地址在大田湾体育场，1959 年 12 月 31 日，重庆体育学校和西南师范学院体育科合并，成立了重庆体育学院，我就是在这里读了两年中专。1960 年，我在体育学院留校工作了。当时的体育学院读书不要钱，师范院校更不要钱，伙食费也不用交。

1960 年，我在重庆体育学院教篮球和羽毛球，当时学校的面积比现在小很多，南岸区四公里附近就和农村一样，条件比较艰苦，很多归侨顶不住，和我一起来的同学们很多都申请出去了，有的去上海、有的去香港、广州，大部分都去了条件比较好的大城市。我比较能吃苦，没有申请离开重庆。我们当时是分配粮食的，体育老师一个月有 36 斤粮食，语文、数学老师一个月有 27 斤粮食，糖一个月二两，体育老师一个月还有三斤肉作为特殊照顾，我觉得这种照顾大概是因为体育是体力劳动吧。当时环境虽然很苦，但我们当老师的还是要上课的，学生也在坚持上课。我们没法每天都有饭吃，就按一定的标准兑换红苕来填肚子。

体育学院的学生都是通过统一考试招来的，他们将来主要是当中小学体育老师，不是作为运动员培养。当时我的二哥在香港、弟弟在澳门，如果我要离开重庆申请出去是有条件的，确实很多人都削尖脑袋想要离开，到香港、到澳门，到好一点的地方去。三年自然灾害考验的就是我们的肚子。1960 年刚开始，我们生活还不怎么困难，真正困难是在 1961 年之后，那时候的馒头表面是面粉，里头其实是观音土。一直到 1964 年，我们的生活状况才开始好转。1965 年条件就已经很好了，当时的食堂里卖红烧肉，猪肉卖不完，就要求每个人都要买，这被我们叫作“爱国肉”，但这种充裕的状况也没有持久，只维持了一年左右。

我是 1964 年结的婚，“文革”开始的时候我已经有孩子了，但“文革”对我的婚姻没有造成什么影响。我和我爱人都是体育学校的，我的爱人是学体操的，我们两个人是同学，都留校，但我们上学的时候彼此还不认识，我们是工作的时候认识的。“文化大革命”时期，我没有受什么冲击，因为我当时很朴素，没有什么人知道我是归侨。很多学生都不知道我是归侨，他们问我是哪里人，我说我是广东的，他们就相信了。有些老师知道，就问我：“你哥哥在香港、弟弟在澳门，你为什么不出去？”我说：“我弟弟有两只手，我也有两只手，我何必出去增加他负担？”我心想，我辛辛苦苦从印度尼西亚回到自己的祖国，我现在就在自己的祖国，我为什么要出去？我死也要死在中国。

1978 年开始，我先后当选为重庆市政协委员，第六届、第七届、第八届、第九届，我一共干了四届。1984 年，我是重庆市南岸区的人民代表。1987 年，我是重庆市第五届党代会的代表。1982 年、1983 年、1987 年，我评上了学校的优秀党员。1982 年、1983 年、1989 年，我评上了学校的先进工作者。1982 年起，我做了重庆市南岸区侨联前四届的主席 20 年，没有工资，没拿国家一分钱。

1978 年重庆市侨联成立，第一届侨联成立的时候我就去了，当时是侨务处负责我们的工作，我们有什么问题就找他们。当时市侨联都是老归侨当负责人，对归侨比较重视。最开始，市侨联开会是在一个公安局，后来搬到了上清寺，我当时是市侨联委员，经常去侨联开会。

最初的侨联必须由归侨当主席，负责组织侨联工作。侨联工作是包括归侨和侨眷的，主要是为归侨、侨眷服务。当时最麻烦的就是侨眷工作，只要有亲戚在国外就是侨眷，而归侨是国外回来的，人数很少。我在当南岸区侨联主席时，归侨只有 11 人，有一位现在已经去世了。现在，市侨联每年有一次聚会，已经举办四五年了。南岸区的侨联活动比较丰富，福利待遇也很好。南岸区侨联办公的地方交通不太方便，我们就去现在十公里的社区小区里聚会，活动还是归侨、侨眷一起活动。现在国家比较照顾我们，每年给老归侨补助五百块钱，1978 年以前归国的都算老归侨。

如果说工作的 36 年有什么感想，那就是感谢祖国感谢党。我回国的时候 19 岁，现在我 81 岁，我离开印度尼西亚已经 62 年了。这 62 年里，我在祖国工作了 36 年，现在退休已经 21 年了。很感谢党对我的培养，如果没有党也不会有我的今天。我对自己的祖国很热爱，一直当作我自己的母亲一样对待。1960 年，我初中快毕业的时候入了共青团。1980 年“四人帮”垮台之后，我是我们学校第一批入的党。我在“文化大革命”之前就申请入党了，我想我千里迢迢回到祖国，对祖国的热爱，也要有点行动才行。当老师上几节体育课就是爱国？我觉得还是要有点思想上的行动。党对我们归侨确实很关心，在一中的时候，我们的伙食和其他本地同学是分开的，别的同学凭票排队打饭，我们是有专人负责，规定好了几菜几汤。我们和其他同学一起上课，但吃饭睡觉都是归侨在一起，大家都学习、生活得很好。逢年过节，班主任会到我们归侨学生宿舍去探望，这是教育局的安排。我们父母亲不在国内，班主任就像我们父母亲一样，老师们对我们都很好，我们在一中过得也很好。我们在这里无牵无挂，只能靠党，所以班主任对我们好，把我们当自己的孩子，我们也把班主任当父母。

6. 李鸿雁回忆录

姓名：李鸿雁
出生时间：1937 年
性别：女
归国前所在地：印度尼西亚
归国后所在地：福建、重庆
归国时间：1957 年
归国原因：心向祖国　回国读书

我是在印尼出生的，但是我的祖籍在福建。我的父母在中华人民共和国成立前就去了印尼。当时在中国生活得很苦，很多人就下南洋讨生活，我的父母就是其中之一。记得我家里是在做五金和建材的生意。我有两个哥哥和一个弟弟，那个时候经济条件和以前比起来就好很多了。总的来说，我小时候在印尼的生活还是很顺利的。

印尼是中国境外华人最多的国家之一，有很多人说印尼排华，我就说一下我的亲身感受吧。那段时间，他们对华人是友好的，我也没有感受到什么排华的情绪。那时一条街上的商店大部分都是华人的，实际上可以说当时印尼的经济是掌握在华人手中的，而印尼人大部分都住在乡下，一条街上只有一到两家印尼人，所以没什么排华的。但是等我 1990 年回去的时候就变了，排华很严重，当地人就把华人家里的东西拿到大街上去烧了。那时候亚洲金融危机引发印尼政治局势的恶化，虽然华人在商业经营中获得很多财富积累，但在政治上没什么权力，就在暴力运动中遭殃了。

我是在 1957 年回的国，那时我刚好高中毕业，当时印尼没有中国人办的大学，而且大部分中国人都不想去上印尼本地的大学，包括我本人也是。我的一个哥哥在我回国的前一年就回国了，我哥哥在厦门大学读书，他说国内的教育比印尼要好很多。我便下定决心要回到中国上大学。

我回国的时候是和一些同学一起坐船，船上基本上都是年轻人。那时候我们这些年轻人心中都有一股志气，虽然当时不懂那些政治，也说不上是家国之类的大的情怀，但是总有一种热情，回去读中国人的大学，等到我们学好了，就用学到的这些知识来建设自己的国家。回国之后，同学们就各奔东西了，我有的同学去了香港，有的去了北京，有的在福建，但我们同学之间的感情很好，我们一直都是有联系的。以前都是互相写信，现在就方便多了，打电话，发微信。我回国的路线是坐船从印尼的雅加达出发，经过深圳，最后到了福建。到福建之后，我就进入集美华侨补习学校学习。去集美华侨补习学校里补习的都是归侨，我们补习的都是高考的内容，那个时候分为工科和文科，工科又包括理工和医农，不过工科也是有政治课的。在华侨学校补习之后，1958 年我参加了高考，考的是医农，最后被福建师范大学生物系录取。那个时候的本科也是四年制，我就一直在福州读书，直到 1962 年从生物系毕业。

我们那个时候大学生毕业是分配工作的，不像现在这样找工作。我毕业的时候，第三军医大，那时候还叫第七军医大，他们的领导来我们学校招人，说是刚刚建立了生物学系，需要招一些老师。那些领导看了一堆同学的档案，从里面挑了四个人，两男两女，我就是其中之一，然后我们就到了重庆，那时候还是四川管辖，不过后来只有我一个人留在了重庆。我们四个人中有两个回到了福建，一个去了广州。当时整个生物学的教研室只有四个人，因为在医学院校里面生物学属于基础学科，我们在教学的同时也搞一些科研任务。我也是在那个时候认识了我的老伴。

我的老伴当时也在生物学教研室，他是我的同事，我们认识了一年之后，于 1964 年结婚。我老伴也不是重庆本地人，他出生在辽宁。在中华人民共和国成立前，他 19 岁就参加了革命，去过抗美援朝的战场，后来被部队推荐到第三军医大（原第七军医大）上学深造，毕业后就留校任教。就日常的饮食习惯来说，我俩到现在依然也吃不惯重庆的饮食，所以也就很少到外面吃。

我回国的时候，我的父母没有回来，就留在印尼生活。我哥哥在“文革”的时候去了香港。以前交通不是很方便，去印尼就很麻烦，我也就没办法经常回家去看看我父母。有几次都是好不容易我们一家人都到香港，这样见过几次面。不过后来交通方便了，我也回过印尼好几次。

我在工作上和生活上都还算是很顺利的。我一直在第三军医大工作，讲师、副教授、教授一步一步就走上去了。我后来带研究生，也发表了一些文章，成为中国细胞生物学会的理事，四川省遗传学会、细胞生物学会的理事，在教学的时候我也得到多次优秀教师的奖项。后来第三军医大的生物学系改成了细胞生物学系，再往后没几年，也就是 1995 年，我就从第三军医大退休了。不过现在第三军医大每年都会邀请我们这些老教授回去聚聚，有时候去医院看病的时候，也会遇到好多以前的学生。这些学生都能认出我来，喊“李老师好”，但是我真的不认识他们了，这么多年教过的学生太多了。

我和我老伴结婚后有两个孩子，一个男孩一个女孩。我儿子现在在公安局工作，女儿是北京理工大学文化遗产保护专业毕业的，她原本在一家合资公司工作，现在在保险公司工作。

其实我对生活充满了感恩，因为我生活上，总体来说还是一路顺风的，在国外的时候家里比较富裕，回来之后也很顺，我的那些老同学同事们都很羡慕我的。

7. 彭明露访谈录

姓名：彭明露

出生时间：1937 年 7 月

性别：男

归国前所在地：越南

归国后所在地：广东广州、四川成都、重庆

归国时间：1955 年

归国原因：心向祖国　举家搬迁

我是 1937 年 7 月在越南出生的，祖籍是福建同安。我的父亲在他很小的时候就漂洋过海，从福建去了越南。那个时候法国人占领了越南，在那里开了很多矿山和修铁路，需要很多的劳动力。而且那个时候很多中国人都意识到了旧中国的贫穷落后，在中国找不到出路，所以很多有条件的中国人都选择到国外去谋生。福建、浙江、广东这些沿海地区的人们很多都选择去往马来亚、新加坡、缅甸等与中国相邻的国家生活，我的父亲就是其中之一。

那个时候去海外的华侨大都会选择在当地结婚、生儿育女，运气好的能在那里当老板，有的人会做点小生意，有的人会选择打工过活，生活有好有坏。我的父亲文化程度较低，小学毕业后就没有再上学了，在移民潮时他坐着小帆船来到了越南。他到越南后先是在那里打一些零工，种稻谷、管理仓库，在越南勉强立稳了脚跟。

海外华侨会互帮互助，无论你来自中国的哪个地方、漂洋过海到达哪里，都不用为生计发愁。我的父亲到达的地方有一个“福建帮”，这种在海外由华侨组织形成的“帮”和国内的帮派不同，那里没有互相打斗，只有互相帮助。当然，你也可以选择去别的“帮”，如果一个福建人去到“上海帮”，也会得到同等热情温暖的帮助。中国人到那里去后大都会被人收留。这些“帮”不仅会给你找地方住，还会给你找工作，做生意的老板经常会来这里寻找劳动力，找工作根本不成问题，到结婚年龄后这些“帮”甚至还会

给你找结婚对象。我的父亲就是这么过来的。

我的父亲一共有五个孩子，我是家里的老大。从我有记忆开始，我们就住在越南湄公河下游出海的地方，那里是一个鱼米之乡，物产丰饶，我们在那里的生活还算顺心。在我七八岁的时候，法国在越南的统治受到越南民众的激烈反抗，法国和越南游击队在这里打仗，我们家的房子在战争中不幸被烧毁。我父亲就把我们一家带到越南岘港投奔他的一个妹妹。岘港是天然良港，也是越南中部的重要城市，在越南的战略位置十分重要，当时苏联和美国都想控制岘港，所以那里的局势其实也不是很平稳。我的姑姑在岘港有一个纱厂，我们在靠近姑姑的纱厂的地方找到了房子，一家七口住在两层楼里，虽然外面一直不安定，但家里还是比较温馨。

那里没有中文学校，我最开始学习的是越南文、法文和一些简单的梵文，到那里去之后，我进入树人公校上小学，从四年级开始学习。学校的老师会教授名著和小学算数。因为我从小没有特意学习中文，在越南生活又缺乏中文学习的环境，学习中文对于我来说十分困难，学习中文时我需要用外文标注中文的意思和读音。为此，我特意去书店买了一本《新华字典》，用死记硬背汉字的方法学习汉语。那时候我堂兄在越南开了家百货公司，我的父亲在那里打工，帮忙管理仓库。我读五年级的时候也在那里帮忙，我懂越南语、法语，但写不了信，一般都是秘书先写好了信，由我打字。在空闲时我开着大车子帮忙给公司送货，在海关帮忙给过境游客办理手续。

1955 年时，我刚满 18 岁，那是在日内瓦会议后，周恩来总理反复斡旋，解决越南和老挝、柬埔寨的冲突争端，中国和越南的关系渐渐改善，我们在越南都能够挺胸抬头。所以在反复斟酌之下，我们决定举家归国。

在那段时间内归国的华侨不计其数，我们只是其中之一，在我的周围就有很多跟我们一起从越南回国的同学朋友，有的同学到了台湾、香港，也有很多人跟我们一样到了大陆。我们的力量虽然微不足道，但我们都是爱国的。

1955 年，我们一家人终于回到了祖国，我们先是到广东，然后来到四川。刚回国的时候我一度十分不习惯在国内的生活，首先是我们回国前在越南的生活条件很好，在越南时我们家有摩托车、小轿车，物质条件比国内好很多。还有就是我在越南学习的文化知识和国内还是有些差异。为了适应国内环境，我回国之后的第一件事情就是了解中国国情、学习语言，因此我首先来到了广东华侨补习学校学习。那时候广州的华侨补习学校刚刚建好，我们在那里学习一些基础的政治和文化知识，在那里的学习是免费的，而且生活条件比较好。

我在华侨补校没有学习很长时间，后来学校就让我们选想要去哪里继续念书。在那时归国华侨如果想要上学的话可以通过考试自由选择上初中或者高中几年级，也可以自由选择想要去哪个城市，除了北京上海比较难一点，其他的城市都是可以的。我有一定的学习基础，从越南回国后我不仅要上学，还要每天背字典、读冰心文章、找我回国之前的秘书帮我修改文章。而且我比较想要去四川，所以在我的努力下，我如愿考上了四川成都的第九中学（现成都九中），成为一名初中二年级的学生。从初中入学开始到高中毕业我一直在这所学校学习。

我记得那时候是和三十几名同学一起去成都上学的，刚去的时候我们都很兴奋，当时从广东去四川，要走好久，但是大家都从海外回来不久，看到国内的风景，都觉得特别的新奇。到了成都以后，学校把一个勤工俭学的木工车间调给我负责，除了上学以外，我花了大量时间在这里。在学习上，我不知疲倦，在中学时我还因为读书过度而神经衰弱。那时候我们在学校的吃住都不花钱，每个月只有少量的生活用品支出，一个月花费不超过五块钱用来买牙膏等物品。

因为我们的海外生活经验，而且当时回国的时候也从外面带回来了很多生活用品，这些东西在当时的国内都是新奇的玩意儿，很多人愿意出很高的价钱来买，所以那个时候每天都会有百货公司的人来收购我们从海外带回来的东西，跟我们一起回国的朋友都带了很多东西回来卖。我曾经就将从越南带回来的英国的劳力士牌自动手表以五百块的价格卖给了百货公司，也以较高的价格将一个德国照相机卖给了别人。除此之外，我还把雨衣、裤子等生活用品也卖给了百货公司。这是那时我收入的重要来源之一。

我的海外关系也曾经给我带来过很多不便。在成都上中学时学校要搞兴趣小组，我本想加入无线电小组，但是当时有海外背景的人加入这种类型的兴趣小组要被怀疑是特务，所以我只能放弃这一想法，加入了木工小组。再后来考大学时我想搞机械，但是由于我的海外背景，不能报考工科学校，而且我的分数也没能达到成都工学院的要求，最后只得上了四川师范学院。当时一共可以报二十个志愿，四川师范学院刚好是我的最后一个志愿，现在想起来还有些既遗憾又庆幸。

1964 年我从四川师范学院毕业，我的很多同学，包括我的弟弟都留在了成都工作，毕业后他们基本上走上了领导岗位，但是我在毕业后不久就到了重庆工作。我 1981 年在重庆第 68 中当教师，后调到教导主任，再当书记，我的表现很好，1982 年还被评为重庆市先进教师。我 1983 年申请入党，等老书记退休了之后我成了学校的党支部书记。

后来沙坪坝侨联主席这一职位空缺，我就被调到沙坪坝区侨联当主席。1990 年我接到了调职通知，1992 年（也有可能是在 1993 年）我到侨联报道，从那时候开始我一直在沙坪坝区侨联工作，一直到 1998 年退休。在沙坪坝区侨联任职期间，我积极参加侨联组织的各项活动，也参加了沙坪坝区政协的很多活动，为民主政治协商贡献了自己的一份力量。退休之后我也一直在关心着党和国家的重大事件，也经常参加侨联举行的活动，感受组织带来的温暖。

我和太太是初中同学，我来重庆后在第 68 中教书，我太太在南开小学教书。当时大学严禁交男女朋友，毕业了没有一对是分到一起工作的，我和我太太也被分在了不同的学校工作。我们有两个孩子，女儿在四川西昌的工商银行工作，我女婿原本是机正处处长，后来被人介绍到工商银行，跟我女儿一起工作。他们原本都在重庆工作，1997 年调职去了西昌，我在三峡广场给女儿买了一套机关集资建房的房子，这种购房方式在当时很流行。我们还买了一套房送给儿子，我有个孙子，今年九岁了。我们一家的生活平静而充实。

总的来说，回到祖国 50 多年，亲身经历见证了祖国的变化与发展，作为一个中国人感到无比的荣耀和自豪，我一定要积极努力，发挥余热，为祖国的发展做出自己应有的贡献。

8. 黄志祥访谈录

姓名：黄志祥
出生时间：1939 年 9 月
性别：男
归国前所在地：印度尼西亚
归国后所在地：北京、重庆
归国时间：1959 年
归国原因：心向祖国　回国读书

我父亲那个年代，印尼民族企业相对比较落后，到那边去的中国人给印尼人带来了很多做生意的机会，这从郑和下西洋那时候就有，在当时，中国人到那里的人多，一般都是一个人过去的，也没有配偶，于是就跟当地人通婚，这就使得很多印尼人本身就可能包含中国的血统。印尼当地人的文化程度不高，没有多少读书的，跟所谓的现代西方社会还有很大差别。那时殖民印尼的荷兰人只需要他们的工厂、劳动力，不需要他们有文化，因此不希望他们民族复兴。但中国人到了那边，第二代、第三代下来，很多人就有文化了，知识也比较好，奠定了经济基础。荷兰人做生意的人去那边，机会很小，生意比不过已经形成一定基础的中国人。因此，荷兰人在荷兰政府的支持下，有意挑起中国人与印尼人的矛盾，等矛盾扩大了，印尼就开始乱了。后来，这种矛盾慢慢发展成民族矛盾，一直带到了现在。

我的父亲曾在荷兰政府军部工作，他作为第一把手，管理军用仓库，里面有枪炮坦克。一次，他听一个荷兰的士兵说，中国人到印尼来就是要杀印尼人，统治印尼。我父亲当时就把这些话说出去，这个事情一出去就不得了，报纸也刊登这件事，印尼人都相信了这种谣言，十分愤怒，认为中国人虽然来的时候说要开工厂，拉动经济，但其实这些都是借口，实际上是要来统治印尼。荷兰政府逼我父亲承认错误，否则就要离开或是坐牢。向大使馆求助也无果，当时中国人没力量，中国政府没力量，父亲没办法，只能这样，心情很低落。但是我的母亲很了不起，虽然文化程度不高，只是小学毕业，但事情发生后，她对父亲说，不管你做什么我都支持你，如果你被抓了，我就带着孩子走。我母亲的这句话就把我父亲的信心提上去了，坚持认为自己并没有义务去认错。后来荷兰政府迫于压力，最终妥协，把涉事士兵带回荷兰，整件事情才逐渐平息。

我姐姐的成绩很好，姐姐曾在印尼读小学三年，后来转去中国，在一点中文都不会的情况下重新努力，又读了三年小学。后来在美国读高中，毕业后回国，以第一名的成绩考上北京大学，二十岁左右在北京师范大学读研究生，准备教书。当时我父亲很反对姐姐回国，因为在他的概念里，中国还是国民党统治的，是软弱的，没有真理可讲。但是我跟着姐姐坚持回国，回国之后，把国内的情况和父亲说明，才逐渐改变了父亲和家庭对中国的认识。特别是中华人民共和国成立后抗美援朝的胜利，我们都觉得这一仗打出了中国人的志气。也是因为这场仗，我们一家人看到了不一样的中国，便陆续开始回国。姐姐工资很高，一家人归国后的生活，都由姐姐负担。

回到中国后，我先在北京读书，成绩慢慢提升，最终考到北京建筑工业学院（现武汉工业大学）。在大学中，政治老师对我的影响最大。通过学习辩证法，我认识到世界是物质的，物质是世界的，也知道了思想是从哪里起来的，这便奠定了我对共产主义的基本理解。正是这种思想学习，让我感觉到，当时的中国一点也不比别的国家差。当时有的人问我，你到中国来感觉怎么样？我说我一点也不后悔。

1963 年在北京建筑工业学院玻璃工艺系毕业后，我被分配到重庆热水瓶厂任技术员。在工作后的第二年，我加入了重庆玻璃工业公司建炉工程队，担任负责玻璃窑炉设计建造工程师。从 1981 年 5 月起，我就一直在重庆玻璃工厂工业公司玻璃厂热工工程工作，一直到现在。这么多年下来，我成功地突破许多技术难题，还拿到了很多科研成果与专利。

1970 年，我与陈瑞金登记结婚，她也是印尼归侨。由于已在重庆定居，我只去印尼出差或探亲。我的大姐在美国，哥哥住在深圳，但在香港工作，二姐在印尼。大姐的丈夫去了美国，也从事玻璃工业。

9. 刘定荣访谈录

姓名：刘定荣
出生时间：1934 年
性别：男
归国前所在地：缅甸
归国后所在地：云南腾冲、保山，重庆
归国时间：1942 年
归国原因：举家逃难

我是汉族，大理人。我在一岁左右就到了缅甸南坎，是随我父母亲和姐姐一起到的南坎。

我祖父是同盟会员，他大概是朱德的学生，当时朱德在云南讲武堂教学，我祖父就是讲武堂毕业的，毕业以后到了部队，曾经驻扎在四川自贡、贵州等地。那个时候土匪横行，我祖父打过仗，立过功。祖父死了以后，大概到我这一代，在我小的时候就只有我父亲。在南坎，晚上被强盗抢劫，父亲被强盗砍死。之后，我的母亲就带着我们回到了腾冲，后改嫁，又到了缅甸。到了缅甸我们就住在抹谷，抹谷是缅甸的一个保护圈，那个地方玉石很多，红的绿的蓝的各种各样的都有，是一个富有玉石矿的城市。抹谷这个地方在地图上都可查得到。与抹谷相邻的瓦城（今曼德勒），它当时是缅甸的首都。母亲带着我们，在那里做一些小生意，到了六岁以后，在那里读小学。那所小学是云南省华侨出资办的，是华侨小学。在学校有学中文也有缅文，几个月后基本上都说缅文了。当时缅甸是英国的殖民地，所以公文行文是英文，地方语言是缅语。读了几年过后，大概在 1942 年，日本军队进攻缅甸，第一仗是在仰光打的。在仰光打得那一仗，国民党的军队（中国远征军——笔者注），带队的是孙立人。后来就是第二仗，就是在瓦城打的。现在还有亲戚在瓦城，我们还有联系，电话微信都有。

日本军队进攻瓦城的时候，我们就逃离回了中国，有祖母、母亲、姐

姐、大哥、妹妹和我全家人。当时买了两匹马托运。我母亲已经怀孕。这次回来我们没有回到腾冲。我们是走路回来，走了大半年，半路上就遇到日本军队的坦克赶来，把我们一家冲散了，我的姐姐就找不到了，直到解放初期才联系上，现在一家住在缅甸，大概四五年前，我姐姐去世了。

腊戌是在我们腾冲的边界，是回国的必经之地。那时候史迪威公路还没修，我们只有走山路回来。日本占领缅甸后，就进一步侵略我国腾冲。结果我们还没到家，日本军队就到了腾冲。我们逃难的路上就有很多当时被打散的国民党军队，他们兵找不到官，官找不到兵。一路逃难的人很多，大概有一千人左右，包括被打散的官兵，没有吃的，我们华侨就借钱帮他们，给他们吃的，他们有武器可以保护我们，这样一路上大家一起走。山路上土匪强盗很多，走在半路上被杀死的人丢弃在水沟里，很惨，可我们还在下游喝这种山沟沟的水。那时候我才八岁，就走回腾冲。到了腾冲的时候日本人就已经把腾冲占了，国民党已经逃了。我祖父在的时候云南是唐继尧统治，我们逃难回来时已经是卢汉统治了。

回来后，因为家里面很穷，读初中的时候要自己回家煮饭，我们在绮罗，相当于乡下，但是也不远，到学校大概要走一个钟头。初中刚毕业的时候就解放了，那就是 1949 年。云南解放，比四川早。

归国后，家人还有祖母、母亲和哥哥。哥哥初中毕业了就教小学，养家。父亲是在南坎的时候就被强盗砍死的，后来警办出面把强盗抓了，所以我们后来又才再次到缅甸。我的继父是一个农民，早年就从云南过去缅甸生活，他一直没有回来，新中国成立后曾经到腾冲来过，但是我们不愿意回缅甸，他就自己回去了。家里人就没有再联系。

和顺乡和绮罗乡这两个乡，百分之九十都是华侨。和内地昆明之间有一座高黎贡山，从腾冲到保山，如果是要攀高黎贡山，上一边下一边，山比较高。爬高黎贡山，在山下你可以穿衬衣，爬到山顶，你就要加衣服，就这么一个概念。

我们在高黎贡山靠近缅甸的那一侧，到缅甸比到昆明要方便，因为那边的山要小一点，很近，那时南坎属于中国，南坎挨着内地。

父亲去世之后，家里没了主心骨，没有主要劳动力，我祖母六七十岁了，我母亲又有病，家里有几亩土地，大概收获有上三百来斤谷子，收入减少。家里两个妹妹还小，才在读小学，家庭经济比较困难。我哥哥最大，比我大五岁。他初中毕业就去教书养家，新中国成立后参加了工作，吃公家饭的。中华人民共和国成立的时候我刚好初中毕业，当时有文化的还是比较少。我初中毕业后，也就参加了工作，才16岁，到学校教小学，同样教书养家。因为母亲改嫁了三次，我姐姐是和她第一个丈夫生的，我和哥哥是和她第二个丈夫生的，后面的妹妹是和她第三个丈夫生的。她第三个丈夫是缅甸人。我母亲1949年就去世了，子宫癌。那一年我刚参加工作。在我工作之前母亲就得病，无法劳动。家里由祖母带领，哥哥和我是主要劳动力。工作了大概三年，在1952年我哥哥就工地址变了，他说："现在有钱了，让我去工作，你去读书。"我就考进了保山中学读高中，1955年在大理考试，滇西的全都聚在大理考试。我考到了西南师范学院（简称西师）物理系，当时师范学校全免费，一个月还发十块钱的伙食，两块钱做零用，八块钱当伙食费，每餐两个肉菜，两个素菜，早上有花生米，有稀饭、发糕、馒头，米是八分钱一斤。八块钱就足够了。我毕业工作的时候，一个月才多少钱，当时没有人民币，发大米，我一个月180斤大米，因为当时我担任教导主任，管400多学生，工作还不错。

我们在西师读书的时候，住的是单人床，一个房间五个人，物理系在那一年招的多，我们一个年级一共一百二十名。前几级都比较少。

西师于1952年才建校，是昆师、贵师、（沙坪坝）女师、重大的一部分，还有四川乡村建设学院，这些学校合起来。我们是1955年扩招，第一次扩招。1959年我就在西师工作，我是毕业留校的，我们一届留了十几个人，因为那时候缺教师，大量的留人，一部分搞教学，一部分搞科研，有一部分是到工厂，我是搞教学的。我一直搞教学，黔川到处跑。那时候提倡自己编教材，1975年四川省高中教材，就是我参加编写的，我写的电学部分，另外两位老师编写了力学及其他部分，三位老师都是我们学校的。

那些年我和曾福茹老师一起搞回旋加速器。在哪里？就在团山堡，就是物理系大门的隔河对岸。我们买了一块地，专门盖了一栋水泥钢筋房，因为要防辐射，搞回旋加速器，就是大搞科研。

我在小学工作了三年，在西师1955年工作到我退休是1994年，工龄是42年。我留校工作的时候住文化山，那时候是单身宿舍，两个人一间宿舍。1959年的时候，工资42块5角。到了1963年的时候提了一次工资，那个时候提工资本来是要讲工龄的。我当时不够条件，但还剩十个名额，物理系就特殊提了两个起来，其中一个就是我，就提到59块。五十九块就一直拿到1985年，又才开始提工资，“文化大革命”那么久，都20多年没有涨工资。“文革”期间评职称也停止了。留校任教，我不算第一批，比我们早的还有。土地改革开始，我一面教书，一面参加土改。土改的时候，按照政策，白天工作，晚上开会参加讨论，因为我有文化，丈量土地、记录等工作，我都参与了。

在云南史志里，写了我家两个人物，一个是祖父，一个就是我。

我在达县师专，现在叫四川文理学院、盘江职工大学、电子科技大学工作过。解放初期搞电子学的人很少，60年代初成立电子科技大学的时候，就把西师姓谢的副院长调过去当院长，当时是他点名要我们过去上课，培训教师，那时候发展快，没有不缺教师的大学，很多是从中学提起来当大学教师，我们是去培训教师。

我是民盟会员，现在身体不好，就很少参加活动了，我曾是民盟西师的负责人，西师大概有120多个民盟成员，现在有多少？我不知道。今年的民盟在搞年终集会的时候我去了，结果感冒了，一月份我还去住了一个星期的医院。现在屋里面的空调都是开着的，整个冬天的室内温度都保持在20度左右，就是这样过日子的。侨联、民盟领导对我们很好。

10. 杨志平访谈录

姓名：杨志平
出生时间：1939 年 12 月 8 日
性别：男
归国前所在地：越南
归国后所在地：上海、北京、重庆
归国时间：1957 年 9 月 25 日
归国原因：心向祖国　回国读书

我是从越南回来的。越南这个国家，是个长条形的国家，分两个部分，一个南方一个北方，南方代表城市是西贡，就是现在的胡志明市，比较繁华的城市；北方就是首都河内。我是 1939 年 12 月 8 号在越南南方的胡志明市出生的，我家共有十个兄弟姐妹，等我懂事的时候兄弟姐妹已经去逝两个，最近这几年又去世三个。现在澳大利亚有一个姐姐、一个妹妹，越南有一个哥哥，还有一个弟弟在美国，就剩下五个。美国的那个哥哥是在 1996 年去世的，还有一个姐姐和一个哥哥都是前两年（2015 年）去世的。我排第七。我对当时越南生活还有印象。我在 2000 年回过越南，看望两个哥哥一个姐姐。结果两年后姐姐和一个哥哥就去世了。活着的大哥，今年已 95 岁了。

我是 1957 年回国的。为什么回国说来话长，我的经历也比较坎坷，我小学毕业是 1953 年。我们一直在越南生长，家里兄弟姐妹十个，家里比较贫穷落后，对学习不是很重视，一般来讲子女只要上个小学毕业或者读到三四年级就不错了。而我在家里比较特别，我从小学成绩就比较好，念书时间长一点。我小学在越南华侨小学毕业，十四岁左右。在越南我们住的那个城市是朱笃，最多只能读到小学。那个时候越南对华侨还不是控制得很紧，还允许华侨办学校，朱笃就办了所华侨小学，我在那所小学读到毕业。

1953 年小学毕业以后，我就在当地读越南的私塾，去学越南的文字，断断续续读了半年左右，越南文字、越语，我当时还可以写，还可以讲。回国五六十年了，也忘得差不多了，只有简单的越南文字还可以写讲。我有时在家里帮着父母做牙医生意，一直到了 1956 年。那时，我大姐已经出嫁，住在胡志明市，她有一个女儿，大姐比较喜欢我，就叫我到她家里去一起生活。她女儿在读小学，我们都是上的中国人办的学校，汉语学校。我就到胡志明市，去跟姐姐家住在一起，还陪她女儿上学。

到了胡志明市，我就开始念初中，在爱华中学，私人办学校。因为爱华中学不是很正规，我又转到志诚中学，这所学校有初中、高中，我就读初中二年级，当然它的教育也是不正规的。

胡志明市城市比较大，在越南比较发达，跟当时的政治潮流结合得要紧密一点，特别是国际上的形势，我们中国人经常接触得到。那时我们国家也有搞地下工作的人员，告诉我们当时国家的情况。我国办的《人民画报》在国外影响很大，特别是在越南，我就是受它影响。我们读初中的时候，人大了一点，也懂点事了，接触了社会，接触了新的思想，知道国家开始搞社会主义建设了。我们很爱国，我本来从小就热爱自己的祖国。那个时候我在我们家的文化是最高的，我们家其他兄弟姐妹都只是读到小学一二年级，我读到初中了，很不简单，父母、兄弟姐妹对我还比较另眼相看。接触到《人民画报》，我就起了个念头，我要回祖国深造，要上大学，要当工程师。从 1956 年开始，我就积极地打听祖国的消息，不管在报刊上、报纸上，还是收音机里，那个时候没有电视，收音机也是很先进的东西，开始打听怎么回国，怎么走。那时我才十五六岁，经济上没有独立，没有钱。后来有一天吃饭的时候，我就跟父母亲讲，说我要回国。因为初中我读了两年了，没什么事干。结果我妈妈就一边哭一边告诉我不能回国，他们是从国内逃难逃出来的，知道中国是非常贫穷、落后的国家，饭都吃不饱的，她指着我们吃的饭菜说你现在吃的这些，这鱼这肉，在国内是吃不到的，国内吃饭就和着盐巴吃，有点盐巴就不错了，饭都吃不上，不能回。父母不同意，但是我一定要回。我妈妈没办法，就悄悄地把我关到房间里，把钥匙拿走，就这么关了我几天，后来还是把我放出来了，劝我不要回，还是跟父母一起做生意。我还是坚持要回。他们也知道阻拦不了我。同学、亲戚中，有要回国的，也有一部分要到中国台湾的，任意选择。台湾也派人拼命拉我们到台湾，路费学费台湾全给。

我姐姐经济条件比我父母经济要好，她就给我置办了一些行李：两套西装、一件呢大衣、一个大皮箱。我就提着这个大皮箱从胡志明市回到了我父母住的朱笃市。

我回来比较坎坷。我在越南的朱笃市，要回国，越南不让你回，特别是华侨学生，他们本来就要抓你去当兵，逃都来不及逃，你哪里敢去办手续，这无疑是上门送死。于是就想办法逃到柬埔寨，从柬埔寨回国比较方便。我在柬埔寨有亲戚，我大嫂的老家就在柬埔寨，她是嫁到越南我哥哥这边来的。我就到大嫂哥哥的家里，那是柬埔寨的磅湛市。越南和柬埔寨国界正好有条小河，河的这边是越南朱笃市，河的那边是柬埔寨。由一个亲戚偷偷地带我过河，那个河很小，坐个小小的船就划过去了。那时边境之间无守卫，那边的人也可以随便地过来。我就偷偷地过了河，租了一辆机动三轮车就开到磅湛市。当时有很多在越南的华侨学生逃往柬埔寨避难，有亲戚的都到亲戚家来了。

半路被柬埔寨的警察发现，就把我扣压下来要交罚金。亲戚没办法，再跑回越南去，告诉我家里说你儿子被抓了，要交罚金，不交罚金就要被遣送回越南。父母没办法，又筹措了一笔资金交了罚金，警察就睁一眼闭一眼放了。我亲戚跑越南去耽误一天半的时间，我就在马路上，也没人看我，你要跑就跑了，结果我就在马路边这么蹲着走着。当地的华侨发现这个小华侨被抓，就把我带到他们家去吃饭。我们吃完饭，罚金也交了，就继续上路。我们就跑到了磅湛市区，到了我大嫂的哥哥家里，这是我回国的一个小插曲。

到了磅湛市以后还不能直接回来，镑湛市是柬埔寨的一个城市，它不是首都，金边市才有办出国手续的机构。过了一段时间，我到一个华侨的亲戚家里，他住在金边。在金边开始办手续。大概花 5 万块钱办了出国手续，送到香港。不能直接到大陆，只能到香港，到香港再回大陆。5 万块钱，对本不富裕的我家是一笔很大的支出。

就这样我坐飞机回来的，正正当当的。飞机上都是华侨学生，前后左右都是，最近死了一个同学，就是一道上飞机后认识的。十几岁的小伙子，现在都是七八十岁。我就这么回到了香港。旅行社为我们办理手续的费用都交齐了，人到香港，我在柬埔寨交给他的钱，除了护照、飞机票之外，还有一部分钱是兑换成港币的，我回国还要用的，旅行社都跟我办好了。到了香港飞机场，旅行社到机场来接，拉到旅行社去住，那是 1957 年 9 月份。

香港旅行社把我们华侨学生带到了罗湖桥，那桥大概有五六十米长，要走一段路，我就提个大皮箱，过了桥到了对面大陆，回国啦。一进去，解放军边防部队就带我们到检查站，所有的旅客来了都要经过检查站检查，检查以后你才正式买火车票回国，就在那个地方上车。我们就到检查站，我在想，我的手表、橡胶都在皮箱里面。到了检查站，大家把皮箱打开，警察就走过来。大概是有意放我们走的，知道我们这些学生不是走私分子，箱子里肯定有点东西，什么手表啊橡胶他们知道，天天搞这个工作哪有不知道，国内也需要，我们就通过了。

我们坐火车于 9 月 25 日到广州。我们一起的有七八个女的和七八个男的，大概都十六七八岁。

回到广州后，就到了华侨补习学校，广州有华侨补习学校，北京也有、厦门、泉州也有，我们知道这几个大的，我就到了广州华侨补习学校，开始补读初三，补习一年初三课程，接着读高中。广州华侨补习学校跟暨南大学在一起，多是华侨。

在广州，到高二的时候，因华侨学生回来得愈来愈多，广州华侨补习学校容纳不下，要将我们分派到全国。我被分到了上海朝阳中学。我高二到了上海，那是 1960 年 2 月份，我是在上海念高二下半学期，高三一年，然后在上海考上北京机械学院。1961 年我上北京机械学院热处理专业，金属热处理。1968 年毕业又分配到上海。

当时国家正在反对苏联修正主义，反对美国帝国主义，要把我们国家的三线建设搞起来。到上海以后，国家就号召要支援三线建设，单位要派好的同志好的顾问去内地，我就这样子到了重庆。其实我完全可以留在上海的，我那时在单位，领导还比较喜欢重用我，但是我还是来重庆了。我直接到了地质部探矿机械厂，在重庆小龙坎。1969 年 9 月份到重庆来的，一直到现在。我来探矿厂以后，当技术干部。

我回国这么多年，到重庆来开始生活不适应，这是小事。我最不适应的，最痛苦的，最难过的，就是 1957 年回国，到广州，到上海，到北京这十几年，身边没亲人，一个十七八岁的小伙子回来，没有父母在身边，我就这么一直过到了大学毕业，这段大概是我最艰苦的时间，很想家，很想亲人。1960 年以后，我父亲母亲都去世了，兄弟姊妹就各奔东西了。我回来一直到大学毕业，我的生活费都是国家给的，所以对我们的国家，对我们的党和政府，我是很感激的。20 世纪五六十年代、六七十年代国家规定的助学金最多就是七八块，我可以拿到最高十块零五毛钱。对待华侨，国家照顾多给三块钱，生活费有七块钱就够了，一个月三块钱零用。现在侨联对我们也好，我们归侨还是值的，没跑到台湾去，还是走对了。

我跟妻子是自由恋爱，在上海结的婚，再过两年就是金婚了，50 年了。我 1968 年 7 月份从北京分到上海，1969 年元月份在上海结婚，爱人跟我一个单位的，一起分到重庆来的。我只有一个儿子，也是在重庆生的。我妻子是上海人。我们一结婚，双方的工资都是并在一起的。工作生活上，这几十年过得还可以。“文化大革命”我们在重庆什么派都不参加。

我经常跟兄弟姐妹联系。原来我有两个哥哥一个姐姐在越南，最近这几年一个哥哥和姐姐已经去世，现在只有一个大哥，95 岁了，我们经常通电话。有一个姐姐，一个妹妹在澳大利亚，子女也多，我们是经常联系。2000 年我回越南探亲。

我的经历大大小小，老伴都知道，因为我们毕竟是同一个时代的人，生活习惯语言都比较一致。我儿子今年 48 岁，我 78 岁，我们两个有代沟，他在单位搞财会，大专学历。孙子八岁，小学三年级。我们带孙子，每天一大家人在一起吃饭，他们自己有房子，在家伙食什么都是免费的，我们还要给孙子零花钱。我经常参加侨联的活动。2000 年以前，侨联的工作可能跟国家经济形势有关系，我们国家 2000 年前经济很困难，特别是 1990 年经济很困难，侨联工作基本没活动，没有什么动作，当时侨联发一张电影票都是很给面子的事情。1990 年代以后 ，特别 2000 年以后，有起色了，原来沙坪坝区侨联没活动的，都是重庆市侨联的活动。2000 年以后沙坪坝区侨联搞得不错，特别是最近这几年侨联搞得愈来愈好，侨联对我们归侨确确实实照顾得很好，我很满意。跟我们熟悉的同学经常联系，经常来往，我们同学搞活动搞了三四次。2011 年在贵州聚会，2014 年，在重庆搞了第二次活动。2016 年在海口搞了第三次活动，有地址联系非常方便。

我这些年生活上没有困难，所谓有困难就是我儿子考大学的时候，没考上。考大学，归侨的子女有加分，我找过侨联，侨联开证明，乐意帮助我们。后来他报了个中专，读会计专业，侨联也开了证明。我儿子后来自学，通过大专自学考试，证书也发下来了。侨联对我们来讲确实是大事小事都能帮的。2003 年我在湖北的老家，我爹妈有房屋被别人给占了，结果我跑到湖北去，找到湖北的侨联。湖北的侨联出面，给我来料理这个事，打赢了，地基给要回来了，侨联对我们确实是很支持照顾，不管是哪个地方。

11. 曾汉川访谈录

姓名：曾汉川
出生时间：1937 年 1 月
性别：男
归国前所在地：越南
归国后所在地：香港，四川德阳、邻水，重庆
归国时间：1949 年 6、7 月
归国原因：回国读书

在我父母那一代时，广东一带闹饥荒，我的父母只好离乡背井出国去越南谋生，那时候越南还是法国的殖民地。我是在越南出生的，九岁之前都是在越南生活。在我九岁的时候，我的大哥带我回国读书上学。虽然没从外面听说过很多中国的事情，但是家里面经常讲广东闹饥荒那一代的故事，所以我在回国之前就对中国的了解比较多。我的大哥年纪比我大很多，那个时候他在广西和胡志明一起参与抗日斗争。大哥听说我父亲去世的消息之后，从广西经过柬埔寨，再赶到了越南。到了越南以后，他看到那么多小孩子，数我是最小的男孩，虽然还有一个比我更小的妹妹，但是带我回国要更方便，所以他就带我回国读书了。

大哥先把我带到柬埔寨，然后我到了西贡，又坐飞机到香港，再由香港飞到重庆，到了重庆，就走不了了。因为马上开始战争，打仗开始后交通工具都停用了。

我回国以后，在市中区小什字的明伦小学读书，但是读的乱七八糟的，因为我不懂国语（汉语），没有办法交流。回国后一年多才会说中国话。要上初中了，我大哥坚持让我在五中读，不让我去三中，因为三中那边归侨多，比较好玩，五中在高山上，这样我才能专心闭门读书。

刚回重庆时还是非常不习惯，尤其是气候，太冷了。我是不怕热的，越

南那边一年四季都热，从来没看见过铺盖棉袄这些东西。我也一直适应不了这边吃辣，在学校我也吃不了辣的，都是在厨房里烫个菜，放点酱油就吃了。刚到重庆时我也没什么朋友，人生地不熟的，读中学时才有朋友，关系比较好。但是我读书的时候他们也不知道我是归侨，后来才知道的。我们五中不像他们在三中、南开那边读书那么热闹，我这边很清贫。我家里面处于战争边缘地带，经济很困难的。

我在五中一直读了初中和高中，高中毕业后考上了大学，但是我不愿意读。我一心想学工科，因为我坐飞机时，对飞机很感兴趣，所以报了西北工大。但是飞机发动器系，发动机专业这些都是做梦，那些我是不能沾边的。像我们这类人的话，只能读医、商、师范之类的。最后我被西南农学院录取，就是现在的西南大学。我读的畜牧专业，兽医之类的，我根本就不愿意读，读了半年就不读了，我不喜欢，不想读，要回去。回来住在哥哥那，准备第二年考，一考后来就明白，我再怎么考，怎么把书背下来也没用的。没办法，我就闹着要回越南去。市侨办才同西农交涉，就转了个专业，转到农业机械化，我那才勉强回去读了，这次读到了毕业。

毕业之后国家分配工作，我被分到川西那边的德阳市。那时候就两条路，一个去工厂，一个去农场，我就到工厂去，接受再教育。我在那工作了几年，我的爱人是重庆人，闹着要回重庆，重庆联系好了结果进不了重庆，又转到邻水，在邻水那工作，后来才回重庆来，在重庆市农机研究所工作。

工作中没有什么印象深刻的事情。我和同事的关系都不错，没闹僵过。我以前工作的地方的老同事都退休了。要是去打听我，问我这个人，问别人我的名字他还不一定记得住，但是你要是说打球的，运动场上打球的老师就是我最出名，不是技术好，而是坚持得好。没办法，以前没有娱乐，只有玩那个东西。

我几乎每年都回去探亲，我的嫂嫂、几个表弟、侄女等很多亲戚，有的在柬埔寨，有的在西贡。大学的时候，等着分配工作，没事干，就去打乒乓球。然后就认识了我的妻子。人家说中美是乒乓外交，我这是乒乓婚姻。我妻子是重庆人，工资一个月四十二元五角，算高的了。我妻子也是去了农场，但是她会修理电机，也跟着我在工厂里面修电机。我来交大之后，她也一起过来了，她也在交大做教学管理。我现在三个子女都在重庆工作：儿子在公安局工作，大女儿在交大，小女儿在工行，都是他们自己挣的。我不考虑让子孙出国的事情，我没这个能耐。跟孩子们很少讲以前的事，现在年轻人都不怎么喜欢听老掉牙的事，我是想告诉他们的，但是他们不太想听，也没时间听，不太耐烦。孙子也有了，一个刚刚高中毕业，一个在读高二,一个在读初三,三个都是孙子，想要个孙女又想不到。本来是我们自己住，但是小孩在那边读书，我们就在那边租房子照顾他。

现在感觉日子平平常常的，也有参加侨联的活动，只要收到通知，都会去参加。南岸还有什么潮人联谊会，现在叫作潮商会，这些活动都想参加，免得老年很孤独啊。我也不去旅游，因为自己都是七十多岁的人了，必须有子女、年轻人带我们去才能去旅游，但是他们哪有工夫带我们，所以就没有出去了。侨联对归侨挺好的，平时有什么困难也是找侨联多一点。侨联每年过年也会搞活动，回娘家，几乎每年都去参加了，除了回越南的时候我缺席了。

我哥曾健斌，出生于越南，后在广东读中学和大学。1941 年，曾跟随越南胡志明进行革命，反对法国殖民统治和日军侵略，是“越南独立同盟会”（简称“越盟”）会员。1945 年，越南民主共和国建立后，还曾任部门负责人。1949 年回到重庆后，与嫂子（黄承茹）结婚。中华人民共和国成立后，他先后在精益中学（现 11 中学）、42 中学担任教辅人员或任教，1969 年，去世。他曾参加重庆市侨联成立大会，代表重庆市参加全国第一届侨联成立大会。当时重庆有两名代表。我嫂子是我哥的中学同学，两人在广东学习时认识。她也是在越南出生。后在华西医科大学学习。嫂子一直在重庆工作，先在仁济医院，后来被下放到了南岸区第二人民医院工作（在上新街）。嫂子读书期间，一直很努力，靠自己勤工俭学读书。我嫂子大约在 1985 年去世。

12. 熊映红访谈录

姓名：熊映红
出生时间：1948 年 10 月 1 日
性别：女
归国前所在地：印度尼西亚
归国后所在地：北京、重庆
归国时间：1951 年
归国原因：年幼随父母回国

我于 1948 年在南京出生。我一共有五个兄弟姊妹，两个哥哥、一个姐姐和两个弟弟，在家中我排行老四。我最小的弟弟是在北京出生的，现在因为身体不好已经去世了；剩下我们四个兄弟姊妹都是父亲从印尼带回来的。

1946 年我们一家人随父亲定居于印度尼西亚。我的父亲当时是印尼领事馆的主事，在 1951 年那年，他参与了起义；又因为我的叔叔当时参加了抗美援朝，他要求我的父亲回国。于是我们一家人在 1951 年回国，我们先坐船到香港，广州的归侨接待处出面接待我们，把我们送到汉口；当时的外交部安排我们一家去北京。那时候到处都是军事管制，我们给别人打了招呼，才得以免检到了北京。

到北京以后，我的父亲去华北人民革命大学学习，毕业以后他在北京崇文区的第三期政治研究院工作。他开始在财政部，后来被调到地质部。地质部当时在湖南建了一个开矿机械厂，建厂需要大量的劳动力，而我们家当时人口多，负担重，于是他们就把我的父亲调到了开矿机械厂。

我于 1967 年随我的哥哥坐车来到重庆。因为那时正值“文化大革命”，我哥的开矿厂刚好内迁到了重庆，于是我就离开了北京，大着胆子跟着我哥跑到了重庆。

那时候还很年轻，适应能力比较强，在重庆待了一段时间以后慢慢就会说重庆话了。我随便找了个工作，先在一家纺织厂上班。纺织厂的工作非常繁重，加上我的身体不好也经常会失眠，当时的日子可以说是非常不好过了。在纺织厂工作时，我住在集体宿舍；成家之后就搬了出来。我之前的爱人是开矿厂技术科的员工，所以成家以后在开矿厂安了家。

我之前的爱人因病去世以后，大约在 1980 年，地质厂的老先生把我调到现在这个部门，之后我一直在一家幼儿园工作到退休。

幸运的是，我在国内外认识了一些非常要好的朋友。在印尼生活的时候我有一个朋友，我们一直有联系，还经常寄一些物品，比如咖啡之类的，但是后来实在太乱了，家里人帮我带来的留声机、收音机这些，当时都是稀有物件。但是派出所认为我用电台什么的联通国外，他们都到家里来查。再加上印尼的排华政策、“文革”之类的，慢慢就断了联系。毕竟当时年纪很小，父母一辈断了联系之后我们这一辈就更联系不上了。后来，我在重庆的地质厂工作的时候，和一个同事非常要好，她一直陪了我这么多年，最困难的时候也给了我太多帮助。我们现在的关系依然很要好，每年中秋我都和爱人开车去给她送月饼。这个人我永远不会忘记的。

那个年代的领导也非常好，现在的老先生们都很怀念老一代的领导。当时也没有现在这么先进的电视、电话通信设备，过年过节的时候领导都是挨家挨户拜年，真的是平易近人，跟老百姓打成一片。

再谈谈我的近况。以前曾经考虑过出国去，但是现在中国发展很快，我已经觉得没有出国的必要。前段时间大家一起吃饭聚会的时候，有个在煤炭科学院工作的人说，有个老先生没有来，他说是老先生回到了印尼雅加达。老先生说印尼街道那个医院相比几十年前没有太大的变化，而我们中国却发生了翻天覆地的变化，这几年国家政策也好了，我们这些老归侨每个月还能得到五百块钱生活补贴，我们虽然每个月就两千七百块钱，但是只要不生病，而且生病也有医保，子女也不需要我们的钱，我们也觉得绰绰有余了。也许年轻人比我们活得更累呢。毕竟年轻人是挣钱吃饭，我们是吃饭挣钱。

我之前的爱人是武汉人，在武汉大学毕业后被分到了上海勘矿厂，后来因为上海厂内迁重庆，他也来到了重庆，在重庆勘矿厂技术科工作。他生病在西南医院住院，1979 年去世的，走的非常突然。我和他有一个女儿，1972 年出生，现在也 45 岁了。她早就成家了，孩子也已经读高中了。我的女儿现在一年基本回来看我一次，等孩子长大要读大学我可能还是想让外孙回重庆读书，重庆现在还是很不错的。

我现在的爱人是我前夫同学的同事，他是江苏人。我们俩有一个儿子，现在是在西南医院工作。原先我们的生活是非常困难的，生活来源只有厂里发的微薄的工资，我爱人家里还有老人需要赡养，我家里的老人相对经济条件好一些，但是家里的孩子还需要读书，也需要一大笔钱。所以那个时候必须精打细算过日子，不然每个月下半月就会没有饭吃，不像现在，怎么吃也吃不完的。

我平时也是经常参加侨联组织的活动。在我参加侨联的这些年里已经换了三届侨联主席了，我还是侨联里的小组长。只是现在年纪大了，去开会聚会的次数就少了。侨联对老归侨是非常重视的，春节都会安排在一起吃团圆饭，国庆、春节也会找一些老归侨去开座谈会，讲一下形势之类。但是现在来的人越来越少了。

侨联的工作确实是越做越好，我最大的感受就是这一届侨联工作做得有声有色，相当不错。

13. 陈瑞金访谈录

姓名：陈瑞金
出生时间：1942年2月
性别：女
归国前所在地：印度尼西亚
归国后所在地：广东广州、福建泉州，北京，重庆
归国时间：1960年11月
归国原因：心向祖国　回国读书

1942年1月，日军南侵印度尼西亚，相继在苏门答腊岛、爪哇岛登陆，我恰好是1942年2月15日出生在印度尼西亚文埠市。日军的侵略打破了我们原本宁静平和的生活，使我们老百姓陷于水深火热之中。此时的印尼共产党和一些民族主义抗日派在困难的条件下坚持抗日斗争，直到1945年印尼独立。我成长于这样的环境，加上我在中华学校接受的爱国教育和我所知道的那些爱国人士，都对我产生了极大的影响，因此我渐渐地对祖国有了更深的认识。特别是1955年4月，通过万隆会议的报道我感受到了周恩来总理的外交风格和可敬精神，这使我从心底里深深热爱和非常向往祖国。当时还是学生的我就下决心，一定要更刻苦努力学习。1960年，我在印度尼西亚泗水市开明中学高中毕业，因为学生时代的我怀有一腔热忱，为了理想抱负而读书，我在泗水市华侨中学中被评为三好学生，然后被保送回国。

但是，由于办理回国证件和手续延误，直到1960年11月，我才搭上中国派出的大宝安大轮船回国，在途经新加坡，中国香港后，我到了广州，进入了广州华侨补习学校。因为我的大哥、姐姐还有二哥都在北京学习、生活，所以我在广州华侨补习学校没待多久，就接受了国家的帮助去北京生活。自然，我从广州的华侨补习学校转到了北京补校文史（一）班学习中文。

1963年7月，我考取了福建省泉州市华侨大学中文系，在泉州读书直

至大学毕业。毕业后，大概是 1968 年 7 月到 1969 年 8 月，我在贵州昆宁 602 部队工作实习。实习之后，我就留在贵州省遵义市第四中学，教了四年英语（1969 年 6 月—1973 年 7 月）。1970 年 5 月 5 日，我和我丈夫黄志祥登记结婚，他和我一样都是印尼归侨。后来因照顾关系，我就被调往重庆市玻璃公司所属单位工作。1973 年 8 月—1982 年 7 月，我在重庆耐火材料、技术科当绘图员，做过档案情报工作。1982 年 9 月—1989 年 7 月我又做回了老师，在重庆 114 中学任教英语。此外，我曾任八届政协委员，工作勤勉，始终任劳任怨，也不太看重名利，有四次升迁之机会都让给别人。

1987 年 9 月—1992 年 2 月，我在浮图关职业中学教导处当教务员及档案管理员，分管学籍档案及全校老师之排课任务。1997 年 3 月，我在重庆市浮图关职业中学退休。退休后至今，在重庆市宏康玻陶科技开发公司当管理人员分管出纳及技术档案工作。

14. 曾德俊访谈录

姓名： 曾德俊

出生时间： 1941 年 3 月 30 日

性别： 男

归国前所在地： 印度尼西亚

归国后所在地： 广东广州、台山、四川成都、重庆

归国时间： 1953 年

归国原因： 回国读书

我是 1953 年从印度尼西亚回国的，我回国主要是经济上的原因。我们家在印尼的生存状况不是很好，一是因为印尼在当时经济等各方面比较落后，二是因为我家人口比较多，家里有七个兄弟，家庭经济负担特别重。我有一个叔叔 1953 年准备带着全家回国，他家只有一个很小的女儿，相对于我家来说负担很轻，再加上他们一直很想要个儿子，在跟我父母讨论之后，他们决定把我当成自己的儿子带回国。我当时年龄比较小，正在印尼上小学。我的想法非常单纯，就是想回国继续上学，没有过多考虑家庭情况。

我和叔叔一家一起坐船从印尼到广州，出于对经济情况的考虑，我们只能选择这种方式回国。海上风浪很大，我很不适应，一直晕船，完全不知道在这期间船上发生了什么。我后来听人说我们坐了一个星期的船，我们先到达香港，后来辗转到达了广州。

中华人民共和国成立后从海外归国的华侨华人很多，政府当时非常关心归侨的生活。我们到广州之后，政府将我们安排到台山去生活，我还在台山上了一年的小学。因为长期生活在国外，我的汉语不是很好，在当地的小学上了一年学之后，我发现自己不能很快适应这里的课程。和很多归侨一样，我去了广州华侨补习学校补习汉语知识，在这里的半年时间里，我学习了汉语和很多中国文化。我到达台山之后就离开了叔叔一家，一个人生活，完全没有经济来源。国家对我的帮助很大，在我没有经济来源期间，国家几乎负

担了我生活和学习所需的全部费用。当时有很多和我情况相似的归国华侨，他们也都得到了国家的帮助。国家除了负担我们生活所需费用之外，每个月还会额外给我们一笔零花钱。在国家的帮助之下，我完全不用为生活和学习担忧，我一生都非常感谢国家的恩情。

印尼长期以来歧视华人，再加上我家经济十分困难，我回国之后很难和家人取得联系。1962 年之后，印尼的排华现象更加严重，我和家人的联系从此彻底被切断。在很长一段时间内，我一个人在国内生活，不了解当时家人的情况。

离开台山之后，我被政府安排到成都继续完成学业，带我回国的那位叔叔去了河南工作，我们从此便失去了联系。他辗转到河南、广西工作，但是都不习惯，最终去了香港。他到香港之后，我们才重新取得联系。他得知我的消息之后让我跟他一起去香港，但是我想留在内地，他就没有再坚持了。

成都是我学习生涯中最重要的一个城市，我在这里完成了中学和大学的课程。在广州华侨补习学校学习半年之后，我接受国家的安排，来到成都学习。当时被国家安排来成都学习的归国华侨很多，我只是其中之一。从各地来到成都的归侨们被分配到成都的各个学校学习，我被分配到成都第十二中学（现四川大学附属中学）学习。在这一批归国华侨中，我的年龄最小，这对我的学习情况有一定的影响。因为我从小在国外长大，再加上年龄太小，刚开始上中学时非常吃力，学习情况不是很好。在海外的时候，华人华侨基本上是聚集在一起学习生活的，在学校和家庭都能讲汉语、写汉字，所以我们回国之后基本上都能讲普通话。但是由于没有系统的学习汉语，缺乏汉语学习的环境，我们的汉语水平很差，仅仅能用不太流利的普通话与人进行日常交流，汉语文化水平很差。当时回国的华侨基本上都面临着这一问题。在这里上了一年中学之后，我才逐渐适应这里的环境和课程。

1959 年，成都第十二中学停办，政府大力支持科技的发展并在成都十二中的原址上成立了中国科学院四川分院科学技术学校，1963 年成都十二中才得以在原址上恢复。在十二中停办之后，我被分配到成都第四中学继续完成学业。

我的少年时代都是在成都度过的。在成都第四中学完成后续的初、高中学业之后，我去了成都工学院上大学。当时正是国家大力进行基础建设的时期，工科很受欢迎，很多同学都选择上工科学校。我上大学的时候也没有和家人取得联系，所以我上大学的费用基本上也完全是由国家资助的。

完成学业之后，我一直在重庆生活。那个年代上大学的年轻人相对来说比较少，上完大学可以直接由学校分配工作。上完大学之后，我被分配到重庆沙坪坝的缝纫机工业公司。公司原址在重庆大学的风雨操场下面，那里当时有三个工厂，造纸厂、重庆缝纫机厂、西南制药一厂并排在那里建厂，我就在中间的缝纫机厂工作。我在那里工作了二十二年，直到退休。

我上大学的时候恰逢“文化大革命”爆发，那个年代的很多大学生都受到文化大革命的影响，在学业上不是很如意，理论知识和实践都不是很丰富，我只是其中之一。1968 年被分配到工厂工作之后，我发现自己的知识在这方面有很大的欠缺。但是工厂的工作很忙，我没有过多的时间学习新知识。在工作时间，我跟着老师和老工人学习，下班之后，我自己购买相关书籍自学。这样过了很久，我才能熟练掌握机械维修的相关知识。

我是机械工程师，在缝纫机厂里做机械维修的工作。机械维修的工作看似简单，实则十分复杂，一般情况下都是由一个老工人带着一个班的新人学习、工作。车间生产、机械加工、零件加工等各个程序都需要维修工人密切关注，工厂各个车间的机器一共有几百台，完全是由本厂的维修工人维护，设备维修、零件更换都需要维修工人及时完成。机械维修这一工作本身也非常复杂，首先要自己先画图纸，再按照图纸加工，牵涉到材料、材料的热处理这些问题。加工完成之后，还要将零件安装到机器里，测试是否能够正常运转，直到达到最佳运行效果。这些工作十分繁复、细致，全部都由一个维修工人完成。

1972 年，我年满三十岁，这一年，我和我太太终于结婚了。回国之后，我身边没有一个亲人，我的婚事没有人帮忙操持。再加上各种事情耽搁，我二十七岁才开始工作，没有资本结婚。我结婚的时候，还没有与家人取得联系，全靠我和太太自己操持，准备婚事又耽误了很多时间，到我三十岁时我们才决定结婚。

1990 年，我从缝纫机工厂退休。当时各个产业都开始更新换代，加速发展，缝纫机工厂的效益不好，要淘汰一批工人。我认为自己在工厂里面该学到的知识和技术都学到了，继续留在工厂里没有意义，想要出去闯一闯，锻炼一下自己，所以我提前退休了。

退休之后，我又继续在私企工作了十年。私企和缝纫机厂区别很大，这里的主要业务是摩托车零件加工。到私企工作之后，我不再只是做机械维修方面的工作。设计图纸由公司给出，细节设计、加工等具体工作都是我们负责。这种工厂非常赚钱，老板很轻松，所以很多私企都愿意我们去工作。我们工作的附近还有一个规模很大的建设厂，这种大工厂的部门比较单一，一般是专门做一种工作，不像我们这种小企业，员工什么都得会，能够直接生产出成品。

我和妻子儿女一起在重庆生活，家庭情况比较困难。我岳父岳母原本在重庆第三军医大学，后来被调到上海工作，我和妻子留在了重庆。我的生活基本上就是工厂和家两点一线。我和妻子后来生育了一儿一女，家庭变得更加困难。我妻子是小学老师，每天早上八点钟上班，下午六点钟才下班，工作非常忙，孩子的生活和学习全部靠我一个人应付。来自工作和家庭的压力几乎要将我压垮。

我的两个孩子都在重庆生活，他们文化水平都不算高，但是能够维持生活。我非常乐观，对他们的要求不高，只要能独立生活就行。我儿子高中毕业之后就没有继续上学，结婚非常晚。

我和爱人现在跟女儿一起生活，我女儿从重庆第三军医大学护理专业毕业之后就在新桥医院上班，工作稳定。护理工作非常累，病人很难伺候，她每天早出晚归。我们现在住在新桥医院旁边，这主要是为了方便她的工作。她现在已经四十多岁了，继续做护理工作比较困难，医院也更欢迎年轻护士，所以几年前她就辞职了。她现在在南坪的一个影院上班，工资不算高，但是工作非常轻松，压力也很小，希望她过得开心。

我的妻子是新桥小学的老师，现在已经退休了，我们俩感情很好，在一起互相依靠。从企业退休的工人工资都不算高，我现在每个月只能领到一千多的退休金，不能维持两个人的生活。教师这一类的事业单位员工退休后工资比较高，我妻子现在每个月的退休金大概有四五千。我们两个人的退休工资加起来有五六千，过得很好，还能偶尔给孩子们一点帮助。我妻子在学校的声誉比较好，退休之后，有很多学生家长都愿意找她给孩子补习功课。原本我们俩不愿意在家里开补习班，但是家长们上门来请求，就只好同意了。我们俩在家里空出一个房间，安置上几张桌椅板凳，专门用来给孩子上课。我从私企退休之后没有精力再出去找工作，我妻子的补习班上学生不少，她一个人忙不过来，我就帮着她一起给孩子们补课，她教语文，我就给孩子们上数学课。我们的补习班一个月能挣不少钱，可以作为家庭的额外收入。我们年龄大了，做一些脑力活动对身体有益。

我的社会关系非常简单，平时联系的人很少。我从印尼回来之后，在国内没有亲人，接触的人只有同学、同事和妻子的亲人。我结婚之后的生活就是两点一线，跟老同学的联系变得很少，只有大学同学每年有一次聚会。我本人联系最多的除了家人就是侨联和致公党的人员。我早年加入致公党，党内经常会有各种活动，所以我与致公党的成员的联系比较频繁。重庆侨联的工作做得很好，对我们这些老归侨非常关心。侨联每年有两次活动，过年过节会给我们送礼物，每逢生日还会给我们祝寿，除了形式上的祝福之外，侨联会给我们准备礼物和几百块钱的慰问金。老归侨们年龄都大了，可能再过十几年，我们这一群体就不存在了。而且现在的医疗费用很高，我们家经济状况不好，生病之后恐怕没有条件医治。我和妻子都不愿意给子女太多负担，不敢轻易生病，还好我们身体都还算健康。

我归国之后，举目无亲，学习和生活都受到国家的帮助，完全是国家培养起来的，所以我年轻时尽力为国家服务，工作多年，鞠躬尽瘁，算是对祖国的报答。

15. 洪新发访谈录

姓名：洪新发
出生时间：1939 年 5 月
性别：男
归国前所在地：印度尼西亚
归国后所在地：广州、厦门、上海、重庆
归国时间：1956 年 7 月 1 日
归国原因：心向祖国

1939 年 5 月 10 日，我出生在印度尼西亚苏拉威西北部的俄伦打洛市。我的父母在有了三个女儿之后，按照中国人传宗接代的观念，非常希望第四个孩子是个男孩。虽然我的到来实现了父母的愿望，但母亲在仅怀胎七个月后就生下了我，所以刚出生时我非常瘦弱，连接生医生也怀疑我能不能活下来。但是父母并没有放弃，终于从死亡的边缘把我夺了回来，从此他们把一切希望都寄托到我身上。

1943 年日本侵入并占领了整个印度尼西亚。为了巩固他们的殖民统治，并完全控制印度尼西亚的经济命脉，印尼华侨成了日本侵略者重点打击的目标。他们野蛮剥夺了华侨的财产，并力图从肉体上打击华侨，设立了“劳工营”。大量的男性华侨被抓进“劳工营”，十有七八的华侨劳工都遭受了惨无人道的折磨并失去了生命。此外日本侵略者为了消灭华侨的爱国主义、民族大义，严禁华侨保留中国国旗，他们随时闯入各家进行搜查，一旦发现家中藏有国旗就予以枪杀。

为了逃避日本的野蛮统治，我父亲在离城市较远的农村购买一块面积较大的土地，这里是日本统治较为薄弱的地区。直到 1945 年日本投降后我们才又迁回城市。1946 年，我们回到城市的第二年，我 7 岁了，进了市里的中华小学读书。

在日军入侵前我父亲本来在轮船上工作，日本刚刚投降后，海上航运仍

未恢复。为了维持生计，我父亲开了个中餐馆。这段时间我们的生活还比较安宁。当时我家有一台老式唱片机，还有不少唱片，其中有 20 世纪三四十年代的上海歌星周旋、吴莺莺、李香兰等唱的歌，比如《何日君再来》《天涯歌女》《夜来香》等，我的童年就在听这些歌曲中长大的。直到现在我对这些老歌仍然很有感情，因为这些歌会把我带回童年那种无忧无虑的快乐时光。

俄伦打洛市毕竟只是一个人口不多的小城，为了寻找更大的发展机会，1948 年，除了已经成家的大姐一家，我们全家都迁到了苏拉维西南部孟加锡市，这里是个大海港，是重要的交通枢纽。

后来，我转到了一所拥护新中国的学校——南侨小学。

在南侨小学读书期间，校长、班主任都很爱护我。这所小学每周一上课前要举行全校师生周会，会上校长除了总结上周学校情况、介绍本周学校的相关安排外，还根据班主任的推荐，指定一位学生上台讲演。在一次讲演中，由于我的表现比较突出，得到了校长和老师们的一致好评，于是从此我成了学校周会上的主要演讲者。

此外，我还担任了学校学生会主席。因为印尼的气候原因，还有父母从小给了子女们较为宽松的成长环境，我们大多成熟的比较早。在学校里，领导和老师从来不干预我们学生会的工作，一切活动均由我们自主完成，我们举办的活动搞得有声有色的。1953 年 6 月 1 日国际儿童节，我们市所有拥护新中国的小学联合举办了全市大型的“六一”儿童节庆祝大会。在会上，我被评为全市模范儿童，登上了主席台，并代表所有获奖者发言。在这所小学读书期间给我的人生奠定了很好的基础。

1953 年 7 月，我小学毕业了，考进了拥护新中国的新华侨中学。在校期间，我经常参加校外进步社团的活动。每年国庆节时，我国政府为了扩大新中国在海外华侨中的影响，都会邀请印尼华侨社团组织回国观光团。他们除了在北京参加庆祝活动外，还到祖国各地参观访问。在他们返回印尼后，我们市进步社团就会组织报告会，请代表团谈他们的回国观感。每次举行这种报告会我都会去参加，这对我进一步了解祖国社会主义建设所取得的成绩很有帮助，也加深了我对祖国的爱。

因为我所在的孟加锡市华侨中学没有高中班，我父亲本来打算在我初中毕业后，送我到印尼爪哇岛玛琅市继续读高中。但就在我离初中毕业仅有半年时，我产生了初中毕业后回国的想法。

促使我萌生回国的想法主要是因为四件事情：

一是在 19 世纪 50 年代初，有一天的早晨，印尼政府突然颁布新法令，从即日起，所使用的印尼盾（印尼币名称）一分为二，也就是说每张印尼币只值原来的一半，10 盾只值 5 盾。这样我们手中持有的印尼币就缩成了原价的一半。印尼政府这样做的目的很清楚，就是想要打击甚至摧毁华侨在印尼社会中的经济势力。这在经济领域确定是对华侨的重重打击。一部分华商因此破产了，甚至有华商经不起打击，不是疯了，就是自杀了。

第二件事是在 1954 年的时候，孟加锡市出现了印尼绑匪疯狂绑架华侨并勒索巨额赎金的恐怖事件。事情很快传开，华侨们都很害怕，大家都担心下一个灾难就会降落到自己头上。于是华侨商店不敢开门营业，家家户户关紧家门，学生不敢独自去上学。我和其他几位同学一起租了一辆汽车接送我们上学。然而就在这种恐怖事件接连发生并引起恐慌时，当时的印尼政府却采取了纵容的态度，这让绑匪更加猖狂。这种恐怖的日子一直持续了三四个月，最终印尼政府被迫采取镇压手段，我们的日子才终于恢复了平静。

第三件事是在我们学校为一位老教务长庆贺 60 寿辰的大会上，这位老先生在致答词时，泪流满面地说：他曾参加过 1927 年第一次国内革命战争，在大革命失败后，流亡到了印尼。现在中华人民共和国成立了，他非常后悔自己在革命最艰难的时期流亡海外，脱离革命做了个逃兵，因此他现在不敢回到祖国去见家乡的父老兄弟了。他这一席话深深地触动了我，如果现在国内同胞正在全力进行社会主义建设，我却仍然在海外过着丰衣足食的生活，当祖国建设好了，同胞会如何看待我呢？他们可能会质问我：在我们艰苦地建设祖国时，你在哪里呢？现在一切都好了，你就回来享受吗？如果这样的质疑真的发生了，我又能说些什么呢？

第四件事是 1955 年 4 月在印尼万隆市召开了“亚洲万隆会议”，这是亚非国家历史上第一次反殖民主义反帝国主义的大会，具有非常重要的意义。周恩来总理亲率代表团参加了大会。当听到周总理要来印尼时，华侨们万分激动，人人奔走相告。周总理不仅代表中国政府参加亚非万隆会议，而且也代表祖国来印尼看望侨胞，带来了党和祖国人民的亲切关怀。当时参加亚非会议的代表成分非常复杂，一些国家代表是极端亲美反共的，对新中国带有强烈的敌意。为了使这次亚非万隆会议取得圆满成功，粉碎帝国主义者、殖民主义者破坏会议的阴谋，周总理在亚非会议上提出了“求同存异”的方针。这个方针在很大程度上化解了亚非国家间的矛盾，缓和了某些亚非国家代表团对中国的敌意，保证了会议的顺利进行。在大会上周总理表现出了大国外交家的风范，赢得了国际上一片赞扬之声，作为一个中国侨民怎么能不为此感到骄傲和自豪？这更加强化了我的爱国主义情感。

在我自己下定决心要回到祖国后，如何说服父母对我来说是个非常大的难题。当时我的父母不相信华侨代表回国参观所说的祖国的情况，说“回来要挨饿”。说服工作并不容易，因为我们决定要回国就意味着这一辈子再也见不到父母亲友，这是一次令人心碎的生死别离。

当时印尼政府规定，年轻的中国侨民可以回国，但是今后不能再踏入印尼国土（直到 2000 年才允许我们回印尼探亲）。在办理回国的最后一道手续时，就会要求父亲在写有“今后你的儿子（或女儿）不得入境”的文件上签字，我们称之为“签死字”。我是父母唯一的男孩，是他们的心头肉，掌上明珠，是他们的全部希望。按照福建人的风俗习惯，在父母百年后，我这个唯一的男孩必须担负起为他们送终尽孝的大任。如果我走了，谁来为他们送终尽孝呢？

当时摆在我面前只有两条路：一是忍痛告别父母亲友，回到祖国深造，参加社会主义建设；二是留在父母身边，享受着温馨的生活。从小学起，我就非常喜欢阅读有关苏联卫国战争时期的小说，比如《普通一兵》《钢铁是怎样炼成的》《卓雅和舒拉的故事》等，小说中描述的那些为国牺牲的可歌可泣的英雄人物故事，深深地打动了我。奥斯特洛夫斯基所说的“生命属于人们，只有一次。人的一生应当这样来度过：当他回首往事时，不致因虚度年华而悔恨，也不因碌碌无为而羞愧……”，这段话已经成为我的座右铭。经过痛苦的思想斗争，我选择了回国那条路。经过近半年的说服工作后，父母终于含泪同意我回国。当时回来是要办护照的，我去警察局的时候，去了好几次都没有过关，每次都是坐到中午 12 点就让我回去了，我一开始不明白，但后来我想到要给他们钱，于是我找人问到过关警察的家在哪，把钱送到了他的家里去，结果我再去警察局时就让过了。

我是我们学校第二批回来的，整个城市大概有二三十个学生回来，坐船的时候最多有一百多人。上船是要钱的，船费是我们自己买的，船票是从我们那儿一直到广东，包括吃住。当时我们从印尼回中国，只能带很少的钱回来，大约四五印尼盾，相当于当时的一块钱人民币。后来是家里的亲戚把钱送到船上，一个给一点，一个给一点，我们才有一些盘缠回来。由于限制带钱，家里就给我们置办了很多东西带着，自行车、手表、一大箱一大箱的肥皂、牙膏、布匹……我都可以用好多年。我当时还带了很多胡椒，本来不许带上船，但我偷偷给了检查行李的人一点钱，他就许我通过了。1956 年 6 月 15 日，我和这座城市的几十个年轻人一起启程。在轮船即将起航时，我们站在轮船靠近码头的一边，向父母亲做最后的告别。站在码头上的父母亲友们哭成一片，不断呼喊着我们的名字。我们哭着大声地说："爸爸妈妈！我们走了。你们一定要保重身体啊！" 哭声喊声混成一片，气氛非常悲壮。轮船的汽笛声响了，轮船慢慢地离开了码头，我们含泪唱起苏联歌曲《共青团员之歌》："再见吧妈妈，别难过，莫悲伤，祝福我们一路平安吧。" 就在那一天，我离开了 17 年来含辛茹苦哺育我的父母，他们曾把一切希望寄托在我的身上，但今日一别，不知今生今世我还能不能与他们再次相见。事情往往是残酷无情的，在我走后，母亲非常想念我，常常以泪洗面，不到半年时间，她就带着深深的遗憾离开了人世。

1956 年 7 月 1 日，我们从香港九龙乘火车回到了祖国的南大门——深圳的罗湖。当我们走过罗湖桥后，看着国门上飘扬的五星红旗，听着《歌唱祖国》的雄壮歌曲，我们心中都十分激动。当解放军来迎接我们时，路边欢迎我们的亲人热烈的欢呼着"欢迎你们回到祖国"，我们更是激动地泪流满面，反复地说："祖国啊，你的儿女回来了！"

1956 年 7 月 2 日，我们到达广州，进入了广州华侨补习学校（广州暨南大学校址），准备参加统考。印尼政府禁止华侨直接从印尼汇款到中国，当时华侨要汇款给国内亲人只能秘密通过香港商人转到国内，但是汇率要比正常的高出好几倍，而且时间也很长。好在我们回国时购买的船票包括了从印尼到广州的船上一切费用，让我们能够顺利到达祖国。到了广州后，我身上已经没有多少钱了，理发都没钱，家里寄钱要经过香港，至少要一个月，生活很窘迫。好在归国时，因为担心国内物资匮乏，父母给我准备了不少生活用品，比如衣服、衣料，还有足够用四五年的牙膏、肥皂等等。我还带了一辆自行车、一块手表、一盒英国老人牌刀片等。到了广州补习学校后，政府组织外贸部门到学校收购我们多余的物品，老人牌刀片一盒就卖了八十块，我共带了五盒，手表也卖了，赚了不少钱，这才解决了我从补校到高中的一切费用。

参加广州统考后，我被录取了，并根据我的志愿分配到福建厦门市集美中学读高中。集美学校是一座学村，包括幼儿园、小学、中学、航海学校、财经学校等，由爱国华侨领袖陈嘉庚先生创办。当时陈嘉庚先生就居住在集美镇，虽然他年事已高，政务也忙，但是他很关心学校的发展，强调学校为国家培养人才的重大作用。因为集美中学当时仍属于公私合营性质的学校，所以费用要高于其他公立学校，而且都是自费的。我所在的高中一年级三班是华侨学生班，学生都来自印尼、马来西亚、泰国等国。

当时我们毕竟年纪不大，心理比较脆弱，经常会想念国外的父母亲友。俗话说："每逢佳节倍思亲。"每当春节时，我们就特别想家。在国外我们最喜欢过的节日就是春节（国外我们称之新年）。春节时，父母会给我们买新衣新鞋；我们全家会在一起吃团圆饭，其乐融融，非常温馨；我们还会到亲友家里拜年。在正月十五元宵节时，天黑之后，大街上灯火通明，锣鼓震天，由侨团或私人组织的舞狮队沿街表演，向人们拜年。我父亲也会邀请舞狮队到我们家门口表演。那时，我家门前就会竖起一根很长的竹竿，上面放着一个大红包，舞狮在表演结束时，就会沿着竹竿跳上顶端咬下红包，这个场面非常精彩、刺激。在集美中学，每年过春节时国内生就回家过年去了，学校里非常冷清，没有节日的气氛。这时男生表现得还比较坚强，不会轻易流泪，但是不少女生就会关起房门，在屋里集体大哭一场。

1959 年参加高考后，我考入了上海华东师范大学历史系。根据学校规定，新生入学三个月时要进行体检，健康不合格者就会被学校劝退。很不幸我体检时被查出肺部有阴影，也就是当时很可怕的结核病，这在当时被认为是难以治愈的。这对我打击很大，我几乎要崩溃了，我一个人如何去应对这可怕的灾难，这几乎给我判了死刑。正在我走投无路时，党给了我生的希望。学校党委考虑到我是个归侨，在国内无家可归，同意让我留校修养一年，一切医药费用都由学校解决，希望我好好养病。这是党对我这个归侨学生的关怀和爱护。很幸运经过 8 个月的治疗后，我肺部的阴影钙化了。真是要感谢党、感谢政府！

1960 年 9 月我开始了大学生活。当时华东师范大学与北京师范大学是教育部所定的全国两所重点师范院校，学制五年。虽然华东师大的归侨学生仅有 30 多人，但是校党委非常关心我们的学习和生活。学校党委书记兼副校长常溪平同志是个老革命者，虽然他工作很忙，但是每年国庆节时，他都要亲自来见我们，问寒问暖，和我们一起吃晚餐，晚饭后亲自陪同我们坐上校车游览上海最热闹的南京路和上海外滩。

1965 年 7 月，我大学毕业了。按照原有的政策规定，作为历史系唯一的归侨学生，我可以留在上海市分配工作。但是学校还是把我分配到重庆市工作。历史系的领导找我谈话时说：重庆市是个好地方，那里猪肉、鸡蛋什么的都很便宜，因此分配我到重庆市是对我很大的“照顾”。当然其中也有真话，因为我们年级里一些出身“不好”的同学不是分配到内蒙古，就是分配到新疆等边远地区。

1965 年 9 月，我服从国家的工作安排来到了重庆市，被分配到重庆幼儿师范学校任教，开始了我人生新的里程。这所学校各方面条件还是好的，属于四川省重点幼儿师范学校，担任各科教师的教学水平都是较高的。当时的校长和其他校领导非常关心我、照顾我。国家困难时期也已经过去了，重庆的物资供应比较丰富。我充满信心开始了我的新生活，认真搞好班主任工作及教学工作。政治上我也积极上进，写了回国后的第一份入党申请书。“文革”开始后，我与海外亲友的联系完全中断了。这一中断长达 10 年之久，以致父亲去世我也一无所知。

1976 年 10 月，随着党中央拨乱反正，并很快落实了对广大归侨的政策，我们归侨迎来了新的春天，重新感到了社会主义祖国大家庭的温暖。我们从内心深处真诚感谢党。

作为一位教师我或许能力有限，但是我深信平凡的工作中也同样可以作应有的贡献。我立誓要做好教书育人的工作。20 世纪 80—90 年代，当我们国家经济稍有好转时，为了改善教职工的生活待遇，政府先后几次给部分教职工增加工资，但是每次提工资时，因为名额有限，所以能增加一级工资是很不容易的，这往往会影响到教职工之间的团结。当时我的工资也不高，生活上是有一定困难的，但是我能体谅国家的难处。因此每次遇到工资调整时，我从不给学校领导增加难度，不和同事们去争名额。

1988—1995 年，我担任重庆教育学院（现重庆第二师范学院）历史系主任，党和人民给了我不少的荣誉。1980 和 1989 年我曾二次被评为重庆市先进工作者，并有幸参加重庆市政府所举办的全国先进工作者代表大会；1993 年我被评为曾宪梓教育基金会高等师范院校优秀教师三等奖；1993 年

5月我又荣幸当选为重庆市第7次党代表大会代表。1999年我退休了，但因工作的需要我退而不休，继续发挥余热。除了上些课外，我还担任了学校督导工作，为培养青年教师做些微薄的贡献。2009年，我已满70岁了，才真正开始了自己的晚年生活。

现在我已经七十多岁了，如莎翁所写的诗句中说："我的生命之箭已向死亡之靶射去，这是人生自然法则，任何人都不可避免。"我从事教育工作近40年，有人说教师像根蜡烛，照亮了别人，毁灭了自己；也有人说教师像根蜡烛，燃烧了自己，照亮了别人。对这种种提法我不以为然。实际上教师只是一种职业，一种平凡的事业，其中有苦也有乐。教师默默工作一生，以他们的辛勤工作为国家培养了人才，"桃李满天下"是对我们最大的安慰和骄傲。每当总结我已经走过的人生之路时，我没有任何遗憾，因为我已做到了奥斯特洛夫斯基所告诫那样："当我回首往事时没有因虚度年华而悔恨，也没有因碌碌无为而羞愧。"

看当今我们的祖国，已经成为世界上最繁荣最富强的国家，中华民族已经以泱泱大国身份屹立于世界民族之林，中华民族完成其伟大复兴之日想必也是为时不远了。我回国时的初衷已成事实，每当我想到这些，心中有很多话想说，但最后都化成一句话：祖国，我爱你！

16. 黄慧懿访谈录

姓名：黄慧懿
出生时间：1939 年 12 月
性别：女
归国前所在地：印度尼西亚
归国后所在地：广东广州、北京、重庆
归国时间：1959 年 6 月
归国原因：心向祖国　回国读书

我的祖籍是福建。1920 年，我的父亲最先去了印尼。因为那个时候国内比较乱，为了生活，不得不去南洋寻找出路。

父亲是个农民，没有什么文化，那个时候到印尼还是很辛苦的，听不懂当地的语言，说话不通，没法交流。好在当时通过印尼那边福州公会的互相帮忙，父亲到了印尼之后，开始做一些小生意来维持生活。一两年之后，母亲也去了印尼找父亲。我在印尼出生。我在印尼有三个哥哥两个姐姐，我是最小的女儿。我们在印尼的生活也不是那么好，其实还是很辛苦的。

1942 年日本占领了印尼，我们的生活变得更加艰难了。那个时候印尼非常乱，到处都是逃难的，我们家里的东西都被抢走了。在最艰苦的时候，家里一贫如洗，甚至难以维持生活。我的妈妈因为没有了生活来源，一切都要从头开始经营打拼，积劳成疾，在 1943 年的时候去世了。

现在我妈妈的墓还在那边，小的时候每个清明节都要回去看看，现在年纪大了，不去了。我的哥哥姐姐们也都不在人世了，他们的孩子们又不太会说汉语，也就很少回去了。

我是 1959 年 6 月从印尼万隆回来的。我为什么要回到祖国呢？印尼歧视中国人的环境是促使我回国的一个因素。可能是因为我年纪还小，不太敏感，但是随着年龄的增长，就越来越明显得感觉到那种对中国人的歧视了。

当然对我回国最大的影响还是来自家庭。爸爸虽然是个农民，但是他从

小就教育我，要我好好学习，以后好好建设祖国，只有祖国强大了，人家才不会欺负我们。

最初我在印尼的华侨学校上学，学校里的老师大多也是从中国国内过来的，那里的校长是中山大学毕业的，教导主任是清华大学毕业的，代校长是浙江大学毕业的。我们当时的课本基本上都是仿照国内的教材来编写，教学方式也基本和国内一样。当时我数理化基本上都是跟得上，但是语文对我来说就太难了，上课记笔记都跟不上，课后还要找同学借笔记来抄。

印尼排华之后，华侨学校就被印尼收走了，好多年都没有华人学校可以上学了。印尼的排华就是把华侨从城镇赶到城市，华侨没法儿在印尼继续生活了。于是我父亲在 1961 年的时候也乘船回国了，回国以后和哥哥一起生活。当时哥哥被分到了北京科学院，在中关村那边。我只有一个哥哥和两个姐姐继续留在了印尼，因为他们早已经在印尼成家立业，孩子都已经有很多了。我们现在的联系已经不多了，只有在他们回国探亲的时候才会联系。

我回国的时候已经 19 岁了，回国主要就是为了学习，然后参与祖国建设。当时我们通过万隆回国同学会一起到中国大使馆办理的中国护照，我现在还清楚地记得，当时的中国大使馆大使是黄镇。

在我高中毕业以后，护照出来了，我就坐船回中国。当时同船的大概有一百多人，大多数都是高中毕业的，受到当时万隆会议的感召想要回国建设祖国。

乘船十多天之后我们到了广州港口，在这里上了岸。上岸后大家都把中国护照交给了国内的负责人。之后我们一起住在广州，大概住了三五天的样子，工作人员要我们填写一个表格，选择要到哪里去学习，可供选择的有北京华侨补校、广州华侨补校、厦门的集美补校。

我选择的是北京补校。因为当时我的两个哥哥已经先回国了，他们一个在清华大学，一个在天津大学。负责人看到我在北京有亲人，于是就按照我的意愿把我分配到了北京。

我在 1959 年 7 月坐火车到北京华侨补校读书，坐了三天三夜的火车硬座，整个脚都肿了。我在华侨补校准备高考，正逢当时印尼排华运动，一大批印尼归侨要回国，我们就参加了春季高考。

1960 年 4 月，我考到了北京矿业学院，学习的是机电专业。1965 年我大学毕业了，被国家分配到重庆来，在重庆煤矿设计研究院工作。

我从北京坐火车到重庆，要花十几个小时。刚到重庆我生活挺适应的，因为印尼和重庆有很多相似的地方：它们的气候都差不多；饮食方面也都是爱吃辣的，但是我不爱吃，直到现在也不行。唯一有一点不习惯的是，一开始我听不懂重庆话，但是后来听听学学慢慢就习惯了。反倒是我刚到北京的时候非常不习惯，尤其是到了冬天，天气是干燥的冷，冻得很厉害。我在北京待了整整六年，还是很不适应北京的气候。

最初和我一起从印尼回国的同学有很多，但是分到重庆工作后基本上没有什么同学了。在重庆，我人生地不熟，开始了新的人际交往。直到现在，我的朋友中还是同事比较多，和邻里的关系处得也不错。

我刚来到重庆，这里就开始了社会主义教育运动，我们被派到矿里头工作，我当时在荣昌广顺场下矿，在那里待了差不多一年的时间。虽然下矿条件很艰苦，但是我是学煤矿的，早就习惯了这种工作环境。当时有一些同济大学搞土建的人，他们一听下矿就害怕了，也就回去了。我们这些人搞自己的专业倒是感觉没什么。

之后我一直在重庆煤炭设计研究院工作，直到退休。我是学机电的，主要专业是勘探什么的，这不是煤炭里面的主要专业，所以我也没有参加过什么大项目。我当时参与的最大工程是山西省辛置洗煤厂的相关研究项目，在可行性研究、初步设计、施工图及施工处理方面进行研究，获得了项目三等奖。之后我参与的都是一些小型项目，虽然项目规模小，我也不敢放松，认认真真完成自己的工作，从来没出过什么错。在退休之前我成了高级工程师。

在“文化大革命”中，可能是我比较老实，也没有受到什么特别大的冲击，过得比较平安。

我和老伴儿是在工作中认识的。我们是一个单位的，他是搞机械的，我是搞机电的，都是搞设备的，在工作中接触的机会也就比较多，对对方有了一定的了解后，我们就自由恋爱了。他是山东龙口人，1961 年毕业以后先分到徐州，1965 年因为三线建设的调动，被分到了重庆。

当年我们结婚特别简单，就是发发喜糖，也没有什么结婚典礼，甚至连床都没有，双人床、单人床都是租别人的，一个月五毛钱。当时我们两个人的工资都是 43.5 元，“文革”期间不让我们转正，过了两三年才转正，工资涨到 53.5 元，打倒“四人帮”之后又涨到了 61.5 元。我这边家庭负担比较小，但我爱人家庭负担比较重，每个月还要给他父母寄钱。

我结婚一年以后就有了孩子，当时我已经三十岁了。第一胎是一对双胞胎，两个男孩儿，但是到了小孩五岁的时候，其中一个在和小朋友一起玩的时候，掉进了大坪菜市场旁边的粪池里淹死了，那时候是 1975 年。第三个孩子是 1974 年出生的，也是个儿子。我本来有 3 个儿子，结果现在只剩下 2 个儿子了。

在孩子们小的时候，我经常和他们讲我的故事、归侨的经历。现在我已经有孙子了，每个儿子都生了一个孙子，我又给孙子们讲。成都那边的小儿子经常不回来，有时候会把我接过去。大儿子在重庆工作，有时间就会回来看我。

我一直和侨联保持着联系。重庆第一届侨联成立的时候，我是重庆市侨联第一届侨联委员，但是后来不是了。直到现在，每年侨联举办活动，我只要在重庆就会过去参加。我和其他的归侨也有联系，但是也不是很多了。

我对我们单位也是有很深的感情的。单位对我们挺好的，有困难的话找单位比较多，我去找侨联、找政府，最后还是要回到单位来帮我解决问题。单位每年都会给我们送米和油，每年都会让我们去开会，说什么单位盈利、亏本之类的，但是这些年单位也不景气了。

我的两个哥哥现在都不在大陆了，都是因为嫂子的工作问题。我的一个嫂子原本在华侨学校教跳舞，后来被分到了西双版纳的一个农场学习改造，她父母很心疼，叫她回去，我哥哥就和她一起出国了，后来去了香港。他们来过重庆大概有 5 次了。另一个哥哥也是因为嫂嫂的原因，那个嫂嫂也是要被分配到乡下，当时孩子才一岁，没办法，她的家人也就把她叫出去了，哥哥也跟着一起，现在在美国。他们在 1972 年左右出国，在外面和别人合伙搞旅游公司，现在生活都还好。

17. 卢立基访谈录

姓名：卢立基
出生时间：1936 年 5 月 30 日
性别：男
归国前所在地：缅甸仰光
归国后所在地：北京、重庆
归国时间：1954 年
归国原因：回国读书

我叫卢立基，出生于 1936 年 5 月 30 日，是众多缅甸归侨中的一员。我出生在缅甸最大的城市也是缅甸曾经的首都——仰光，但是我的老家是在中国福建的一个小农村里，现在已经隶属于福建省龙岩市永定区的陈东乡。

听我的父亲说，在他小的时候，家里非常穷，日子过得十分拮据。我的父亲有两个兄弟，他的父母也都非常穷，也许是因为从小就生长在这样的环境里，目睹着穷人家生活的艰辛，所以我的父亲从小就怕穷。也正是因为如此，他才更加希望能够通过自己的努力过上不同于他父母的生活。我的父亲是一个没有什么文化的人，也没有什么能够养家糊口的技艺，待在村里也只能是跟着帮会老大，给他打打下手。考虑到家里穷困潦倒的状况，又没有田地，所以他就只能跟着那些水客去谋生。当时他年龄还小，也不懂水客是什么，后来才知道水客就是老家那些经常跑到国外去的人，他们也常常从国外跑回来看看亲戚朋友，或者是娶个老婆带出去，或者把国外的钱带回来。一番思量后，父亲选择离开家乡，去到缅甸。父亲到缅甸之后在那里开了一家会馆，尽管如此，家里的条件也并没有改善多少，生活还是很窘迫，更别提拿钱读书了，加上早些年我父母的思想也不进步，不重视我们这些小孩子的教育。

一家人背井离乡，在海外生活，但父亲始终眷恋着家乡，他是亲大陆的，亲中国共产党。终于等到解放了，我的父亲却已经过世了，我在缅甸也找不到工作，过着流浪一般的生活。我的母亲于心不忍，思想上也进步了，就想把我送回大陆。那时候，我才十几岁，中国驻缅甸的大使馆为我们办了护照，我们才得以回来。我们从缅甸仰光出发，然后坐船到了香港，再到广州。到了广州还要坐车到北京，车很破旧，一路上也很颠簸，非常艰辛。开了好几天，终于到了北京华侨补习学校，我在那里读了一年书。

刚刚到那里的时候，我中国字认不得，中国话也说不来，过了一年才慢慢能说会写一点。后来我被分到重庆三中读初中，我们是五十年来的第一批华侨生，有的分在一中，有的去了三中，第一批来了很快第二批也来了。那会儿还没有侨联侨办，是统战部的李天彪开着车来接我们的，除了我还有四个老华侨。那四个老华侨是抗日战争回来的，他来北京接我们再送我们去三中读书。在重庆生活也很艰苦，学校宿舍没有通自来水，我们只能在堰塘水里洗脸刷牙，心中都有些愤懑。那时候，年轻气盛，各种抱怨在重庆的生活，现在想想倒也是人生值得回味的一段经历。我在重庆读了三年多，将近四年，最后一年总算读到了高中一年级。后来赶上社会上大炼钢、炼焦、搬矿石，我们又跟李天彪提出要求加入劳动，不读书了，但是后来还是没去成，李天彪就又把我们送回去读书。那时候读书是很难的一件事，其他一般人是读不到的，我们归侨是国家有照顾才能读上书的。我们岁数都不小了，都二十几岁了，就都想去读个中专，学点本事在身上。本来国家是希望我们读大学的，但我以前欠下的实在是太多了，读大学对于我来说太难了。我们都是到二十岁才开始读初中一年级，初中毕业都已经二十三岁了。读高中，无论考不考得上大学国家都鼓励我们去读，但是我们很多同学读不下去，几年前连中国字都不识一个的我们要想考上大学实在是太困难了，我们能会说会写一点，能跟人交流，能学一点技术养活自己就足够了。虽然年纪大了，读大学是太难了，但是不读书、没有文化还是不行，我就在工业学校读到毕业，然后分配到灯泡厂，在灯泡厂干了一辈子一直到退休。

1965 年我从学校毕业，认识了我现在的妻子，和她结了婚，有了三个女儿。在重庆除了她们我没有其他亲戚，国外倒还有亲戚，侄儿侄女有很多，但是他们都不会说中国话，都不懂汉语，没办法通信。我母亲是一百零三岁去世的，父母那一辈人没有什么文化，字都不会写。如果做父母的有文化，子女的日子也就好过一点；如果父母没有文化，子女说话都……至于我的兄弟姐妹们，哥哥过世了，弟弟也不在了，在仰光我还有个妹妹，侄男侄女有很多。大嫂在，弟媳在，妹夫都在。我的大侄女是学了两年汉语的，但是喊她写，她是写不来的，亲戚里大多都是说缅甸话的。我是幸福的，靠共产党才回来。要是我回不来的话，还不是属于缅甸人，现在也和他们一样，说着缅甸话。他们都有文化，但是他们没学汉语。在重庆这边读书的时候我只身一人，没有亲戚，只有福建老家还有一些隔房亲戚。不过以前读书的时候倒也不觉得孤独，那时候我们读书放假都是国家政府组织我们去旅游的，国庆的时候，会组织去风景区游玩，过年过节也都会有领导来慰问，开招待会。到了中秋节，每个班每个同学都能领到三块月饼，我们就请我们的老师们来一起吃。放暑假我们就到处跑，跑到重庆北碚的西南师范学院，那是重庆有名的师范大学，我们假期都在那里面过的，过得很好。

工作以后，市侨办的领导人对我们非常照顾。我妻子的户口是农村的，但是她在农村又抵不上劳动力，后来还是市侨办侨联帮忙把她户口办到城市里的，那个时候城市户口是会发定粮的，这全是共产党照顾的。那时候工资少，我一个月才八十几块钱，我妻子没有工作，大女儿又在广州的市里读书，一个月要三十几块钱，还是市侨办补助了两百块钱，才帮助我们渡过了难关。第一批重庆华侨子女考上大学的，有一个女孩子，还有一个男孩子。政府奖励了那个男孩子一个收音机，女孩子奖了一支派克钢笔。每一年到年终的时候，市侨办和侨联还会给我们补助金、慰问品，国家对我们很好。

这几年来，市侨联给整个重庆市的老归侨津贴都加了五百块钱，我原来工资只有两千多元，我一个人养老金要养两个人，好在三个孩子出去工作了，负担可以轻一些。我们心里最想说的话，就是感谢共产党，感谢政府，要是没有中国共产党，我现在还只能在缅甸飘荡着。想当年在灯泡厂，党委对我们都很关心，工会几乎每个季度都要补助我们一点。本来我是可以去当干部的，中专毕业在那个时候是能够当干部的，但是我从 1965 年开始在灯泡厂工作一直干到了退休，我没去当干部，因为家庭问题——那时候家里都揭不开锅，饭都吃不饱。我们农村收的粮食，收下来的完全不够吃一年。我不敢去当干部，干部虽然是国家的公务员，但只能分到 24 斤粮食，我在灯泡厂工作有 37 斤，我再节约点给家里人吃，至少家里人都饿不死。不过就算吃得饱，让我去当干部我也不当，如果我去当干部，我也是当技术干部，因为我是学技术的，可是我连话都说不清楚，当不了干部的。

我能到今天这一步不容易，能回来更不容易，落叶归根，我已经很知足了。我们老家人都很穷，那时候的水客大都是走路去国外的，搭得到便车就搭，搭不到就得走路去。我的表姐、表哥们都在台湾或者是香港，我表哥的亲侄儿就在香港。他一开始在缅甸读书，后来又去了香港，他是个工程师，修船的。他后来回到缅甸，在缅甸又生活了八年，但是和他母亲两个说话都说不通了。他的母亲说福建话加缅甸话，他一直说四川话，缅甸话就听不大懂了。回来好多年了，太久了。

我是卢立基的妻子。我的公公在中华人民共和国成立之前就为了生计去了国外。他们家的老房子在一个大山坡上，周围没有可以适合耕种的田地，种不了粮食没有吃的，还不如跟着那些水客到国外去赚点钱，才好养家糊口地活下去。他们卢家原来也算是个大户人家，卢家祠堂也很体面。他们祖上是练武的，我公公也是，在老家还有个永定会馆。我公公也没有什么其他的技艺，迫于生计只能出去闯一闯，出去也还是依靠着祖上传下来的技艺。于是他就去了缅甸仰光，在那里也开办了一家永定会馆。这样，福建有个永定会馆，仰光也有个永定会馆，我公公自己当馆长，在缅甸打拼奋斗，总算是有了立足之地。但是毕竟祠堂还在永定，他的根还在永定。最后，我公公他还是回来了，他不愿意娶外国女人当老婆，他回来讨的老婆就是我婆婆。

我丈夫他们兄弟姊妹几个都是在仰光出生的，从小都是在缅甸生长的，吃的是缅甸的米，说的是缅甸的话。等他到了该工作挣钱的年纪了，却找不到工作，到处漂着，他母亲舍不得了，想带他回国。他们当初在大使馆登记，人非常多，差不多够一船人了，大使馆就派一艘船把他们送回国，与他们同行的人里还有两个老师。我丈夫一直在缅甸，之前从没回过国，但他懂中文，会说一点，但是不认字也不会写。回了国，他一个中国字都认不得，跟别人用中国话也不能很顺畅地交流。于是同行的一个老师就直接把他送到了北京华侨补习学校，他在那里读了一年，1955 年才从北京华侨补习学校分到重庆三中。他常常说他在北京也过得很艰难，吃不惯北方窝窝头一类的面食，他从小在缅甸长大，吃的都是大米。他被送去北京，天天都吃窝窝头，但是苞谷窝窝头他实在是吃不习惯，他就问老师，中国哪个地方吃大米。那个老师告诉他全中国就是四川，四川、重庆出产大米，于是后来他就来了重庆。重庆统战部的李天彪他们来接他到重庆。后来他想加入劳动队伍去炼钢，但是他母亲不愿意他去，他母亲说，他们是穷，是没钱，但还是想让他读书，让他不要像他们一样没文化、没手艺，最后穷得走投无路要背井离乡，在国外流浪。炼钢铁不如去读书。他本来已经跟李天彪要求了不读书了，又去跟他讲，说他母亲要他去读书。然后李天彪又帮他们去读中专，所以后来我丈夫去了重庆市工业学校。

我和我丈夫是我的亲戚介绍认识的，我丈夫他爱打篮球，还能当裁判，一开始他是三中校队的，进了工业学校也是校队的，后来年纪大了打不动了就当裁判，在重庆市体育馆或者是沙坪坝文化馆。我的那个亲戚就爱看打篮球，看打篮球要买票，我丈夫常去当裁判于是就能买到优惠票，我的那个亲戚就时常拜托他帮忙买几张优惠票。无论是重庆市体育馆，还是沙坪坝文化馆，我丈夫手头都有优惠票，然后卖给我的亲戚，一来二去他们就熟了。我亲戚觉得他人不错，就这么介绍我们两个认识了。谈恋爱一直谈到 1965 年我们才结婚。我是独生子女，老家是江西庐琴的，在庐山也生活了好多年，后来我母亲过世了，我就带着父亲一起从庐琴出来，到了重庆。

我和我丈夫生了三个女儿。1984 年，国家政策下来了，帮助华侨子女上大学。同年 9 月我们老大考到了暨南大学，那可是多亏了国家支持华侨的政策。老大 1984 年考到暨南大学，1988 年毕的业。那时候我大女儿考了 427 分，这里面有国家照顾的 10 分，她就上线了，那一年是 420 分上线。而且那个时候华侨子女上大学不收费，现在不一样了，上大学要好多钱。我们的孩子们读初中、高中、大学都可以照顾 10 分。国家对我们归侨真的是很好，我们都特别感激。我丈夫在重庆工作了这么多年，除了我们还是孤零零的一个人，没有其他的亲人。朋友的话他只有一起开会的那些同学，也都是来自各个地方的，比如泰国、马来西亚这些，都是跟他一样的归侨，他们都是在重庆认识的。他的亲人都不在这儿，他侄儿有在新加坡的，也有在中国台湾的。他的亲戚们大都出去了没回来，就他一个人回来了。他还有侄儿、侄女儿留在缅甸的。他的哥哥有五个孩子——四个是女儿。他老家还有一个妹妹和他妹夫，还有他妹妹生的孩子。他妹妹有三个孩子——老大、二女儿、老幺。除了这个妹妹，在老家还有他侄儿、外侄儿，和他们的孩子——外孙女儿、外孙儿。福建老家有亲戚，但在重庆一个也没有。老家的亲戚听不大懂也说不来我们四川话，他们说的是客家话，都住在福建永定。

我们三个女儿户口都迁到了重庆，还有我的，我自己父亲的——我父亲就我这么一个女儿。我们老大那年出去读大学前才办好户口，刚好是 1984 年 9 月，我丈夫他在 1983 年 12 月份就写申请，给我们家老大、我，还有我的亲生父亲上户口。我们家老大考上就去广州了，这里还有两个女儿，我们家老二、老幺和我的父亲还有我就调到户口本上。我大女儿考大学的时候户口还没办下来，所以我女儿是从农村考出去的，那时候她要去城里考试，要走那些繁华地方，又不熟悉，他的父亲请了一个星期的事假，送老大去赶考。老大毕业之后在重庆环保局上班，从广东回来分到重庆。

老大在读大学的时候，我们家里很困难。我在灯泡厂做临时工，那时候我已经四十几岁了，三十岁以下可以进工厂，工资还能多些。我只能算临时工，临时工那点儿工资少得可怜，根本不够吃，还要供老大读书，送她走时只给了六十块钱给她。我那点临时工工资给她当生活费，造孽得很。在广州读书，六十块钱根本不够吃喝。那会儿还好有学校照顾，说困难子女可以勤工俭学，她那个勤工俭学就是扯点儿草啊，做点很简单的工作，就补助一笔钱，还是国家政策好，不然她六十块钱怎么生活呢，我们又供不起。好在现在一切都过去了，苦日子都过去了，感谢党和国家，现在我们的生活是越来越好了。

18. 林毅访谈录

姓名： 林毅

出生时间： 1937 年 7 月

性别： 男

归国前所在地： 印度尼西亚

归国后所在地： 北京、大连、重庆

归国时间： 1951 年 7 月 1 日

归国原因： 心向祖国 回国读书

我叫林毅。1937 年 7 月 31 日生于广东梅县，我出生 30 天之后，我父亲就到印尼去了。因为我们家里贫穷，我们家乡有一个华侨在外面经商，看到我父亲很穷，他就带我父亲到印尼。我生下来 30 天就只跟我母亲在一起，一直在农村，也就是广东梅县生活。到了 1947 年冬到 1948 年初之间，我父亲托人把我们母子两个接到印尼去。到印尼以后，我就在印尼的一所小学读书，一直读到 1951 年。1951 年 7 月 1 日我从印尼回到祖国，7 月 6 日到广州，7 月 9 日就坐火车到了北京，国家安排我们在北京华侨补习学校学习。

我归国的时候是自己回来的。我是怎么回来的呢？当时我们的班主任老师是一个很进步、很爱国的一个老师，他对我影响很大。他要回国就动员我，希望我也一起回来，但是我那个时候很小，才十几岁，回家跟父母说了以后，父母觉得我还很小不放心。我就想了一个办法，跟我们老师说让他到我家里去动员，跟我家里说回去以后保证我的安全、保证我的生活，所以说最后家里还是同意我们回来了。

在回来的过程之中，因为我们国家比较穷，运输什么的都比较差，所以我回来的时候是坐的荷兰船。1951 年正值国家抗美援朝的时候，我们这些学生爱国热情非常高，大家都把父母给的贵重物品，包括抗疟疾的药品、钢笔、首饰什么的都捐献了。当时在船上就在开展捐献飞机大炮的活动，我们那次回来有四百多人，大家都很团结、很爱国，大家听到国家有困难，所以

大家都参加捐献飞机大炮活动。当时在捐献飞机大炮的时候还有一个小插曲，国民党的一个官员也跟我们在一个船上，看到我们在捐献的时候大家比较热情，他就开很大声音的收音机，因此我们就派代表和他交涉，说希望你不要干扰我们，如果你再一次干扰我们，我们就把你扔到海里去。当时我们的爱国热情很高涨、大家很团结，因为我们当时回来的比较早，是 1951 年，那个时候我们都是自愿回来的，不是后来排华之后受灾了才回来的。因为祖国解放了、我们成立新中国了，大家都希望回到自己的国家，在国家学习，为国家建设做出贡献。

在北京我还参加过国庆游行，后来我们还受过刘少奇同志、廖承志同志的母亲的接见，后来又参加过国家组织的观光团，到各地去观光过。因为我当时回来的比较早，是自愿回来的，和后期回来的待遇不一样。

我在北京华侨补习学校学习期间，考上了北京很好的一所中学，但是我们那个时候都要求进步嘛，所以希望到最艰苦的地方去。因此我要求要到东北去，但是国家考虑到我们都是南方人，最后决定分配我们到大连。本来我们这些南方人都是吃大米、吃细粮，那个时候北方叫细粮，我们那个时候很积极，要求国家给我们吃粗粮，让我们锻炼一下，因为我们想要到东北去，要吃粗粮。国家考虑到我们是南方人，说先做面粉和苞谷面和起来做的发糕让我们适应，国家对我们这些归国华侨是非常的照顾。

1952 年我就由国家统一安排到了大连，到大连以后在大连第五中学学习。之后又考到化工学校去学习，读中专。为什么我要到中专去呢？因为考虑到我们家里生活比较困难，自己很想早一点出来工作，分担父母的负担。

当时我们学校只有我一个人分到了这边，这里面也有这样的关系，像我们这些有海外关系的一般都是分配到艰苦的地方比较多。因为我们班上的同学有大部分都分到了现在的成都飞机厂那里搞基本建设，那时候还是搞基本建设的，实际上就是属于军队编制一样，但是我没有分配到那里去。那个时候我们也可以分配到其他地方，我自己要求到最艰苦的地方去的，结果就把我分到重庆来了，我是一个人来的。

我是 1957 年 8 月份毕业的，毕业以后组织统一分配到重庆塑料厂，后来叫重庆合成化工厂。刚分来的时候组织上特别信任我，把那个组织关系的档案让我自己带过来了，我是 1955 年在学校的时候参加的共产主义青年团，那时候我们归国华侨参加的比较少，我积极要求进步。我是学习工业与民用建筑这个专业的，我们厂是属于国营，属于中央厂。到了一个多月以后被借调到了永川化工厂，是当时新建的一个厂，那个时候因为都是中央厂能够互相借调。借调了两年，当时永川化工厂要求我在那里继续工作，但是重庆塑料厂希望我回来，所以我还是回来了。回到这个厂以后又借调到重庆化工设计室，后来因为中央想要利用江北的天然气，准备在那个地方建一个大厂——重庆制碱厂。但因为袁家坝天然气不落实，这个厂又准备搬到綦江县，后来又因为那个地方气量不足，这个厂就没建起来。我就又回到了重庆塑料厂。所以说我毕业出来组织还是比较信任我，到处调。我回厂以后希望能将自己的力量贡献出来，所以我也是很积极的。我是搞技术的，和工人打成一片，各方面都表现的比较好。

我刚到重庆来的时候肯定都有不习惯，但因为我们都是来自四面八方的，从南方到北方，后来又回到南方，虽然吃辣椒、气候都不太习惯，但是都觉得是工作了，不应该提出过多的要求。

虽然是这个样子，但是在“文化大革命”期间还是受到一点冲击，我那个时候还是相信国家、相信党的。总的来说，回到祖国以后也做了一些工作，受的冲击比较小。

我在这个厂工作那么多年，各方面都比较可以，到 1986 年的时候就提为中干，跳过副职直接跨级提的正职，我是 1987 年 9 月 25 日加入了中国共产党，入党以后连续几年被评为先进共产党员。1988 年 5 月被评为重庆市劳动模范，1989 年 5 月被评为四川省劳动模范，1988 年被评为高级工程师，2009 年国庆六十周年的时候重庆市委、重庆市人民政府授予我银质奖章。我一直工作到 1997 年 7 月退休，实际上除了借调以外我就一直在重庆塑料厂工作，工作了一辈子。虽然我为国家贡献很小，但国家仍然给了我很多荣誉。

我是一个比较开朗的人，对周围的同事也好、工人也好，我们都相处的比较好、比较融洽。因为我是搞技术的，那个时候国家要求工程技术人员要和工人阶级打成一片、同吃同住同劳动，我都是和他们一起劳动的，都比较融洽。周围的人也相处得比较融洽。我这个人不喜欢跟大家计较，大家关系比较好，又因为工作比较努力，所以领导比较信任。改革开放以后给了我很多荣誉，尽管我有海外关系，但是我的工作表现领导还是看在眼里的。

我爱人是高中文化程度，也是广东梅县人，她是 1944 年 9 月 14 日出生的，1962 年我们结婚，她 1965 年参加工作，是大集体工作。因为 1967 年以后，大家总觉得归国华侨有一点儿不是很信任，总觉得有一个海外关系在。其他人的爱人都分配在国营单位，只有我爱人分配到了大集体，也就是集体单位。刚一开始她分到了沙坪坝那个理发工具厂，后来还没上班就马上转到了江南机械厂，是专门跟军工配套的机械厂。她在那边工作以后，因为我的关系就调到了我们厂的大集体单位。最开始是做磨床技工这些工作的，以后在我们单位也做了一段时间的磨床，后来又到工程师领导的一个小组来进行化工实验了，改行了，1992 年退休。

我和我爱人是经人介绍认识的。因为我父亲还是比较爱国的，我母亲是农村家庭妇女，我父亲的思想还是亲新中国这一方的。1961 年我父亲回来过，回来之后我父亲就问我有没有“耍朋友”，我是没有的。后来就通过亲戚介绍认识了。因为我母亲在我父亲回来的时候委托了他，就说我父亲回来的时候有可能的话把我的婚事解决的，这是我母亲的愿望。我父亲了解了我还没有“耍朋友”就经亲戚介绍，我和我的爱人结了婚。可以说是为了了却父母的一桩心愿，我也没有过多的考虑。因为我觉得这是父母对我的关心，是关心我，我想要了了他们的心愿，所以我和我妻子结了婚。在结婚之前我爱人一直在广东梅县。我和我的爱人是在广东梅县结的婚，在我父亲离开之前结的婚，按照传统的婚礼进行的。结婚后的 1962 年调到了我们单位，但是那时候没有工作，1965 年才开始工作。这其间，1963 年我的大女儿出生了。那个时候的生活是比较困难的，就靠我一人的工资养活三个人。但是那个时候因为我母亲对我的感情比较深，我从小是我母亲一人带大的，后来又一起出去，所以有时她还是要在经济上给一点儿支持，虽然不多。在 1967 年生我儿子的时候最困难，我儿子在出生的时候得了大病，是结核性脑膜炎。因为医疗啊什么的比较困难，那个时候一个月工资的话还没到月底就没有了，要借一点儿然后再还，陆陆续续的那种，但是我还是克服了。

我有一个儿子，1967 年出生，最开始是读了中专，后来边工作边学习读到了大学学历，还在工作。我的女儿是 1963 年出生的，也是大学学历，最开始在重庆塑料厂工作，她已经退休了。

我的经历，我的孩子们都知道，因为都在身边，都在重庆。就是儿子出去过一次，在福建打工过一段时间，女儿一直都在身边、他们会经常回来看我，我的两个孩子还是很孝顺、对父母很关心。我儿子生了一个女儿在福建。我女儿生了个儿子，他现在在重庆铁道公司，他现在也生了一个儿子，有第四代人了。

我和我的父母都没有宗教信仰，我的信仰就是中国共产党。我的父母是做小生意的，开一个很小的铺子，就是一般的小生意人。我为什么要着急出来工作呢？也是为了减轻父母的压力。我当时到化工学校读书的时候，老师还是动员我回去读高中，他说你成绩好。那个时候考中专很难的，考高中还要容易一些，我当时成绩很好。我已经到了学校了，他还是动员我回去继续读书，但是我说不行，我家里比较困难，我还是要早一点儿出来工作，减轻家里的负担。所以我后来边工作边学习，在重庆建工学院读了夜大、函大。函大是每一年半年时间集中一两个礼拜来学习，夜大就是每晚要进行学习。

我是在国内出生的，我和我母亲于 1948 年出去以后，我的那些弟弟妹妹都是在印尼出生的。有三个弟弟、两个妹妹，我是最大的。现在仍在的只有一个弟弟、两个妹妹了，有两个弟弟都过世了。我父母亲也在 1991 年和 1993 年相继过世。1991 年的时候，我父亲喊我到印尼去探亲过一次。也是 1991 年，我父母到我这里来了一次。本来我父母是想到我这边来定居的，他们的衣服等用品都打包带回来了，因我的弟弟妹妹们不同意，后来我弟弟妹妹们追过来又把他们接回去了，我不晓得是什么原因。因为我的弟弟妹妹都是在国外生的，我回国的时间又比较早，我 1951 年回国的时候我最大的弟弟都还没满一岁、才十个月的样子，其他的弟弟妹妹我全都不认识。就是 1991 年以后我出去的时候才认识，感情很一般，因为没有接触过。他们几个在那里的话，我大弟弟和二弟弟都是打工，去世的比较早，其他的妹妹和弟弟在。大的妹妹在开小店，小的妹妹嫁了一个家庭比较好的，在做家庭妇女，都是初中毕业。我在印尼的时候是苏加诺政权，和我们关系是比较好的。后来苏哈托政变杀了很多华侨，那个时候强迫很多华侨参加了他的国籍，我的父母没有参加他的国籍，但是我的弟弟妹妹年纪比较小都强迫他们参加了他的国籍，我的弟弟妹妹现在都是印尼籍的了。相处的时间少，大家可以说也不太认识，现在一般联系比较少。

我 1980 年代的时候还当了两届区政协委员，侨联的活动我当时都参加的，那时候我们回来的华侨也比较多，当时就是他们有人动员我参加致公党，但我没有去，我要参加中国共产党。活动我一直参加，我和其他归侨联系比较少，因为我是在北方读书，他们这些回来的归侨大部分归国时间比较晚、多在南方读书。现在跟我联系比较多的也是单位同事。

很少找任何单位解决问题，侨联、政府、工作单位、街道办事处，我基本都没有找过他们，我的孩子找工作这些，我都是自己解决的。除了在我爱人调来的时候，我找到了领导想要把我爱人调到身边，但那个时候是有这种政策的。我觉得侨联的工作还是可以的，是按照党的工作来办事的。但是工作有主动和被动。比如说我们前几届，我们提过我们老归侨（1976 年前回来的老归侨）每个人都应该有补助，其他的省市比较早就开始补助了，我没有提，但是当时有很多人提出了省外都有补助为什么重庆市没有。这个问题一直提了三届政府都没解决，就是习近平主席上台才开始补助我们老归侨每个人每月 500 元。原来的侨联没有现在那么积极、主动，我觉得现在的侨联很好、对我们比较关心、工作比较积极主动。

我一直都希望自己的国家强盛起来，因为以前就我们到国外很深地感受到因为中国比较穷，我们要受到外国人的欺负，被别人看不起。所以我一直想贡献自己的力量把国家建设好，尽自己一部分努力，这是我的愿望，也是我一直要参加中国共产党的思想。我一直确信自己应该参加中国共产党，为党更好的工作，一直有这个坚定的信念。原来我们回来的时候国家比较落后，现在看到国家强盛起来了我很高兴。

19. 王秀芬访谈录

姓名： 王秀芬

出生时间： 1937 年 1 月

性别： 女

归国前所在地： 朝鲜平壤

归国后所在地： 辽宁丹东、本溪，重庆

归国时间： 1952 年

归国原因： 逃避战乱

我叫王秀芬，是一名归侨。我们侨民去的国家各不相同，广东、广西两省的一般是去新加坡、印尼等东南亚地区，云南地区的一般是去缅甸，东北三省的一般是去朝鲜或韩国。我的祖籍是山东，但我从没回过山东老家。我父母在他们二十岁左右时从山东老家到了辽宁，之后出国去了朝鲜，我也是在朝鲜出生、长大的。

在当时，边境管制没这么严，中朝老百姓来往较为自由。有鸭绿江相连，朝鲜和辽宁丹东的交通非常便利，吉林有大大小小许多河流与朝鲜相贯通，交通更为优越。由于交通很便利，中外来往很多，人们做生意非常方便，很多人背个包就能进行“跨国贸易”。我父母是农民出身，起初家境比较贫苦，但到朝鲜后，我的父亲做起了石匠生意，他的手艺很好，收入能够养活一家老小。我家还卖布匹、缎子、纺织品。后来，我父亲的家业渐渐发展，我们开起了宾馆。20 世纪的宾馆多半是小本民营，规模不大，俗称“馆子”。可以说，在朝鲜的那段时间，我们一家的生活比较富足。

我一家有五个兄弟姐妹，大姐、二姐、三哥，我是老四，还有一个妹妹，我们五个都是在朝鲜出生的。我们一家住在朝鲜平壤，平壤作为首都，要比其他地区繁华，而且 20 世纪四五十年代时，中朝关系很好，我们一家的生活就比较安稳。我在朝鲜的一家华侨学校读了小学，华侨学校既教国语，也教朝鲜语，我当时年龄小、学得快，很快就掌握了两门语言。但是，

朝鲜当时教育水平不高，学龄儿童的教育也得不到保障，受后来朝鲜战争的影响，我在朝鲜时只读了小学，而且是断断续续读完的。

1950年，朝鲜战争爆发，战事比较激烈。为安全着想，我们在1952年搭船回国了。我们一家回国后被安置在辽宁丹东，祖国很照顾侨民，我们一家没有被分配至农场务农。我在国家的安排下在丹东读了初中。那时候志愿军有很多伤病员需要输血，在学校，老师会选人献血，我和同班的一个男同学就曾给志愿军献过血。我是O型血，因为当时才上初中，年龄太小，每次就只献200毫升。老师会表扬我们，还给献血的同学发糖吃。

我的大姐回国最早，因为朝鲜当时只有小学，华侨中学很少见，她想继续读中学，于是1940年就早早回国了。她先是去了青岛女子中学读书，之后考到了北京医科大学，大学毕业后留在了北京工作。我的二姐跟随爱人去了韩国。我的哥哥在朝鲜去世了。我妹妹与我一起回的国，她现在在大连，在大连师范大学数学系，是毕业后留校教书。我在丹东读完初中后，考到了本溪钢铁学校（现合并入辽宁科技学院），毕业之后，国家统一分配调动，我就来到了重庆，进入重庆一家规模较大的特级钢厂工作。重庆有很多钢厂，而特级钢厂有两个：一个是重钢，主要生产汽车外壳、铁路轨道等民用钢材，一个是特钢，主要生产海陆空等军用钢材。我们钢厂是重点企业、特级工厂，跟五机部、电子部配套，都是军工产业，生产子弹、飞机、坦克……我比较泼辣，炼钢技术好，还会跳炼钢舞，在厂里提到我的名字，很多人都说："这个女同志太有名气了。"

我运气很好，参加工作之后一直很顺利。我父亲经商做生意，属于工人阶层，但算不上资本家，他是党员，我也算是个红二代，我1952年入的团，1960年入的党。我入党那几年，在工作上获得不少荣誉，重庆市先进、重庆市俏姑娘、重庆市代表、沙坪坝区人民代表……临退休时，我已经被提干为处长了，事业一直比较顺利。我还是我们钢厂侨联的副主席，我们厂长是正主席。重庆市侨联一直比较重视我。1990年，我当选为重庆市侨联常委，工作并不算忙。1995年，我退休了，那时我五十九岁。我是高级工程师，我们一般是六十岁退休，但我那时候身体不好，工作又实在是累，我实在干不了了，就写了个报告，五十九岁退了休。我的经历应该是参加工作以来比较顺利，没有什么特殊的。

在重庆工作的这些年，我主要有两个麻烦，第一就是气候不适应，第二是工作太累，我营养跟不上，身体不好。最不习惯还是气候，重庆夏季太热了。我们七月份刚到重庆时，由于不适应气候，很多人都哭了，不只女生，许多男同学也热得哭鼻子了。国庆放假的时候，重庆、四川地区的同学大都回家了，剩下的外省同学只能留在重庆过节。解放之初，东北到重庆的铁路还没有通，我们先是从东北坐车到北京，再从北京坐车到武汉，然后从武汉上船坐六天到重庆。从武汉到重庆的航程，我们担心晚上出事，就白天走，晚上歇。在重庆万州歇脚时，我们一下船，太阳就火辣辣地直晒，而且当时生活条件比较艰苦，没有空调风扇，但我们要服从安排，就只能努力适应这里的气候。我到重庆后，组织分配的任务是炼钢，大锅炉和三班制一齐上阵，又热又累，非常艰苦。1958 年大跃进时，全员大炼钢铁，钢厂一天到晚都不休息，同志们轮番炼钢、非常辛苦，有时候大家一起去开会，上面领导在讲话，工友们在下面就累得打起了盹儿。当时伙食也不好，我因为营养不足，年纪轻轻就全身浮肿。后来，我们小组办了个营养小食堂，把我叫去一起改善伙食，补充营养。

我和我爱人是大学同班同学，他是我们班的体育干事，我喜欢运动，我们就慢慢相处的关系很好。毕业后，我们被一起分配到了重庆。我们年轻时，都是偷着恋爱，不像现在自由，当时一切按原则分配，我和我爱人的关系走漏了风声，上级就说，你们两个关系很好，能互相帮扶，那原则上就把你们跟家里分远点。我和我爱人被分到了重庆，其余人被分到上海、太原、哈尔滨……总之，当时确定恋爱关系的几对，都被分配得比较远。国家统一分配的情况下，不去就没有工作了，无法讲条件，分在哪里就去哪里。老师说我被分到了重庆，我就来了重庆。我在重庆的同学，一共有九个人，其中有两对在一起的。我们同学之中，有些人家庭没什么负担，老师就会把他分配得远一些，有些家庭有困难，比如父母身体不好，老师就会把他们分得离家近一些，尽量留在东北，去大连、抚顺的钢厂。那个时候不讲走后门，也不懂什么“花脑筋”，老实等候分配是我们的唯一选择。我到重庆之后，最初和以前的同学联系很多。年轻的时候，我们常工作出差去外地，就顺便和老同学见见面。现在，我和以前的同学联系很少了，有些是已经去世了，有些是失了联系。我们当时被分到重庆的九个同学，有四个已经过世了，还有一个调去了外地。我现在有联系的主要是我在侨联的同事和在疗养院的朋友。

1960 年国庆节，我和我爱人在重庆结了婚。我们结婚很简单，没有什么仪式，只是买了些糖发给同事。我们结婚时什么也没有，婚礼也没有，房子也没有。后来，我们单位分了房子，但面积很小，只能摆下一张床。刚结婚的时候，我们的收入主要是工资，我们工资很低，最初是 29 元，后来是 43 元、49 元，之后四五年没升过工资，总之生活非常困难。那时，我的父母还健在，他们有些收入，但也没有多余的钱来接济我们，我们全家上下都生活比较困难。

我有两个女儿，大女儿现在在成都，是川师大的教授。大女婿也在川师大教书。大女儿有一个女儿，她在西南财大读的会计，毕业之后自己去了深圳，在华为公司工作。我外孙女婿是我外孙女的同班同学，也在华为工作，他们两个生活得很好，在深圳成了家，买了两套房子。我外孙女现在被外派到了乌克兰工作，外孙女婿被外派到了罗马尼亚。我的小女儿在重庆大学上的大学，现在在重庆沙坪坝区三峡广场的中国银行工作，她是分行经理，每天工作非常忙。我小女儿有一个女儿，就是我小外孙女，她很漂亮，是四川师范大学毕业的，现在在江北银行中心工作，事业比较顺利。

侨联一般管三代，重庆市侨联就曾把我女儿和在重庆的归侨子女请去参会。我也经常和我的孩子们讲我年轻时的故事，但老大爱听，老二不爱听。其实我很少跟外人讲归侨的事，因为人们往往还没搞清楚状况，就开始东猜西猜。我在钢厂工作的时候，有人听到一些风声，就说："哎呀，你好像是朝鲜人啊，你是朝鲜族吗？"我不想理会他们，也不想提这个问题，我祖辈都是汉族，哪里来的朝鲜族呢？吉林那边朝鲜人多，但我不是，我是汉族人。

我平时经常参加侨联的活动，重庆市组织的、沙坪坝区组织的，我都经常参加。由于经常参加归侨聚会，我和其他归侨联系比较多。1990 年以来，好多老归侨都去世了，还有一些没了消息，所以我们现在还有联络的归侨常常相约见面，主要是聊聊天、照照相，互相寒暄一下。我们在一起常说："哎呀，多保重，多保重"，就是希望大家都健健康康的，都生活得好。

我和在国内的姊妹联系比较多，但我和在韩国的二姐很少联系。二姐曾给我写过信，但我不小心把地址弄丢了，我只知道她在济州岛，但具体地址记不清了，我和家人曾经去韩国打听过二姐的消息，但没有打听到，实际上我们心里清楚，人海茫茫，怎么可能打听得到呢。其实，我在刚刚回国的时候和我二姐一家联系很密切，我二姐夫是老师，常与我们通信，但他后来去了美国，就也失了联系。

20. 赖倩丽访谈录

姓名：赖倩丽
出生时间：1949 年
性别：女
归国前所在地：缅甸
归国后所在地：福建、重庆
归国时间：1965 年
归国原因：心向祖国

我是从缅甸回来的。我姥姥先去的缅甸，我妈就在那边出生的，属于第二代了。我爸的老家在福建，年轻时也去了缅甸。我是 1949 年出生的，我有姐姐、哥哥、两个妹妹，哥哥现在还在缅甸；大姐和小妹妹移民美国了；大妹妹到澳洲去了，因为女儿在那边工作。我在缅甸待到十五岁不到，在那儿上过学。初中毕业后，缅甸已经有排华倾向。我小时候读的都是华侨学校，当时觉得周围都是中国人，觉得像唐人区那样，华侨特别多。学校也说当地话，但好像规定华侨班不能说其他语言，只能说汉语。1963 年初中毕业，我面临着读什么语言班的选择。那时华侨学校还允许办高中，有中文班和外文班，读中文班的话一般毕业了就准备回国。但我还是选择了外文班，因为当时还没想到要回国。我报了七年级，那时候要考，那所学校是缅甸比较好的华侨学校，只有高中部。当时缅甸最好的华侨中学有两所，其中一所就是我就读的南洋中学。我大姐也曾就读该校，她读完了就准备回中国，但遭到全家反对。大姐比我大十几岁，家里觉得她是老大，不同意她回来。虽然我读的是外文班，但从小就受到爱国教育。那边华侨不会以为自己在当地就是当地人，仍然觉得自己是中国人，都很爱国。

那时候我的班主任是位很爱国的进步人士，他后来参加了缅共，去年我听说他老家是在厦门，是厦门侨联理事会的，岁数大了，已经去世。在他的影响下，我就背着家里人办护照，偷偷地办。家里人都很爱国，但真正的要让自己的孩子回国的话还是有顾虑的。当时在缅甸的华侨仍然觉得中国还是很穷的，但我觉得好像穷则思变，觉得穷不是一辈子穷。直到护照办下来，家里人都不知道。我办了护照，就正正规规地自己去下户口，去移民局办，都是我自己去办的，姐姐走不成了。我要回国全家反对，说中国那边没粮食，只能吃红薯，我说我喜欢吃，他们拿我也没办法，我护照也办好了，就只有给我准备物品，买日常用品，连饭碗都买了。他们向那些早回去的归侨打听，该准备些啥。然后就买飞机票，还送我到飞机场，并拍照留念。他和我姐夫姐姐都认识。我姐夫姐姐都是算比较进步的，他们毕业了就教书，后来我姐姐在缅甸办华人学校还是挺有名的，在缅甸办华人学校，还是校长。

印象最深的就是我在机场大哭了一场。那个时候缅甸很腐败，带的东西，工作人员可以平白无故地扣下来。那天我大姐非要我穿上一件厚衣服，我本来已穿了很多了，我不想穿，我就拿着那件衣服，我大姐非要我把它穿在身上。我回来是在三月份，虽然天气还不是很热，但两层厚的那种呢子大衣，穿上还是有点热。大姐非逼着我穿上不可，我穿上了，但觉得很委屈，觉得我都要走了，你还这样逼我。如果拿在手上就会被扣下来。虽然穿这么厚，检查的时候还是通过了。姐就是想要我带走这件衣服。我的性格也挺犟的。

我一个人来到福建，过得还是很幸福的。我就读华侨补习学校，补习完了就准备考大学。我 1965 年回来，就读高中，我们属于老三届。后来，要求我们到农村接受再教育，第一批到农村我就没去，第二批分到农场，开始说是华侨农场，后来改成了建设兵团，那一批我去了。农场在保山地区，条件是很差的，加上又属于少数民族地区，就有很多问题显现出来。我们当时有工资，八块钱，这就相当于分配工作了。原以为就过几年再分派其他工作。在农场里，有割胶的，有种橡胶树的，也有稻田农田队的。我们这个实验站是种橡胶为主，也有分配去割胶的。我开始是种橡胶的，后来派我去炊事班煮饭，他们觉得炊事班好像很好，又能吃又不用钱。我能吃苦，能干。我没有上大学，农场那时候叫工农兵大学，都是按指标分配的。那时候我认识了我爱人，他是从部队上来的，本来他读的昆明陆军讲武堂，军事院校，学的外文，当时是专科学校。他是重庆人，因为我归侨身份的原因，他就提前转业回重庆了。在我来重庆之后，在农场的同学都重新分配了工作，大多到了昆明。

我 21 岁就结婚了，老公也提前转业到了重庆地质仪器厂。地质仪器厂是地质部直属的一个厂。婚后我回了农场，结果发现自己怀孕了，便又回来生孩子。丈夫就帮我调动，因为按政策规定，我又是归侨，有政策照顾，符合调到地质仪器厂的条件。但很久都没办下来，结果是劳资科的人没到劳动局去办。后来还是一位朋友帮忙才办成。

刚到重庆的生活还可以。我们回重庆的时候我老公既是党员、大学生又是从部队转业，一到厂里就是科级干部。他这个人很耿直，不会拍马屁，所以职务一直升不上去。因我种过橡胶，调到厂里后被分到油漆班。我对橡胶水、煤油一点也不敏感，那个汽油我还特别喜欢闻。我丈夫的师娘，原来是教会学校的，在学校教书，教英语。那时我的孩子还小，她来看我，问我学过英语没有，我说学过啊。她就拿本书给我读，觉的还可以，就问我愿不愿到学校去代课。她便向学校推荐，我就到学校代课了。代课，时间相对自由了一些。后来就在工大、电大等学校辅导学员学习。再后，一所中学缺英语老师，学校正式地通知我去上课。我一边教书，一边充实自己，参加培训，通过教师资格证考试，再评职称等，一关一关的都过了，到退休时，已是一级教师。我教的学生，有的很有出息。

对缅甸的印象？还是很想念的，它毕竟是我的故乡。现在只要一听到缅甸的音乐，我心里头还是很激动的。即使在国内，吃到那种类似缅甸的小吃，也会勾起我对小时候的回忆。

我有两个孩子，大的 46 岁了，小的 39 岁。老大现在就在我那个厂里工作，也是读了大学的。老二与老大相隔有七八岁。在就业的时候，他就去了海南，直接到海南一个五星级文化酒店。从底层做起，最后做到领导层。几年后就回来，在重庆发展，现在很好。两个孩子经常回来看我。老大稍微少一点，一个礼拜一次，老二要多一些。

这些年，中国变得很快。我希望重庆更加漂亮。我有一位从缅甸回国的表姐，1965 年参加高考，考取了昆明医学院。她的老公是她同班同学，毕业工作一段时间后到了香港发展。到改革开放时，他们又回来，在东莞开了个厂。我退休后，就请我去厂里管财务。所以我在东莞还待了一段时间。

关于侨联，我觉得侨联就是我们娘家，通知我们去参加活动我们就去。侨联每一年春节要搞一个“回娘家”的联欢会，叫什么百名归侨“回娘家”。但不是每一年都能参加得到，两三年参加一次。我们每参加一次，我都要拍照，发到这些亲戚那边。他们一看，哇，很羡慕我。我也是要让他们羡慕啊。前三十年我羡慕他们，现在是他们羡慕我了。

今年 10 月，我在美国的妹妹一家人都来看我。所以你们第一次约我的时候，我正好在带他们玩，只有两天时间，我们去了磁器口、解放碑等地，还去了万盛玻璃桥，玩得很开心。

有时，找侨联求助解决一些小事情，有的办了，有的没有，但他们都会尽力。侨联每月给我们发五百元钱，我们重庆直辖以后，有这个经济能力，我们大家都皆大欢喜。

我会参加归侨的聚会，一般都尽量参加。我在侨联里没有特别要好或者经常一起玩的朋友。我经常跟昆明那边的华侨同学联系。

我们的收入主要是靠工资。我先生工资比我高。他一直都比我高。他有文化，到厂里属于大学的待遇。我开始是工人，后来才成为教师。我们都是靠自己的工资生活。

这些故事，平时没有时间跟孩子们讲。我有个侄孙女，在川外读书时，要写毕业论文，我给她讲了一些。

21. 钟和进访谈录[①]

姓名： 钟和进
出生时间： 1940 年 3 月
性别： 男
归国前所在地： 印度尼西亚
归国后所在地： 四川成都、重庆
归国时间： 1957 年
归国原因： 回国读书

我是印尼归侨钟和进，生于 1940 年 3 月，广东潮州人。1947—1956 年在印尼邦加岛烈港市侨校读书。1957 年 7 月—8 月，在广州石碑华侨补习学校读书。1957 年 9 月—1960 年 9 月，在四川省成都市 4 中读书。1960 年 9 月—1964 年 8 月，在重庆师范学院读书。任班长、系学生会副主席等职，多次荣获劳动积极分子称号。

1964 年 8 月—1971 年 11 月，在重庆市 67 中学任教，任年级组长，其中 1964 年 10 月—1966 年 11 月参加重庆市委农村社会主义教育工作团，任工作组秘书、副组长。获学习毛主席著作积极分子、五好队员称号。

1971 年 11 月—1986 年 2 月，在重庆市 65 中学校任教。任数学教研组长、教导主任、副校长、校长、校工会主席等职。1978 年获市教育革命积极分子称号。1980 年当选沙坪坝区人大代表，1982 年获重庆市教育工作先进工作者称号，1983 年当选沙坪坝区人大代表，1985 年获沙坪坝区优秀教师称号、沙坪坝区优秀共产党员称号。

1986 年 2 月—1990 年 10 月，任沙坪坝区侨联专职副主席、统战部机关工会主席、沙坪坝区政协第 6、7、8 届常委、市侨联副主席。

1990 年 10 月—2003 年，任市侨联副主席兼秘书长。获市委统战部机

① 于 2020 年 3 月以电话和线上采访方式进行，内容稍显简要。。

关优秀共产党员称号、四川省侨联系统先进工作者，任四川省侨联委员、常委、中国侨联第 4、5 届委员，1990 年获中国侨联、国务院侨办系统优秀侨务工作者荣誉称号，重庆市第 12 届人大代表、市政协第 10 届常委、市政协第 1 届委员。

2003 年 6 月退休。

22. 李素清访谈录①

姓名：李素清
出生时间：1952年7月
性别：女
归国前所在地：印度尼西亚
归国后所在地：广东、重庆
归国时间：1960年4月
归国原因：回国读书

我是印尼归侨李素清，1952年7月1日出生于印度尼西亚，祖籍广东。1960年4月回国。

中煤科工集团重庆煤炭科学研究院图书管理员，已退休。

1958年-1960年3月，印尼邦加中华学校念小学。

1960年4月-1968年9月，广东陆丰华侨农场农中学习。

1968年9月-1972年12月，陆丰华侨农场工作。

1977年-2002年9月，中煤科工集团重庆煤炭科学研究院情报研究室工作至退休。

① 于2020年3月以电话和线上采访方式进行，内容稍显简要。

23. 林四新访谈录①

姓名： 林四新
出生时间： 1941 年 12 月
性别： 男
归国前所在地： 印度尼西亚
归国后所在地： 福建、重庆
归国时间： 1960 年 2 月
归国原因： 回国读书

我是印尼归侨林四新，1941 年 12 月 25 日出生于印尼，祖籍广东。1960 年 2 月回国。中煤科工集团重庆煤炭科学研究院高级工程师，已退休。

1949 年 9 月 –1952 年 9 月，在印尼嘉加达新华学校念小学。

1953 年 9 月 –1960 年 2 月，印尼苏甲正眉中华学校念书。

1960 年 3 月 –1961 年 7 月，在福建厦门市集美华侨补习学校学习。

1961 年 9 月考入华侨大学化学系学习，1966 年 7 月毕业后分到重庆工作。

1966 年 7 月 –2001 年 12 月在中煤科工集团重庆煤炭科学研究院工作至退休。

1964 年 11 月加入共青团组织，1987 年 6 月加入中国共产党。1981 年在重庆市第七届青年联合会代表大会上，被选为青联副主席。

1990 年—1991 年被评为优秀党员，由重庆煤炭科学研究院党委批准。

主要科研成果有：矿井瓦斯制半补强炭黑的研究，1972 年获四川省科技进步二等奖；煤矿石沸腾炉渣渣制加气混凝土的研究，1975 年获四川省科技进步二等奖；利用嘉阳煤矿 k7 煤层矿制耐火材料的研究，1980 年获四川省科技进步二等奖；煤矿水泥厂除尘技术现状及发展趋势的研究，1984 年获煤炭部科技优秀奖。

① 于 2020 年 3 月以电话和线上采访方式进行，内容稍显简要。

附　录　归侨　他文选录

此部分，从形式上说，与本项目无关，但考虑到内容和本书口述史性质，却无法割离，考虑再三，还是选录了部分，主要从谈石城主编《中华侨杰列传》和四川省归国华侨联合会、四川省华侨华人学会编的《华侨华人研究文集》第一辑选取。之所以选录自两书，是因为他们的内容是当事人的口述，而且作者编写质量高，还有就是两书出版时间都相对久远（1991，1993），现在难以查找。在征询了几位作者同意之后，将这些文章选录本书。基本尊重原文并注明出处，只有个别小改或补充材料。本部分共选录了16篇文章21位归侨，除了周旭晟在泸州工作，老年到重庆生活外，其他都是在重庆工作生活。他们中有抗战时期南侨机工11位：江潮，马来亚归侨，本是马来亚华侨学校一校之长，收入稳定，参加了马来亚共产党，从事抗日宣传和动员工作，为了回国抗战，临时学习货车驾驶，考取驾照。程龙庆和方川如，当年分在了第十八集团军重庆办事处，驾车奔赴于重庆－延安之间。林广怀及其三位南侨机工兄弟，战斗在滇缅公路运输线上，其三位兄弟都牺牲在了日军的轰炸之下。机工颜世国，在马来亚捐款捐物中，将自己和妻子结婚不久的戒指都捐了出来。有参加解放军的2位：王群生，著名作家，日本归侨，参加了抗美援朝战争，讴歌了无数的“最可爱的人”，后来无论在军旅还是地方，笔耕不辍，创作出了很多优秀作品；来自马来亚的归侨江杰，参加游击队、加入解放军，边战斗边学医，革命培养了一位好医生，其发明治痔新方法——“痔核压缩注射剂”及“压缩新疗法”，解除了患者的痛苦，他本人于1984年获得了“全军后勤科技工作先进个人”，1983年被评为先进个人，荣立三等功一次，多次受到所在单位的嘉奖，1990年底被评为重庆市首届侨务系统先进个人。有参加西南服务团到重庆工作的傅佑勋，他满含激情归国，报效国家，在考取了华东军政大学后放弃，自愿加入了西南服务团到重庆服务，希望早日参加新中国建设。

有从事教育的5位（其中2位高校教育）。陶仲，早年留学日本，归来后，长期在家乡丰都办学，培养新秀。陈西凯，新加坡归侨，立志科技扶贫、科技兴农。陈忠慧，致力于农业机械研究，农业部曾授予他“有突出贡献的中青年专家”称号。泰国归侨唐勇，回国读书，学有所成，在重庆万盛那一小块区域，硬是培养了国家一流的羽毛球队，他本人也多次获四川省和全国大奖。印尼归侨许万春，刻苦钻研架桥技术，提出并成功地完成了“斜拉托架”设计方案试验，解决了大吨位托架施工难题，在国内属于首创，

“斜拉挂蓝”和“斜拉托架”作为整个大桥悬壁施工技术，安装既方便简易，又省工省时，这两项成果荣获重庆市1978年度重大科技成果二等奖，在全国推广。日本归侨吴晓光，“抗美援朝”时期，他正在东京一所美国人办的学校读高中。同学大都是美军子女，难以想象数十双鄙夷的眼光对准了吴晓光这个班上唯一的中国人。面对他们傲慢无礼，吴晓光怒目相视，心里感到非常难过和气愤，激发了他的爱国情怀，他发奋读书，终于学有所成，怀才归来。吴晓光潜心机械设计，1964年在他的主持下，设计出我国第一台“船舱支墩贯流式水轮机”，后来又主持设计一台“614米冲击式水轮机”，因此，在1978年获全国科学大会科技成果奖。

这些归侨，赤心爱国，为祖国的发展做出了不懈的努力和应有的贡献。

1. 王群生：讴歌真善美[①]

姓名： 王群生
出生时间： 1935 年
性别： 男
归国前所在地： 日本
归国后所在地： 重庆、山东
归国时间： 1937 年
归国原因： 随父母回国

听重庆市文联的同志说，王群生是一位很有才华的归侨作家。他的作品不仅数量多，而且思想意义和艺术价值都很高。他曾荣获全军第二、三、四次优秀文艺创作奖，1983 年又获全军首届军事文学奖，近几年还先后获四川省第二、三届优秀文学作品奖和重庆市四十年优秀文学作品奖。为了具体了解王群生老师在文学创作方面的巨大贡献，我决定登门拜访他。

国庆节的第二天，在重庆江北区观音桥一幢普通的职工宿舍里，我有幸见到了早已慕名的中年作家王群生老师，他正铺开稿纸写作。见我专程来访，立即起身接待，并热情而坦率地跟我攀谈起来。

王群生的祖父高桥谋次，日本人，是一位技术高超的牙科医生，二十年代曾在武汉开设牙科医院。他终生不娶，只收养了一个来自安徽的 11 岁的农民的儿子，这就是王群生的父亲王锡钦。高桥谋次对养子十分钟爱，为使自己的事业后继有人，他送王锡钦进东京齿科大学攻读，毕业后父子一起在日本行医。王锡钦怀念祖国，高桥去世后，他带着刚满两岁的王群生于 1937 年回到重庆，继续行医。

王群生初中毕业时，恰好迎来了山城的解放。1950 年冬，他响应毛主席“抗美援朝”的号召，加入中国人民志愿军赴朝参战。在朝鲜，他当过部

① 钟铁、邓海东：《文章得其微 讴歌真善美——记日本归侨王群生》，载谈石城主编：《中华侨杰列传》，北京：海洋出版社，1991 年，第 262–266 页。

队文艺队员、文化教员，白天从事战地宣传工作，夜里就给军内外的报刊写稿。他反映志愿军战斗业绩的诗歌、散文、新闻、通讯，在五十年代初期的国内报刊上经常可以看到。这时，他还出版了歌颂中朝人民友谊的诗集《不平常的苹果》。年轻人迷上了文艺创作，他决心用自己的笔来表现生活中的真善美。部队的首长对他十分关怀，尽力提供必要的条件，使这棵文坛幼芽能茁壮地成长。

1955年王群生从朝鲜回国，在济南军区前卫歌舞团任创作员。他除了写作歌词和曲艺作品反映部队生活和军民情谊外，还醉心于诗歌创作。经过几年的努力，他的成名作长诗《红缨》于1958年问世。这首诗热情讴歌了共产主义战士的高贵品质，与《把一切献给党》《烈火中的永生》《革命家庭》等6本书一起，被共青团中央推荐为全国青年必读的共产主义生活教科书。当时著名文学评论家巴人赞誉说："《红缨》的思想意义与艺术价值可与郭沫若的《女神》并驾齐驱。"继长诗《第三辈共产党员》在《收获》1961年第5期发表后，1964年作家出版社出版了他的《新兵之歌》。"文革"后期，由于文学读物的极度匮乏，周总理曾指示有关部门，精选一批内容与形式俱佳的作品再版问世。《新兵之歌》又因思想性强而被人民文学出版社于1974年再度出版。两年之后，他又出版了革命浪漫主义色彩浓厚的长诗《火凤》。

1979年底，王群生告别了生活过30年的人民军队，转业到重庆市文联，当了专业作家。这时，正值粉碎"四人帮"以后不久，"伤痕文学""问题小说"成了文学创作的主潮，真正能反映生活本质鼓舞人民前进的优秀作品并不多见。作为专业作家，强烈的责任感促使王群生产生了新的思路：用小说来反映生活中美好的事物，岂不更能发挥文学的社会功能吗？一年之后，王群生连续发表了八篇中篇小说，1981年由山西人民出版社以《彩色的夜》的书名结集出版。他30年军旅生涯所感受到的真、善、美，在这个脍炙人口的集子里得到了淋漓酣畅的表现，难怪八一电影制片厂很快将《彩色的夜》改编拍成电影，让全国人民都来欣赏这朵社会主义新时期的艺术之花。新颖的情趣，高昂的格调，使《彩色的夜》荣获"1981年全国优秀小说奖"。王群生的成功，使得很多作家也步其后尘，争相创作中篇小说。不久，乐于创新的王群生又另辟蹊径——转向了长篇小说创作。

创作长篇小说是一项极为艰苦的工作。不仅要求作家有丰富的生活体验，而且需要高超的艺术修养。有 30 多年生活积累，又有诗歌和中篇创作经验的王群生，奋力笔耕，近十年在长篇小说园地里获得了累累硕果。

他的第一部长篇《蓝宝石花》，以生动细腻的笔触暗示生活中蕴含着无数美好的东西，有待于我们去发现、开掘；他在小说中寄托着把失去的矿藏找回来的深沉哲理，从而促使和激励人们为争取美好的明天增强了信念。这本书于 1982 年人民文学出版社出版后，重庆电视台又拍了电视连续剧，深受广大读者和观众的普遍欢迎。

初战告捷，增强了王群生的勇气和信心，写长篇成为他创作生涯的主旋律。1983 年文艺出版社出版了他歌颂友情的长篇小说《朋友，我爱您》。不久，以反映山城沸腾的现实生活，鼓舞人民为更美好的明天而斗争的《雾都浪漫曲》出版了。目前他正在撰写赞美女性的《琥珀戒指》和反映农村姑娘观念变革的《野蔷薇》，这两部作品也即将与读者见面。

王群生不仅十分关注丰富多彩的现实生活，而且对历史题材也有浓厚的兴趣。他认为历史是一面镜子，其中也有很多真善美的东西值得歌颂。从而给当代人以启迪。他的第一部历史小说是 1986 年天津百花文艺出版社出版的《情山梦海》，这部小说通过对秦兵马俑的生动描写，说明我国古代历史不仅灿烂辉煌，而且激励后人，去建设更加高度的物质文明和精神文明。针对长期以来国际上对中国人民“抗美援朝”正义行动的曲解，亲身经历过朝鲜战争风云的王群生，以自己耳闻目睹的事实，创作了长篇《血与火的恋歌》，深刻地剖析了中国人民“抗美援朝”的必要性，澄清了国外对朝鲜战争的歪曲宣传，从而振奋了中国人民的国际主义和爱国主义精神。近年来他在广泛搜集历史资料，深入探索历史规律的基础上，创作了长篇历史小说《天国惊变》和《上帝折鞭钓鱼城》。前者以他童年时代从曾国藩孙女处收集到的确凿史料，描述曾国藩曾打算与被俘的天国将领李秀成合力推翻清王朝的故事。这种用演绎的手法写成的长篇，不仅迥异于以前众多的以太平天国为题材的历史小说，而且由于发掘新的史料，因而对太平天国史的研究特别是对李秀成的研究有了新的突破。后者则以南宋末年，元蒙首领蒙哥（即元宪宗、成吉思汗孙）败死四川合州钓鱼城的史实，展现了重庆人民坚持抗蒙斗争，给入侵者以沉重打击的英雄气概。这两部书即将脱稿，分别由天津百花文艺出版社和重庆出版社出版。

王先生如数家珍地向我介绍了他的创作成果。我暗地屈指一算，仅党的十届三中全会以来，他就写了四百多万字！“怎么能如此高产呢？”我问他。他乐呵呵地说：“每天8点开始写作，持续到深夜两点。一天可完成3000字，日积月累，当然就多了。”说到这里，他撩开上衣，腰间露出一块刀痕。“您看，我已经动了手术，肾癌是不治之症。我要利用不多的时光，多写点东西。”他还告诉我：“患病期间，重庆市委市政府领导曾来慰问看望；文艺界的领导林默涵、贺敬之、刘白羽、王蒙、冯牧及著名作家冯骥才、冯德英、作曲家施光南等曾来信慰问；全国许多出版社和电影厂的编辑、编导都来电来信表示关切。我怎么能辜负大家对我的期望。”他身患绝症，却仍然如此乐观、开朗、忘我地迷恋着自己的事业，真是难能可贵啊！

访问结束，在回家的公共汽车上，我的思绪久久不能平静，一个热情、乐观，勤奋的中年作家的形象萦回在我的脑际，令人可敬。心里暗想：我们的时代多么需要像王群生这样的讴歌真善美的作家啊！

2. 吴晓光：机械设计报祖国[1]

姓名： 吴晓光
出生时间： 1933 年
性别： 男
归国前所在地： 日本
归国后所在地： 北京、重庆
归国时间： 1955 年
归国原因： 建设新中国

35 年前，一艘满载归国华侨的日本客轮在大海上疾驶。一位站在甲板上的青年，遥望大陆的景色，心情万分激动，不禁引起对往事的回忆。他就是吴晓光。

1948 年，15 岁的吴晓光从山城重庆只身来到日本，与久别的父母团聚。两年后，“抗美援朝”运动开始了。这时，他正在东京一所美国人办的学校读高中。同学大都是美军子女，他们把朝鲜地图贴在教室的墙壁上。当美军打过“三八”线时，他们兴高采烈，欢呼雀跃，并把地图上的小红旗迅速往北移；数十双鄙夷的眼光对准了吴晓光这个班上唯一的中国人。面对他们这种傲慢无礼的行径，晓光怒目相视，心里感到非常难过和气愤。他决心在日本千叶大学毕业后，立即回归祖国，用学到的机械专业知识服务社会，使祖国尽快繁荣富强起来。

祖国母亲热情地欢迎海外游子的归来。几年后吴晓光回国的夙愿实现了，他被安排在一机部动力研究所从事小轮机设计工作。但是，在中央国家机关里，成天忙于接待应酬，报国之志很难顺利实现，他希望投身基层，到生产实践中去锻炼。

机会终于来到了。1957 年，吴晓光奉命陪同捷克专家克罗米到重庆考

① 钟铁：《他有一颗执着的爱心——记日本归侨吴晓光》，载谈石城主编：《中华侨杰列传》，北京：海洋出版社，1991 年，第 267–271 页。

察。他协助专家在重庆水轮机厂建立了个水轮机模型实验室。年轻人的聪明才智引起了厂领导的注意，实验室刚建立不久，十分缺乏技术力量的水轮机厂，多么需要技术人员啊，捷克专家走后，有关部门征求吴晓光的意见，他毫不迟疑地说："只要为祖国搞建设，哪里最需要就留在哪里。"就这样，他放弃了北京优越的工作条件和舒适的生活环境，甘愿留在偏僻的山城重庆，为发展祖国的水轮机事业而刻苦钻研，默默奉献。

随着时间的流逝，他经受住了生活的考验。在"大跃进"的日子里，他和大家一道下地劳动，把裤脚一挽，一双赤脚踩在水田里，100多斤一担的粪桶他争着挑。别人半开玩笑半赞扬说："吴晓光一点不像华侨留学生，比我们这些小知识分子改造得还彻底。"

从1958年开始，吴晓光就在厂设计科从事水轮机设计工作。由于专业基础扎实，又善于广采博集。因此他在业务上进步很快，1964年，在他的主持下，设计出我国第一台"船舱支墩贯流式水轮机"，安装在四川梁平县七里滩水电站，至今27年运行仍然良好。这一成果，为以后各种形式的贯流式水轮机提供了实践依据。同年，他主持设计一台"614米冲击式水轮机"，安装在湖南相公洞水电站，运转一直很好。这是当时国内水头最高的水轮机。水头高，压力大，制造的难度也大，因此，在1978年获全国科学大会科技成果奖。就在这年，他被四川省机械局任命为工程师，是厂里首批获得这一技术职称的几个佼佼者中的一个。

1963年，与吴晓光同在设计科的一位描图的姑娘爱上了他。以厂为家的共同愿望使他们很快结为伉俪。早在1957年，他就苦口婆心地通过信函，说服了父母回到了祖国，在北京外事部门供职。当时，他把自己在重庆成家的消息告诉了父母，表明自己已在内地扎下了根。

正当吴晓光风华正茂，为祖国的繁荣富强而奋力拼搏，事业稍有成就的时候，史无前例的"文化大革命"给他带来了灾难。

海外关系、反动技术权威、反党反社会主义分子……一切"罪名"从四面八方向他压来。设计工作搞不成了。他百思不得其解：怎么千里迢迢回归祖国竟落得如此下场？难道爱国还有罪吗？

吴晓光被送到全厂最艰苦的车间去劳动。他是一个勤快人，"劳改"时也从不偷懒。当他抡起20斤重的砂轮机打磨叶片时，尘土飞扬，铁屑四溅。下班时满身尘土，口干舌燥。有时竟累得腰酸背痛，早晨起床撑不起腰，要爱人慢慢地把他扶起来。爱人劝他请假休息，他摇摇头，强打起精神，又到车间“劳改”去了。

这段时间他虽然心情十分矛盾，但报效祖国的初衷并未改变。他想：当一个普通工人也可以。但我仍然要把学到的知识献给人民：误解是暂时的，总有一天，祖国母亲会理解她的儿女的……

在“劳改”的实践期间，他感到打磨工段的工人劳动条件太艰苦了。工余之暇，他便与车间的老师傅一起设计，用废旧材料研制出一台先进的“射流随形打磨机”。只需按动电钮，打磨机就自动在叶片上进行打磨，不需繁重的手工劳动。这项技术革新受到工人们的欢迎。

经过五六年的“劳改”、他还利用空隙时间，悄悄地躲在家里 10 平方米的斗室里钻研射流技术，学习电子计算机基础理论，使自己在工程技术方面的知识体系更臻完善。

随着政治气候的好转，1972 年，吴晓光调入厂里刚组建的水轮机研究所。1975 年，他与一机部第八设计院的科技人员合作，设计、制造了国内第一台“数控自动气割机”，首先将程序控制技术应用于金属气割获得成功。这项成果荣获 1978 年科技成果奖。

党的十一届三中全会以后，“文革”中横加在吴晓光头上的莫须有罪名，终于得到澄清。他执着的爱国之心，更为组织和群众理解。多少年来希望成为一名共产党员的夙愿，终于在 1979 年也得到实现。1980 年被聘任为高级工程师。

随着改革开放浪潮席卷全国，从 1980 年起，重庆水轮机厂也以自己的优质产品走向世界，参加国际经贸活动。这时，吴晓光肩负起技术副厂长兼总工程师的重任，还分管国外贸易。在他的指导和参与下，厂里生产的各种型号的中小型水轮机，以成本低，价格合理，质量优良，赢得海内外用户的青睐，产品除畅销国内 30 个省、市、自治区以外，还远销美国、加拿大、秘鲁、非洲一些国家。

改革开放为吴晓光提供了施展才能的极好机会。他熟悉英、日、德等多种外语，又有一定的经贸知识，而且熟悉外国的风土人情。他凭借这些有利条件，从 1985 年以来，不辞辛劳，先后被派去日本、瑞士、瑞典、美国，或学习先进的工艺技术，或指导安装，进行产品售后服务。由于吴晓光的辛勤工作，加上职工们的团结奋斗，一个由原来名气不大的机械厂，近 10 年来已发生巨大的变化，成为国内外闻名的以生产中小型水轮机为特色的大型骨干企业。

海外赤子执着的爱国之情，赢得了祖国母亲给予的殊荣。他在 1983 年获市先进工作者、市优秀共产党员称号。1984 年当选为四川省人民代表、省劳动模范。1987 年获全国“五一”奖章，当选为党的十三大代表。1989 年荣获全国侨界优秀知识分子称号。1990 年初，当选为重庆市归国华侨联合会主席。1991 年 4 月增补为四川省侨联副主席。

3. 陈西凯：科技兴农 ①

姓名： 陈西凯
出生时间： 1923 年
性别： 男
归国前所在地： 新加坡
归国后所在地： 上海、云南、重庆
归国时间： 1929 年 9 月
归国原因： 年幼随父母回国

在重庆市北碚的一幢教工宿舍里，有一位常着半新旧布料中山装的学者，满头银发却精神矍铄，显得质朴而有朝气。他就是甘蔗栽培专家，曾荣获“国家农牧渔业部优秀教师”称号的西南农业大学陈西凯教授。

献身高等农业教育

陈西凯祖籍广东顺德，1923 年生于广州。父亲早年在新加坡创办养正中学，为培育华侨子弟而呕心沥血。出世不久的陈西凯遂随母去新加坡侨居。由于思乡心切。1929 年举家回国，陈西凯随父在上海读小学。父、母相继去世以后，他随兄去香港上初中，1939 年毕业。抗日战争爆发后，正值祖国灾难深重之时，他没有出国寻求安乐的思想，毅然回到内地，在著名的第一华侨中学读完高中。1944 年考入云南大学农艺系，决心以科技来振兴农业，为改变祖国的贫穷落后的面貌，贡献一份力量。

中华人民共和国成立后，陈西凯本可回到原籍广州从事农业科技或教育工作，但他服从国家的需要，来到刚建立而急需师资的西南农学院农学系任教。最初讲授“生物统计及田间实验设计”课程，1954 年以后又给本科生讲“作物栽培学”、在教学中，他不仅注重“言教”，而且更重视“身教”，

① 钟铁、邓海东：《育人是模范　兴农当尖兵——记新加坡归侨陈西凯》，载谈石城主编：《中华侨杰列传》，北京：海洋出版社，1991 年，第 272–276 页。

教学与科研、生产紧密结合，因而受到学生的欢迎。

陈西凯常说："只有以身作则，才能取得学生的信任，学生才会认真听我的课。教育学生要深入生产实践，参加生产劳动。"他自己首先处处带头。无论是酷热的夏天，还是严寒的冬天，他都亲自深入甘蔗林、棉花地与学生一起挑粪、浇水、播种、间苗，收砍甘蔗等，并进行各种调查研究。学生见老师身先士卒，积极带头，都乐于听从他的指挥，师生之间的感情随之融洽。同时，通过生产实践，掌握了第一手资料，讲起课来生动、具体，学生爱听，容易接受。因此，他每学期约有三分之一的时间带领学生在农村辗转奔波，风餐露宿。他还担任涪陵市及合川、铜梁等地的农业技术顾问，以便将生产实践中的问题引入教学，从而使教学与农业生产实践紧密结合，相得益彰。

对甘蔗生产进行深入研究

在作物栽培的教学中，陈西凯先后从事过水稻、棉花、茶叶、烟草、麻、糖等粮食作物和经济作物的研究。在农业科技迅猛发展的今天，学科划分越来越细，以个人的能力，很难在多种农作物的栽培方面都取得显著成效。因此，1978 年以后，他把主攻方向放在国内比较薄弱的甘蔗育种、栽培的研究上。

他首先在距学校不远的合川县建立了甘蔗育种基地，经常到那里参加生产实践，进行观察、实验。经过三年多的努力，1981 年他开始招收"甘蔗栽培生理"研究的硕士生，已有 7 人毕业。与此同时，他在进行了可行性论证之后，从福建引进"闽糖 611 号"，从广西引进"桂糖 11 号"，经过多年试验已获得成功，在合川大足、铜梁、丰都、自贡等地区繁殖、推广后效果良好。这两个新品种具有含糖分高、成熟早的优点，含糖量可达 12% ~ 13% 左右，比"川蔗 10 号"高 1% ~ 1.5%，每亩比川蔗增产 1 ~ 2 吨。另外，他对"18-18-40 号""18-9-7 号"等几种果蔗的选育，经过几年的试验也获得成功。针对川东地区多雨常涝的气候特点，陈西凯还精心培育了"西农 1 号"甘蔗耐淹新品种，在合川试种后很受农民欢迎，现正在川东农村大面积推广。

为了深入探索甘蔗生长发育的生理、生化机制，从而确定甘蔗的增产措施，近几年陈西凯从霉的角度研究光、水、肥、热对作物生产发育的影响，研究使用新技术后甘蔗植株的生理、生化反应。他指导研究生撰写的《甘蔗叶片几种霉活性对甘蔗生长发育的作用》《稀土对甘蔗叶片几种霉活性的影响及其与生产发育的关系》《地膜覆盖栽培对甘蔗幼苗生长的影响》等学术论文在有关刊物发表后，在国内农科界产生了强烈的反响。党的十一届三中全会以来，他在各级学术刊物上发表的30多篇论文、译文，对总结和交流国内外经济作物生产的尖端技术和先进经验方面，起着积极的推动作用。

用科技知识“扶贫”“兴农”

自从党中央发出“科技兴农”“科技扶贫”的号召后，陈西凯更加关注农业生产的发展。在他看来，发展农业，首先要提高农业管理干部的文化科学水平。基于这种认识，自从1987年西南农大受农业部委托开办西南地区农业领导培训班以来，他经常在百忙中给学员们讲授专题课。为了保证讲课内容的质量，他夜以继日地搜集国内外有关资料，精心撰写讲稿。在准备讲授《农作物产量研究的新趋势》专题时，每讲一次总要增加很多新的内容，把不合时宜的材料删去，从而保证了讲课的质量，受到学员们的欢迎。

虽然教学、科研工作十分繁重，他总是惦记着广大农村的生产状况、不失时机地经常深入到重庆、达县、万源、宣汉、涪陵、丰都等地去进行甘蔗、烟草等经济作物生产的技术指导。1989年春天，为了帮助万源县尽快脱贫，他不顾劳累连夜给县烟草公司编写了《烟草栽培技术资料》，使几千亩烟草栽培工作得到及时的技术指导。他还为重庆烟草公司编写了《优质烤烟、晒烟、白肋烟的栽培和烘烤技术规范》。应有关部门的邀请，他担任了“达县地区晾晒烟优质栽培技术开发”课题——四川省应用和开发重点项目的技术顾问。

陈西凯常说，农村发展商品经济，最需要农业科技知识。只有用科学文化知识去武装农民，才能改变旧观念和落后的生产方式，从而使农业逐步实现现代化。为了实践自己的见解，1989年退休后、他不愿过舒适清闲的生活，积极参加编写《西南区作物栽培学》。最近又准备主编《四川烟草栽培》《四川甘蔗栽塘》和《甘蔗栽培生理》三本书。这些实用性很强的农科知识读物，必将受到广大农业工作者和农民群众的欢迎，在四川、西南以致全国产生广泛、深刻的影响，从而实现陈西凯教授以农业科技知识“扶贫”“兴农”的夙愿。

陈西凯在教学、科研以及在科技兴农等方面的突出贡献，得到了党政领导和学术界的充分肯定，1981 年被评聘为西南农学院农学系副教授。1985 年荣获“国家农业部优秀教师”称号。1986 年任四川省作物学会甘蔗专业委员会副主任委员、1987 年得晋升为教授兼硕士研究生导师。1988 年担任中国甘蔗协会常务理事。1990 年又获中国作物协会给有重大贡献的农学专家颁发的荣誉证书。他说：“我虽然人已退休，思想上却不能松劲，要继续为科技兴农发挥余热，争取在有生之年能看到祖国实现农业现代。”

4. 陈忠慧：献身农业机械[①]

姓名： 陈忠慧
出生时间： 1934 年 12 月
性别： 男
归国前所在地： 越南
归国后所在地： 广东、黑龙江、重庆
归国时间： 1949 年
归国原因： 随父母回国

在我国社会主义现代化建设中，农业现代化占有重要地位，而农业现代化的重要内容之一和主要标志又是农业机械化。中华人民共和国成立以来，不少农业科技工作者曾为新中国的农业机械化事业殚精竭虑，埋头苦干，建立了不朽的功绩。西南农业大学农业工程系陈忠慧教授就是他们中的佼佼者。

一个美好的憧憬

陈忠慧于 1934 年 12 月出生在广东汕头市普宁县一个教师家里。父亲早年就读于上海美术专科学校，是国画大师刘海粟的学生。因为他是汕头地区的名牌中学教师，1937 年受聘去越南西贡潮州人办的义安中学任教。次年，不满 3 岁的陈忠慧也随母亲侨居西贡。良好的家庭教育，使他从小学到中学的学习成绩都十分优异。

20 世纪 40 年代后期，正值国内人民解放战争即将胜利之时，陈忠慧的父亲逐渐受到进步思想的影响，遂转入中共地下党领导的南侨中学任教。这时，学校里经常演话剧、出壁报，不断揭露国民党政府的腐败，欢呼中国共产党领导的新中国即将诞生。正在读初中的陈忠慧由于耳濡目染，受到了革

① 钟铁：《为了祖国早日实现农业机械化——记越南归侨陈忠慧》，载谈石城主编：《中华侨杰列传》，北京：海洋出版社，1991 年，第 277–283 页。

命教育，热爱祖国、热爱共产党的思想在他幼小心田里逐渐地滋蔓。后来南侨中学被越南反动当局强行解散，早有爱国之心的陈忠慧全家被迫迁回家乡普宁。1949 年，中华人民共和国成立，他们全家无比欢欣鼓舞。第二年春天，陈忠慧在普宁升入高中读书。

1951 年，陈忠慧从家乡转学到广州华侨中学继续读高中。在一次观看电影时，他看到苏联集体农庄用拖拉机耕地，用“康拜因”收割小麦，庄员们在喜笑声中，轻松愉快地干完了农活。他在欣喜之余，不禁产生一个美好的憧憬：我们这个农业大国，如果能普遍使用农业机械，岂不是能减轻亿万农民的繁重劳动，更快地改变贫穷落后的面貌吗？他暗下决心要献身祖国的农机事业，为之奋斗终生。1952 年高中毕业时，他报考大学的第一志愿就是东北农学院农业机械化专业。当时，有人对他说，你学习成绩优良，报北京、南京的农学院准能录取。他回答说：“搞农业机械化就应该面向尚未开垦的处女地。东北有全国最大的平原，正是进行农业技术开发的好地方，何必都往大城市挤呢？”就这样，他如愿以偿地考入了东北农业学院农业机械化专业。不久，一批苏联农机专家来到学院开办了农机运用研究班，他在本科毕业后又以优良的成绩进入这个研究班深造。在苏联专家指导下，他进一步深入钻研了农机理论，并在农机管理的实际操作方面打下了扎实的基础，两年后以优异的成绩毕业。

1958 年，陈忠慧被分配到偏僻的山城重庆，在刚组建的西南农学院农业工程系任教。在这里，他和他的终身伴侣也是研究班的同学马炜桢一起，主动承担了好几门课程，为培养西南地区的第一代农业机械化的高级人才而勤奋地工作，在课堂上他耐心地给学生们讲解农业机械原理；在实验场地，他手把手地教学生操作，检修各种农业机具。多少个寒暑假，他都放弃了回老家探亲的机会，把精力集中于教学、科研之中，由于教学成绩突出，1963 年夫妻二人同时被提为讲师。

为四川农村培养农机干部

在教学上取得成绩之后，陈忠慧又给自己提出一个新的课题：在生产实践中去推广农机技术。在他看来，高等学校培养的农机专业人才层次高、数量少，不能满足祖国农业实现机械化对大量的、多层次的农机人才的需要；要加快农业机械化的步伐，还得到农村去培养更多的农机手。他的想法，得到西农党政领导的支持，从1971年开始，陈忠慧的工作重点转移到了四川广大的农村。

“文革”后期，尽管“四人帮”的“知识越多越反动”的谬论仍是甚嚣尘上，“唯生产力论”还继续在受到批判。而陈忠想却不理会这些，他带领一批又一批比他更年轻的助教，时而来到川西平原的成都、绵阳，时而又奔向川东丘陵的涪陵、万县，有时还深入到盆地边缘的自贡、宜宾等地，办起了一期又一期的农机培训班。在较短的时间里，把适合各地农村使用的各种农业机具的构造、性能、维修、保养等知识，用浅显的语言，对县、区、乡的农机人员进行讲解，并教授他们怎样进行实际操作。经过10年努力，陈忠慧给四川盆地及盆周丘陵地区培训了好几千名农机干部，为这些地区的农业机械化事业打下了良好的基础。

为农村培训农机干部的工作十分艰苦，且不说由于学员的文化、技术水平参差不齐给教师备课带来很多困难，即使是指导学员实习操件，教师也要有极大的耐心，同时还要耗费许多体力。每天授课完毕，陈忠慧常常是精疲力竭，腰酸腿痛。有时刚在甲地教完课，又急忙赶赴乙地开班教学。翻山越岭，步行几十公里，还来不及休息，又开始讲课了。好在那几年他还年轻，身体也结实；农机基础理论掌握得扎实，农机具实际操作也很熟悉；更重要的是，他觉得农业科技与生产实际相结合、推进祖国农业机械化的夙愿正在逐步实现，因此，工作虽然辛苦，而心里却是乐滋滋的，感到莫大的欣慰。

陈忠慧在农村办培训班，忙无暇日，经常不在家，以致好几次爱人住院动手术，他还不知道。有一次，从农村回到家里，得知爱人已重病住院，才匆匆奔去医院探望。

然而，长期在农村从事培训工作也给陈忠慧带来许多意外“收获”。他结识了很多农村同行，他们经常给他提出农机管理中亟待解决的实际问题，这就给他的教学和科研工作增添了活力；他在进行科学实验和技术改革中，也得到这些农村朋友的大力支持，从而取得事业上的成就。所以，陈忠慧经常对西农的学生说，农村的确是一个广阔的天地，在那里大有作为。

研究拖拉机节能检测技术

经过10多年深入农村推广农机技术后，陈忠慧对我国农业机械化的实际情况有了较多的了解和认识。1980年后，他的主要精力用于在校内从事教学与科研。然而，他毕竟与农村、农业、农民有了血肉的联系，农业机械化的进程，每一脚步都牵动着他的心。党的十一届三中全会以后，农村实行联产责任制，户营农机大量发展。这一新情况，引起了陈忠慧的关注，农机大量增加的情况下机务管理情况怎样？油耗又如何？陈忠慧带着这些问题再次来到四川简阳、新都、灌县、巴县、丰都和重庆市北碚区实地考察，与张文长工程师一起检测了 70 台手扶拖拉机，并深入调查了这些拖拉机的经营效果。他带领助手们使用测功仪和容积式油耗仪，测量发动机的工作性能指标——有效功率和燃油消耗率。通过检测，陈忠慧发现这些手扶拖拉机的技术状态恶化速率较快，使用技术状态较差，主要是由于保养不勤、使用不当，修理质量不高和机具“老化”的缘故。这些原因反映出我国农机使用水平和管理水平还很低，跟不上形势发展的需要。为了充分发挥农业机械的效能，提高农机使用的经济效益，他建议应当进一步加强培训和机务管理工作。并遂步向基层农机管理单位提供检测仪器设备，使管理方法科学化，以改变单凭经济管理的落后状况。1983 年 6 月下旬，国家农业部在四川什邡县召开的一次全国农机工作座谈会上，陈忠慧应邀就拖拉机节能检测技术作了报告，受到与会的农机管理干部和专家们的热烈欢迎。不久，陈忠慧主持研究的“小型拖拉机节能检测技术”被农业部列为全国推广项目。从而使数以百万计的拖拉机技术的落后状态逐步得到改善，农机燃料减少了浪费，产生了巨大的经济效益和社会效益。

形式多样的科研成果

为了提高教学质量，陈忠慧一贯重视教材建设。早在五十年代末期，他就利用自己编写的教材给学生讲课。党的十一届三中全会以后，作为农业部高等学校教材指导委员会农业工程学科组的成员，他更加关心教材的建设。1981 年，他主编的《195 柴油机技术诊断》不仅在本校使用，而且列为全国培训农机干部的教材。农业部“七五”教材规划之一的《农业机器运用与管理学》，由他主编，即将由农业出版社出版发行。

在长期深入农村从事农机技术培训和推广工作中，陈忠慧深感普及农机知识对实现祖国农业机械化的重大意义。他常说：“‘科技兴农’实际上是‘科教兴农’。要实现农业现代化，一方面要增加投入，用现代科学技术装备农业，但更重要的是必须努力提高农民及农业工作者的文化科学知识水平，全面提高他们的素质。决不能只是口头上说，而且要下功夫去做。”在一般专家、学者不屑于写作科技普及读物的情况下，他于1985年主编了《工农——12手扶拖拉机保养技术图片》，在重庆出版社出版后荣获“1984年和1985年度西北、西南地区优秀科技图书”二等奖。最近，他还应重庆市教委与高等教育出版社之约，写作《农机节能实用技术》与《手扶拖拉机驾驶与保养技术》两本书，这些切合实用的通俗农机科技读物，必将受到广大农村读者的欢迎。

陈忠慧从事农机学术工作还十分注重农机管理实用技术的研究。他认为这是当前农业机械化的迫切需要。继《农机维修术语》问世以后，他承担了农业部委托的“小型拖拉机运行油耗标准”和四川省农机局委托的“中小型提灌站设备技术状态检测技术及仪器研究”两个课题的研究。这些成果正在由全国同行专家进行鉴定。他近几年来发表在《农业机械学报》《高等农业教育》等权威性学术刊物上的30多篇论文，也都着重于对农机实用技术的研究。

陈忠慧在农机教育、科研、技术推广等方面成绩卓著，在四川、西南以至全国产生了广泛的影响。1983年，受聘为四川省科技顾问团顾问；担任全国农机运用与管理研究会副会长。1984年，他代表重庆侨界出席了全国侨联第三次代表大会，受到党和国家领导人的亲切接见。1986年，他被派遣去罗马尼亚进行农业考察。1987年，被评聘为西南农业大学农业工程系教授。最近，农业部又授予他“有突出贡献的中青年专家”的称号。在这些荣誉面前，陈忠慧却十分谦逊并感到任重道远。在访问结束时，他对笔者说：“农业机械化是我国社会发展的必由之路。回顾新中国成立以来的历史，我国的农业机械化应在国家的宏观调控和积极引导下，因地制宜地逐步进行，不宜搞运动、搞突击。我是党和人民培养的农机工作者，为了祖国早日实现农业机械化，我愿献出自己的一切力量。”

5. 江杰：救死扶伤医德高[①]

姓名： 江杰
出生时间： 1930 年
性别： 男
归国前所在地： 马来西亚
归国后所在地： 福建、贵州、吉林、河南、重庆
归国时间： 1947 年
归国原因： 心向祖国　回国读书

毛泽东同志在《纪念白求恩》一文中高度赞扬伟大的国际主义战士白求恩同志具有“毫不利己专门利人的精神”，“他以医疗为职业，对技术精益求精”，他是“一个有益于人民的人”。重庆后勤工程学院门诊部副主任医师江杰同志长期钻研医术，为成千上万的患者解除痛苦，堪称白求恩式的好医生。

投身革命

1930 年，江杰出生于福建省屏南县官泽村一个贫苦的农民家庭。无衣无食的苦难生活，逼使他在不满周岁时就随父母漂泊到海外，在英属殖民地砂捞越，诗巫，民那丹（Binatang SibnSarawak）从事垦殖橡胶园的难苦劳动。他在当地的华侨开文中学读书期间，逐渐了解到旧中国贫穷落后，中国共产党是穷人的救星，决心早日回到家乡，为祖国走向繁荣富强贡献一份力量。

1947 年春节刚过，初中毕业不久的江杰便不顾父母的劝阻，毅然与志趣相投的同学回到祖国厦门市，在省立厦门中学念高中。

在旧社会，归侨备受冷落，刚从国外归来的年轻学生，无力支付高昂的生活费用，不得不转移到靠近家乡的古田县玉田高中就读。不久，又因生活无着而辍学在家。这时，他被伪保长强行抓去当“壮丁”。国民党接兵部队

① 钟铁：《救死扶伤的好医师——记马来西亚归侨江杰》，载谈石城主编：《中华侨杰列传》，北京：海洋出版社，1991 年，第 284–290 页。

里的非人生活，使他更加看透了国民党的腐败，胸膛里燃烧起仇恨的火焰，虽经他嫂嫂李珠球千方百计营救回家，但生活上困难更大，在这种情况下，他毅然于 1949 年春投奔了中国共产党所领导的闽东北游击队，成为一名光荣的革命战士。从此，江杰报国的夙愿才得到实现。

救死扶伤

随着中国人民解放军向全国胜利进军，在 1949 年秋天，闽东北游击队与二野 17 军 49 师会师。江杰被调到二野军政大学五分校学习，结业后分配到贵州省兴仁军分区卫生队工作。为了使自己成为一个具有较高专业知识的军队干部，以便更好地实现报国之志，经过充分的准备，他于 1952 年秋，考入第七军医大学医疗系深造。在学习条件很优越的军医大，经过专家教授的耐心指导，他进步很快，以人体解剖学的成绩更为优异。

1958 年秋在军医大毕业，他被分配到吉林省白城市一个军械科学研究试验靶场的门诊部工作。1960 年春，本部一干部家属因高血压患脑中风昏迷不醒，右侧上下肢瘫痪，口角歪斜，急需住院治疗，但由于交通不便，如将病人转院治疗，途中颠簸对病情更加不利，于是便在当地医治。这时江杰想起了白求恩救死扶伤发扬革命人道主义的精神，他鼓足勇气，在诊部领导和同志们的支持下，在祖国医学阴阳平衡的理论指导下，用一根银针对患者进行了近两个月的治疗，使其完全康复。江医生精湛的医术受到患者和家属及领导的高度赞扬。

1960 年秋，靶场军人服务社的一位女职工因胎位不正而难产，且胎儿已死于腹中，产妇也危在旦夕，虽可转送到四平市和齐齐哈尔市的部队医院，但因每天仅只一趟的火车已经开过，加上路途遥远。所以领导决定把抢救产妇的任务交给江杰。年轻人急得满头大汗，心想纠正胎位或作碎颅术（面额位），自己在临床上从未见过。然而医生的责任感，促使他终于下定决心，一定要把大人抢救过来。根据他的理论知识，在领导和同志们的支持下，经过一个多小时的紧张手术，终于胜利地使产妇转危为安。江医生在这样设备简陋的基层门诊部抢救了一个难产病妇，确实是一个奇迹。

1961 年，江杰被调到河南省新乡市后勤工程学院（前身炮兵学校）门诊部工作，不久他参加了河南省军区的农村医疗队，来到新野县人民医院工作。有一天一个中年农妇，挺着鼓胀的肚子前来求医，经检查初步诊断为卵巢囊肿，估计囊中积水约有 70–80 斤，当时这个县医院的设备和技术力量都不完善，为这样巨大的卵巢囊肿患者作切除手术是有一定困难的，但江医生为了患者的健康，他查阅了大量医学文献，谨慎地制定了治疗方案。他每天为患者放腹水 2000–3000 毫升。经过半个月的术前准备，利用现有的简陋设备，安全地为患者作了卵巢囊肿摘除术。病人感谢地说："我患了多年的大肚子病，连公共汽车都不让搭乘，现在终于治好了。我要感谢毛主席派来的好医生江杰同志。"

刻苦钻研

1961 年冬，江医生随着后勤工程学院的搬迁来到山城重庆，他在学院门诊部外科工作，对技术精益求精，刻苦钻研，为学院的师生员工和家属作了无数次手术，既保障了指战员的身体健康，又使很多急重病人转危为安，化险为夷。

到重庆第二年的一天上午，行色匆匆的刘老师在路上遇到江医生，说他爱人要分娩了，请他赶快去检查一下。江医生检查后发现婴儿很快就要出生了，送医院已来不及。当产包还未取来时婴儿已娩出，而且由于羊水呛入口腔和气管内，引起窒息，嘴唇发干，全身发紫。经一般抢救无效，在这分秒必争的情况下，他毫不顾及个人得失，为了抢救婴儿的生命，他不怕脏，打破一切常规，用自已的嘴对着婴儿的嘴，将羊水一口一口地吸出，把空气一口一口地吹进去，并作心脏按压，经过 2–3 分钟紧张的抢救，终于把婴儿救活了，全家都感激万分，说这个小孩应该是江医生的“干儿子”。

除了对危重患者积极设法进行抢救外，作为一心扑在病人身上的江医生，对一般常见病的手术，在技术上也同样进行潜心的钻研，结果使一般的手术，不仅能尽量减轻病人的痛苦，痊愈得快，而且还能节省经费开支。如作阑尾切除术，一般腹壁切口长 8—9 厘米，缝 8—10 针，而江医生作的阑尾腹壁切口，一般只有 2 厘米左右，缝合 1–2 针即可，一般一天即可出院，七天后拆线即可上班。这种既省时、少花钱、少痛苦，又无后遗症的手术，受到患者和群众的交口称赞。

奋力攻关

毛主席在六・二六指示中提出，医学研究应在多发病、常见病方面下功夫。江杰心领神会，结合自己多年的实践经验，他选择了不为人重视的常见病——痔疮的治疗，作为自己重点主攻方向。

痔疮是一种常见的肛肠疾病，其发病率占肛肠疾病的87.25%。痔分内痔、外痔、混合痔。内痔常出血或脱出肛外，影响患者的健康，给病人带来诸多不便。外痔发炎时肿痛难忍，行走困难。瘘，就是肛门瘘管，瘘口常流脓血，肛周奇痒难忍，给患者的生活带来很大的痛苦。

为了采用简便、安全、痛苦少、能根治、疗程短的有效方法，他首先遍访各有关医院和诊所，博采众家之长，并参阅大量古今中外有关资料，如《本草纲目》《太平圣惠方》等医药名著，筛选出相关药物进行各种试验，最后选用鞣酸等几种药物，经特殊工艺处理后，研制成“痔核压缩注射剂”，并创造出与之相适应的压缩新疗法。这种药品具有治炎，抗感染，止血等作用，并有使组织蛋白质凝固沉淀产生不可逆反应，虽然肛门处细菌繁多，也不发生感染。术后患者一切生活照常。

痔核压缩注射剂的研制始于“文革”期间，江杰刻苦钻研的积极行动，当时人们很不理解，甚至有个别人在背后说风凉话，认为他不务正业，好高骛远。但他相信党，坚持共产主义信念，并不因此而气馁，反而更加信心百倍地进行研究。在科研设备不足的情况下，他自筹经费购置；缺乏工作场地，就在自家的厕所里做试验。他深夜去田间捕捉青蛙，给小动物进行反复试验，最终取得满意的效果。他还用自己研制的“痔核压缩注射剂”，为自己的内痔作了压缩治疗，以便取得第一手资料。经过多少日日夜夜的辛劳，到1975年他正式宣布：一种理想的治痔新方法——“痔核压缩注射剂”及“压缩新疗法”问世了。

江杰用新疗法治愈数以千计的痔疮患者之后，于1982年3月经过后勤工程学院科研处组织的，以中华中医学会肛肠学会副理事长、291医院院长金虎等军内外有关专家学者的评审和鉴定，与会代表一致认为：“在原压缩疗法的基础上，大胆的创造，用鞣酸等配制的痔核压缩注射剂，是治疗内外痔较为安全理想的新疗法。本疗法具有疗效高、疗程短、痛苦少、安全可靠、药剂配制简单、技术操作简便、易于掌握、患者不需住院、费用低廉等特点，可以推广应用。”这一成果荣获成都军区科技成果奖。他根据多年的临床经验编著的《痔瘘病》一书，最近已由重庆出版社出版发行。

从1971-1990年，江杰用痔核压缩注射剂及压缩新疗法，治愈了来自全国各地的痔患者 12741 例，并对近千例手术后痔疮患者进行随访，均达到满意的疗效，治愈率达 100%。为了推广这一新疗法，1987 年在总后第三门诊部和 1988 年在重庆后勤工程学院门诊部各举办一期全国性的有关人员参加的痔瘘专科学习班，共 134 人，江医生的讲授，得到了听课人员的好评。

医德高尚

江医生在医术上精益求精，在工作中全心全意地为伤病员服务，他对病人“将心比已，痛病人之所痛”，他节假日不休息，工作不分白天黑夜，设身处地为病人排忧解难，对老弱病重又无人照顾的患者，替他（她）们洗衣服，打开水，扫地、倒便盆，自己花钱给病员买鸡、鸭，炖好后送到床前。有些病人经济上有困难，他解囊相助。有些患者便干，排便困难，他来用手指将粪便扣出，使患者感激得热泪盈眶。许多患者对江医生的医术和服务态度概括在一面锦旗上:“不逊古华扁，尤贵有仁心。”十几年来江医生收到表彰其医德医术的锦旗共有 48 面，全国各地向他求医的信件近万封，中央电视台、中央人民广播电台、中国国际电台及地方电视台、电台等都多次介绍过他所研制的痔核压缩注射剂及压缩疗法。人民日报、工人日报、解放军报、科技日报、健康报、华声报、香港文汇报、北京晚报及各省市共 50 余家报刊都作了报道。他光荣的被编入《中国当代中医名人志》和《军中名医》等书中，1984 年他光荣的被评为“全军后勤科技工作先进个人”，1983 年被评为总后先进个人，荣立三等功一次，多次受到所在单位的嘉奖，1990 年底被评为重庆市首届侨务系统先进个人。

当笔者问及江医生为什么能取得如此突出的工作成绩时，他谦逊地说，主要是几十年来坚持学习马列主义和毛泽东思想、牢固地树立起共产主义世界观，严格按照共产党员的标准要求自己。他认为自己取得的一切成绩都是党和人民哺育的结果，会继续努力争取在社会主义新时期作出更大的贡献。

最近，江杰已光荣离休了。但他不愿在家过舒适清闲的生活，每天还挤公共汽车，去 10 多里外的重庆警备司令部卫生所上班，继续为广大痔疮病患者服务。笔者亲眼看到一些患者负痛而来，高兴而归。江杰不但医术精湛，而且品格高尚，在社会主义建设新时期，多么需要这样全心全意为伤病员服务的好医生啊！

6. 许万春：致力桥梁建设[1]

姓名：许万春
出生时间：1936 年
性别：男
归国前所在地：印度尼西亚
归国后所在地：广东广州、上海、陕西西安、北京、重庆
归国时间：1955 年
归国原因：心向祖国　回国读书

交通部重庆公路研究所副研究员许万春，是印度尼西亚归侨。他从事桥梁研究工作已 20 余年，曾多次获全国科学大会科技成果奖，1976 年以来先后 8 次获交通部、四川省、重庆市及科研所先进个人的光荣称号，1989 年冬还光荣地被国务院侨务办公室、中华全国归国华侨联合会评选为优秀归侨、侨眷知识分子。

情系祖国

许万春出生在印度尼西亚，祖籍海南岛。在苦难的旧中国，以打鱼为业的父辈们为了谋生，不得不离开故土，漂洋过海去异国他乡。许万春小时候就从父母的谈话中知道自己的根在中国，因而时刻想念着自己的祖国，盼望她日益繁荣强大。

1955 年刚满 19 岁的许万春，便迫不及待地要求回到初建的新中国工作。父亲对旧中国满目疮痍的情景记忆犹新，劝儿子要慎重考虑。但许万春坚定地回答："祖国的落后面貌是能够很快改变的，贫困是暂时的，儿不能嫌母穷啊！"

党和政府热情地欢迎海外赤子的归来。许万春在广州短期补习文化后，

① 钟铁：《为祖国建设更多更好的桥梁——记印尼归侨许万春》，载谈石城主编：《中华侨杰列传》，北京：海洋出版社，1991 年，第 291-296 页。

被分配在上海读高中。他深知交通是国民经济的命脉，它和农业、能源一样是祖国经济起飞的关键部门。他多么希望在不久的将来，祖国的江河都架起桥梁，高速公路纵横神州大地，车辆在立交桥上穿驰无阻……因此 1958 年报考大学时他选择了交通专业。在西安公路学院四年多的学习中，他刻苦攻读，潜心钻研，1963 年以优异的成绩毕业，被分配在交通部科学研究院桥涵室从事科研工作。这时，许万春收到了父母的来信，盼他出国找一个好职业。不，他要和同伴们一起，为祖国架设更多更好的桥梁，为祖国母亲贡献一份力量。

刻苦攻关

由于基础理论和基本知识掌握得扎实，许万春刚走上工作岗位不久，就显示出超群的才能。1963 年初至 1964 年夏，他参与研制用扁千斤顶测定桩底成功，这项成果被地质部门推广应用到测定岩层的初始应力。以后他走南闯北，风餐露宿，全力投入桥梁工程的建设。在桥梁设计中，他既虚心向同志们学习，又敢于破旧创新，大胆提出自己的设想；在施工中，他主动争取搞设备加工，干下基坑测试等脏活、累活。大学毕业后的短短几年中，他积累了不少资料，进行了大量的理论研究和计算。1965 年，他和湖南省科研所的同志们一起，在新市打成了国内第一根 1∶5 倾斜度斜桩，为桥梁施工解决了一大难题。

为了加快内地建设，1965 年交通部科学研究院在重庆成立分院，许万春调来大西南。从此，巴山蜀水留下了他攻关的足迹。

1966 年春夏之交是许万春异常繁忙的时刻。先是应铁道部科学研究院和云南交通厅的邀请，去云南禄丰部队指导灌柱桩的施工；紧接着又去云南新平大桥解决卵石层和岩层的钻孔工艺。经过他刻苦努力，结果缩短了打桩和钻孔的工期；加速了建桥时间，使洪水到来之前，顺利地完成了桥基工程的艰巨任务。同年初夏，作为科研小组的主要成员，他承担了四川石棉大桥的应力测定和竣工后的静载试验，为大桥的顺利建成提供了科学的技术保证。

“文革”期间，虽然有人指责他走白专道路，这些流言蜚语，非但没有使他在前进的道路上灰心却步，反而更加激励他对事业的执着追求。在他看来，要使祖国强大，光说空话、喊口号不行，要靠先进的科学和技术，要靠拼搏！别人打“派仗”，他就悄悄地躲在屋里博览技术丛书。寒来暑往，他学会了电算，并能编制复杂的电算程序，还自学了英语和日语。

由于受“海外关系”的牵连，许万春的妻子10年没有找到工作，家里还有两个孩子，生活十分艰苦，但他从未向海外亲人诉苦，乞求经济的援助。在困难的环境里，他仍然孜孜不倦地学习和工作，努力钻研桥梁建设的新技术。

社会在动乱中放慢了前进的脚步，而惜时如金的许万春却通过勤奋学习增长了才干。1971年修建四川宜宾岷江大桥时，他已经能够独立地负责设计12m直径钢丝网水泥薄壁浮运沉井新工艺。这项成果为国内首创，它使得桥墩泄水基础得以建成。在繁忙的施工期间，他还抽空将这一新技术整理成10万字的专著，以便与桥梁工程界的同仁进行学术交流。粉碎“四人帮”后，这项成果于1978年获全国科学大会奖。

有一次，许万春还用了一个“顶替劳动”的妙法，排除了人为的对工作的阻碍。

那是1976年修建江津仁沱大桥的时候。重庆科学分院把研究预应力拱桁结构桥的任务交给了许万春。这种桥，节约材料，结构新颖，是国内最先进的桥梁设计。虽然他不是组长，但从制定方案、设计、施工、实际操作到解决技术难关等问题，他都带头实干。吊装20几吨重的桁架时，为了掌握情况，指导施工，他冒着生命危险登上离河面28米高，只有30厘米宽的桁架上去指挥，事必躬亲，在所不辞。正当施工的关键时刻，有人煞有介事地说：许万春缺乏劳动锻炼，应该上“五·七”干校去补课。面对这种人为的干扰，许万春心里又急又气。在这桥离不开他，他更离不开桥的关键时刻，急忙赶回家去与爱人商量，让爱人“顶替”他去干校劳动一段时间，等桥完工后他再去。妻子是理解他的，答应了他的要求。后来，院领导考虑到工作的需要，决定让许万春缓一步去干校，这“顶替”之事才作罢。

许万春在桥梁建设方面的科研水平和工作实践，使他成为重庆科学分院“文革”后首批评定的工程师之一。1977年和1978年，他还被评为重庆市和全国交通系统的先进工作者，光荣地出席了重庆市召开的科学大会。党的信任和关怀，使许万春报效祖国的信念更加坚定，他决心在社会主义新时期，更加奋力地攀登，为祖国的桥梁建设作出更大的贡献。

奋力攀登

1977 年，修建重庆长江大桥的喜讯像春风传遍山城。为了不辜负党的嘱托和实现 1400 万山城人民的夙愿，许万春勇敢地承担了长江大桥施工技术组第一副组长和施工设计组组长的重任。他大胆地改进了由周运棣教授提出的“三角挂蓝”行走系统设计，采取 4F 板行走系统代替火车轮轴的复杂系统，成功地完成了“斜拉挂蓝”的设计任务。这项设计深受桥工欢迎，它操作简便，有效地保证了工程质量，与国内常用的桁架式挂蓝相比，全桥节约钢材 800 吨。他还提出并成功地完成了“斜拉托架”设计方案试验，解决了大吨位托架施工难题，在国内属于首创。“斜拉挂蓝”和“斜拉托架”作为整个大桥悬壁施工技术，安装既方便简易，又省工省时，因此全国各地到现场参观学习的桥梁专家和工程技术人员，接踵而来。这两项成果荣获重庆市 1978 年度重大科技成果二等奖。这一技术成果先后被推广应用于湖北光化大桥，葛洲坝 330 大桥，广西南宁邕江大桥，广州珠江二桥，重庆石门大桥……近几年，他总结实践经验，在《公路》杂志上发表了 8 篇学术论文，其中三篇获四川省优秀科技论文奖。

在提出斜拉托架设计方案时，有关单位持否定意见，这给许万春的压力很大。为了寻找依据加以论证，他翻阅了大量资料，有时为了推导一个计算公式或解决设计上的一个难题，他吃饭、睡觉都在想，把周围的一切都忘了，体重减轻了七八公斤。就在这时，他回国观光的姑母从北京来电，告诉他父亲不幸病逝的噩耗，并要他立即去北京。透过电文的字里行间，许万春看出国外亲人为他的处境担忧。为了消除亲人疑虑，他不得不暂时放下手中的工作，临走时，他详细地给同志们交代注意事项，才恋恋不舍地离开了现场。来到北京见到他阔别 20 多年的亲人，姑母劝他出国，他婉言谢绝了亲人的好意，并深情地对姑母说：“是党和祖国把我培养成为新中国的工程师。没有社会主义新中国，就没有海外游子扬眉吐气的今天。为了报答祖国母亲，我要贡献出自己的全部知识，把祖国建设得更加富强。”在北京只待了四天，许万春就匆匆返回重庆。这时，他倾注了心血的斜拉托架已经试验成功，从而保证了重庆长江大桥的竣工通车。

经过长期的刻苦钻研和实践，许万春的科研水平进一步提高。80 年代中期，他担任了国家“七五”规划重点攻关项目《曲线桥梁设计和施工技术的研究》课题组组长。这一课题在国内尚属空白，是高速公路和城市立交桥建设中的一项新技术。这项研究的初步成果已应用于秦皇岛丙丁码头立交桥的设计中。许万春带领设计组的同志，克服了桥型种类繁多的困难，终于使秦皇岛立交桥于 1987 年 6 月 1 日胜利竣工。目前，许万春正忙进行重庆菜园坝立交桥和苏州运河桥的设计。这些项目都是“七·五”攻关项目的实施工程。最近国家又批准兴建重庆长江二桥，上级已决定派他去参加大桥设计工作。面对这些艰巨而繁重的任务，许万春内心感到十分欣慰，因为为祖国架设更多更好的桥梁的夙愿终于能够实现了！

7. 唐勇：羽毛健儿勇夺冠[①]

姓名： 唐勇
出生时间： 1937 年 11 月
性别： 男
归国前所在地： 泰国
归国后所在地： 重庆
归国时间： 1955 年
归国原因： 心向祖国　回国读书

唐勇 1937 年 11 月出生在海南岛文昌县一个贫农家庭。父亲早年去泰国谋生，长期当工人，母亲仍在原籍务农。1940 年日本侵占海南岛后，母亲托熟人把他带到泰国投靠父亲。由于生活所迫，唐勇 11 岁时开始在泰国面包厂当童工。每天做完工以后，他喜欢看泰国人打羽毛球。有一次，他亲眼看见 50 年代初称雄世界羽坛的球王黄炳顺表演羽毛球。那娴熟的技巧与高超的球艺，童年的唐勇十分羡慕，给他留下了深刻的印象。从此，他对羽毛球发生了兴趣，结下了不解之缘。每天除做工以外就是打羽毛球，最初练球常常把手磨起血泡，腿脚也酸痛难忍，但他从不间断，继续坚持。星移斗转，不觉两三年过去了，他不但掌握了打羽毛球的基本技巧，而且身体素质也有了很大提高，敢于参加正式比赛了。

在泰国当童工期间，唐勇进夜校学习泰语，同时还自学中文。由于羽毛球艺出众，又有一定的文化水平，加上他在泰国还做过几年工会工作。所以经过这些广泛的交往，他接触了不少进步人士，并逐渐认识到中华人民共和国成立后，劳动人民已经成为国家的主人，自己应当立即投入祖国的怀抱，为祖国的社会主义建设贡献一份力量。

1955 年，祖国母亲热情地欢迎从泰国归来的有志青年，人民政府把唐

① 钟铁、邓海东：《羽坛辛勤育苗人——记泰国归侨》（节选），载谈石城主编：《中华侨杰列传》，北京：海洋出版社，1991 年，第 308-311 页。有一定的修改。

勇送进重庆市第一中学读书。这时，中国羽毛球运动在国际上毫无声望，在四川、重庆还是一个空白点。唐勇在学习之余，继续坚持练球。他认为，在泰国、马来西亚、印尼许多杰出的球星都是中国人，自己一定要有所作为，甩掉“东亚病夫”这个不光彩的称号！当时，羽毛球运动在侨生中是一个热门，课余或节假日，羽毛球场是侨生最好的娱乐园地。初中时代的唐勇就成了这项运动的佼佼者。1956 年，他被选担任重庆市羽毛球教练，并多次参加省和全国羽毛球比赛。1958 年，在四川省第一届运动会上，他获得羽毛球单打第二名，双打第一名，次年，他选为四川省羽毛球集训队的队长兼教练。第一届全国运动会后，他回到母校重庆一中读高中，后又升入大学深造。

1968 年，唐勇在西南师范学院（今西南大学）中文系毕业后，组织上分配他到重庆南桐矿务局子弟学校工作。这是距重庆市区 100 多千米里的偏僻地区。环境艰苦，交通不便，在那里开展羽毛球运动的困难是可以想见的。然而唐勇并未退缩，当他得到毕业分配通知书时，心情十分激动，他坦然地说:“祖国需要我，坚决服从分配！”当时，南桐矿务局还没有组建羽毛球队，人们对羽毛球运动还很陌生。唐勇决心从零开始，自告奋勇地担当第一个拓荒者和耕耘者，决定在初中年级建立第一支羽毛球队，并制定训练计划。他的设想得到了学校和矿务局领导的支持。他每天早晨 5 点多钟便从 10 多千米外的住地，骑单车赶来学校，利用上课前的一个多小时，对队员们进行训练，下午放学后，别的老师都下班回家了，而他却留下来给队员们讲羽毛球运动基本知识和练习方法。每天晚上回到家里已是七八点钟了，吃过晚饭后又忙着备课，批改堆积如山的作业本。每年寒暑假，他经常放弃探亲访友的机会，充分利用这个空隙时间领导羽毛球队进行集训。他不仅是教学的严师，而且是生活上慈祥的家长，对队员严格要求，热情关怀。对经济上困难的队员，他总是慷慨解囊，帮助他们解决吃午饭的问题。而他自己加班工作却从不计较报酬。

在“文革”期间，这位刚从大学毕业的爱国青年也同样身遭其难。因为“海外关系”，竟被揪斗、抄家，连衣服、棉被也被“造反派”抢光。后来经市侨务处和统战部出面保护，才免继续迫害。

粉碎“四人帮”后，迎来了体育事业的春天。唐勇重新振作精神，继续为祖国的羽毛球运动奋力拼搏。近 20 多年来，在唐勇的辛勤培育下，一支又一支羽毛球队成长起来，还训练出不少优秀的教练员和运动员，为省里输送了像彭跃、周小强、钟波、裴继宁等羽坛骁将。原来没有一支球队的南桐矿务局，如今已有近20支羽毛球队。南桐矿区开始组队时，比赛总是倒数一二名，从1977年起，该队雄风大振，所向无敌，在重庆地区每次比赛中，南桐的男女队都是名列前茅。由于唐勇的大力倡导，羽毛球已成了整个南桐地区的群众性运动。继全国煤炭系统首届“乌金杯”羽毛球赛中，南桐队一举夺得七个项目的六个第一后，1990年4月，在全国煤炭系统第二届“乌金杯”羽毛球比赛中，又夺得了男女团体，女子单打三项冠军，这支球队还男女双双连续五届夺得重庆市“山城杯”羽毛球赛的冠军。

1989年10月，南桐队以中国重庆市羽毛球代表队的名义赴法国参加国际比赛。这次参赛的南斯拉夫、印度、瑞典、法国、苏联的羽毛球队都是训练有素的国家代表队。谁也没有预料到，这个无足轻重、名不见经传的南桐羽毛球队竟敢与外国名将角逐，并夺得女子单打、女子双打、混合双打亚军等8个名次。在富丽堂皇的图卢兹体育大厅里不断响起热烈的掌声。中国重庆队的胜利消息轰动了整个法国以至全欧洲，在国内更引起了强烈的反响。

弹指一挥间。回国已经30多个春秋的唐勇，不觉两鬓染上了白霜。然而，他并未虚度年华，他把自己一颗明澈晶莹的赤子之心，全部奉献给祖国的羽毛球事业，面对眼前的累累硕果——千百个羽毛球新秀，他感到无比的舒坦，莫大的欣慰。

唐勇没有辜负祖国母亲的期望，祖国也给了他应得的荣誉。党的十一届三中全会后，他被调到南桐矿务局担任干部，并当选为全国总工会十一大代表。继1978年在武汉考取国家级羽毛球裁判后，1979年他担任了在杭州举行的世界羽毛球锦标赛的主裁。1981年在成都举行的全国羽毛球锦标赛，他担任总裁判长。1988年被评为全国优秀裁判。1989年被评为全国煤炭系统优秀裁判。谈到今后的打算时，他谦逊地对笔者说：“回顾过去，我只做了自己应该做的事，距祖国的要求尚远。今后的任务更艰巨，我要更加努力地做好本职工作，以报答祖国对我的培育。”

8. 傅佑勋：勤奋好学报祖国 ①

姓名：傅佑勋
出生时间：1928 年
性别：男
归国前所在地：泰国
归国后所在地：广西桂林、贵州、广东、上海、重庆
归国时间：1943 年秋
归国原因：心向祖国 回国读书

我的童年时代是伴随着深重的民族灾难而来的。“七七”卢沟桥事变前后，我在家乡读小学时，有两件事情使我刻骨铭心：一件是当时学校阅览室里挂着一幅中国地图，这是我有生以来第一次见到地图。当时老师对我们讲：中国好像一张桑叶，而日本帝国主义就是向这张桑叶爬来的蚕，它现在已经把我国的东三省吃掉，还要吃掉全中国。在地图的对面，又挂着一幅“济南惨案”，是蔡公时被日本帝国主义挖掉眼睛杀害的挂图，使人惨不忍睹。另一件事是抗日战争爆发后的 1938 年春，中国军队在台儿庄打了大胜仗，全校师生步行十多里路到潭牛镇参加提灯游行，庆祝“台儿庄大捷”，一路上高呼“打倒日本帝国主义”口号，个个欢欣若狂。这两件事在我幼小的心灵中埋下了对日本帝国主义仇恨的种子，使我终生难忘。

1939 年夏，我的家乡——海南岛沦陷，日寇在这块美丽的土地上到处进行疯狂的烧杀、掳掠与奸淫，使宝岛人民处于水深火热之中。为了不当亡国奴，为了不被日寇所斩尽杀绝，我的母亲忍痛将仅有的半头相依为命的老黄牛卖了 20 块大洋作路费，含泪把年仅 11 岁的我交给同村的“水客”，在一个月色朦胧的秋夜，穿过敌人公路封锁线，登上偷渡琼州海峡的小木船，到了当时法国在雷州半岛的租借地西营（即现在的湛江），从那里南渡太平

① 庞佑勋：《回归》。载四川省归国华侨联合会、四川省华侨华人学会：《华侨华人研究文集》第一辑，成都：成都科技大学出版社，1993 年，第 151-159 页。

洋到了泰国，从此开始了我的“海外孤儿”生涯。

祖国被侵略和宰割，她的儿女在海外也不可幸免地受歧视和欺凌。就在我到泰国的第二年（1940 年），泰国的銮披汶政府大肆实行排华政策，除了全部关闭全泰各地的华文中、小学校外，还无理地禁止华侨经营理发和烧木炭等工商业，甚至以“军事要地”为名划区，不让华侨在某些府居住，勒令华侨限期迁出，我与所有华侨子弟一样而失学。但是泰国政府的排华只能关闭有形的学校，却关闭不住华侨热爱中华文化的向心力。为了生活，我一方面在裁继铺当学徒，一方面与其他华侨子弟秘密参加“化整为零”的华文学习小组。当时冒险救我们的就是我读过书的泰南陶公府平民小学校长詹菊夫。据说太平洋战争爆发后，他在当地参加了进步活动，为泰国当局所不容，被抓进了监狱，后来全家被驱逐出境。这种“寄人篱下”的二等公民遭遇，使我开始懂得没有祖国的强大，就没有海外华侨的地位。

1941 年 12 月太平洋战争爆发，南洋群岛沦为遍地铁蹄，椰林蕉园充满了腥风血雨。祖国抗战烽火的召唤，“不愿做奴隶”的呐喊，震撼着每一个炎黄子孙的良知，激励着年仅 15 岁的我，在 1943 年的秋天，我毅然告别了异乡的父老与亲人，怀着一颗报效祖国的赤子之心，跟随在广东南雄读书而回泰国要家庭接济的一位表兄，由泰南直上泰东北，渡过泰、老交界的湄公河，穿越日寇在越南河内和海防的层层封锁，跨过中、越边境的芒街桥，终于在年底踏上了祖国的大地——广西东兴。当我从被日寇占领的那边桥头走向飘扬着中国国旗的这边桥头时，我的心差一点跳出来了，热泪夺眶而出：祖国——母亲，你的儿女终于从敌人的铁蹄下回到你的怀抱中来了。

在抗战气氛空前高涨的桂林，如火如荼的救亡运动和抗战文化，在我幼小而纯真的心灵下引起了震荡与共鸣，一心想投笔从戎，杀敌报国。但那时我毕竟年纪还小，又错过了报考少年空军的机会，只好报考学校，读好书也是为了报好国。说起来也算幸运，我居然考上了当时收生很严的国立汉民中学，不仅可以享受公费，吃饭不要钱，因为当时从国外带回有限的钱已经快用完了，国内又没有什么亲人，如果不是公费，无论如何是读不起书的。而且这所学校还设有侨生班，聚集了一大批从海外和港澳地区投奔归来以及从沦陷区流亡而来的热血青年。更难得的是这所学校还有一批学识渊博、教学严谨、思想进步的教师，例如当时知名的爱国作家司马文森就是其中的一个。

汉中生活的艰苦和校规的严格，在当时的桂林乃至西南是出了名的。直到抗日战争胜利前，全校师生每天只供中、晚两顿饭，而且是糙米饭，青菜和豆腐，一个星期才吃一次有几片肉的菜，就是“打牙祭”，因为国难当头要节衣缩食，新生入学除了要有“铺保”外，还要自备三大件：锄头、画板和小板凳，每个学生都划一块菜地，既要读书，又要劳动、种菜；高中要受军训，初中要当童子军，德、智、体、美、劳都要及格才能升级，入学考试或期末考试，都集中在大礼堂，场上挂着“严正做人，严正考试”的大横幅，发现考试作弊者，是考生的赶出考场，是在校生的开除出校，每天早上举行集合升旗，每周除星期天外一律不准请假等等。这样艰苦的生活和严格的要求，过去我在海外是从未经历过的。但说也奇怪，我当时居然很快地适应过来了，不但没有觉得苦，反而在精神上感到这是与人民大众共赴国难，觉得自豪，这也许是民族自尊心的驱使吧！

最令人难忘的是1944年夏秋之交的湘桂大撤退。由于国民党政府在军事上的节节败退，日寇乘胜沿湘桂线南侵如入无人之境，我们全校师生撤退时，铁路运输已快中断。为了逃命，所有的车厢里都像堆货物一样塞满了逃难的人，我们只好连人带行李都挤在车厢顶篷上，人拉着人，行李拴着行李，要摔大家摔，要在大家在。但就在我们这趟列车的一旁，还横七竖八地躺着由于仓皇撤退，指挥混乱而造成两列火车相撞的遇难者的尸体，被燃烧的列车还余烟未散，使人目不忍睹。“国破家亡”的残酷景象无情地印入我的脑海，使我第一次目睹了日本侵略者给我们人民带来的痛苦和灾难。

在汉中的两年半生活，对一个“海外赤子”的我看说，是经受战火洗礼、磨炼艰苦意志、吸吮民族乳汁，从而把我与祖国的命运紧紧地连在一起的不平凡的一段经历。这段经历始终伴随着我的整个人生旅程，影响着我一生所过的道路。

从桂林撤退后，辗转千里，跋山涉水，到1944年深秋，全校师生终于到了黔东南一隅的榕江县复课，但当时日寇已沿黔桂铁路打到了贵州的独山、都匀，直叩贵阳、重庆的大门，国民党政府自顾不暇，学校的经费也随之断绝，连一日两餐的霉米饭和当地各同乡会馆施舍的豆腐渣也难以为继。加之天寒地冻，许多同学连草鞋都没有穿的，不少同学是两三个人合盖一条被子，我也把从国外带回来的最后一件衬衣卖掉，以换一些肥皂和牙膏。严重的营养不良和卫生条件极端恶劣，使我们个个面黄肌瘦，很多人身上都长满了虱子和疥疮。更不幸的是祸不单行，偏偏在全校师生嗷嗷待哺的1945年初夏，榕江又发生了百年未遇的大水灾，破烂的校舍被冲垮，褴褛的衣被被吞没，全校师生被困在山上一天多，忍饥受饿。这场洪水对全校师生无异是在流血的伤口上撒一把盐，把我们往绝境上推。在这样极度困苦的条件下，难能可贵的是当时学校有一批爱生如子、患难与共的好教师，特别是我们的班导师张玟更是如此。他不仅在逆境中坚韧不拔给我们传授知识，精心讲授那些充满民族意识的优秀文章，如鲁迅的《狂人日记》《示众》和朱自清的《背影》等，使我们思想上得到陶冶和启迪。记得有一次他在批改我的一篇作文时，用岳飞《满江红》中“莫等闲白了少年头，空悲切”这句话作为批语，使我至今记忆犹新。他还带领我们上山砍柴，劳动自救，甚至拿出他微薄的薪金买肉和黄豆给我们“打牙祭”，补充营养。正是这种相濡以沫的师生谊和民族恨，像凝合剂一样把我们这些在战乱中流离失所的青年凝聚在一起，才不至于在战火中丧生或饥殍于荒野。这段艰苦岁月赐予我的不仅是战争和饥寒的磨难，也赐予我人间最宝贵的真挚情谊和做人的道理。

经过多年抗战，苦难的中国人民终于迎来了抗日战争的胜利，但胜利的果实却被国民党的“劫收”大员所侵吞。在作出重大牺牲的中国人民还没有喘过气来的时候，内战的烽火又燃遍了中国大地。1947年春，我初中毕业后，为了继续升学，在上海的叔父资助下，由广州到了上海。在这个既是帝国主义冒险家乐园，又是光明与黑暗进行殊死较量的大都会里，开始了我走上社会、追求光明的道路。

在上了一年半的高中后，1948年夏，我因生活所迫而失学，到了一家小药房当了学徒，从而走向社会的最底层。每天从早到晚要干十四五小时的活，累得抬不起头，直不起腰，而吃的却是每天两餐粗劣的所谓“美援”配给米和不沾油腥的青、咸菜，还要经常忍受老板的无理辱骂和贪婪压榨。在入店的头三个月，老板以“试用”为名，每月只发给我仅够理发，买肥皂、牙膏和吃几碗阳春面的工资，而且经常拖延，使这点可怜的工资在当时“一日三变”的物价中化为泡影。我还记得，在国民党经济面临崩溃的1949年春，物价成了脱缰的野马，生活指数直线上升到15000多倍，那年的元月中旬，我将半月所得工资的半数200元（银圆券）寄给家乡的母亲，到3月上旬接母亲来信说钱还没收到，而且在信中嘱咐：“以后就千万别寄回来吧。”因为要到县里取汇款，由于物价飞涨，寄回去的200元钱还不够买一张汽车票。按寄钱当时的物价计算，200 元可买到猪肉 5 斤或大米 2 斗，但到了接母亲来信时，它只够买大饼 4 个或 4 两花生米了。难怪母亲叫我今后别寄了。

牛马不如的生活煎熬，敲骨吸髓的残酷剥削，国民党政权崩溃前的疯狂镇压，这一切促使我面对人生，面对社会，思考人生道路的问题。在穷困苦闷的生活中，我只有通过读书来充实我的精神世界，获得思想上的启迪：用写日记抒发自己的感受，对自己提出问题和寻找答案，在黎明前的黑暗中探求真理。高尔基在他的《小市民》一书中说过一段话："权利不是给的，是争来……人们应该自己给自己争取权利，假使他不愿意被愚蠢的义务所踹死。"严峻的社会现实使我懂得了一个真理：这个世界上的一切不平，都是社会制度造成的；在整个剥削制度被推翻以前，劳动人民只能受痛苦，被剥削。为了追求光明和进步，在光明与黑暗进行殊死搏斗的关键时刻，在上海即将解放的隆隆炮声中，我毅然参加了上海地下党领导的外围组织——益友社，迈出了人生道路上决定性的一步，决心接受考验，迎接即将到来的黎明。

中华人民共和国成立后的上海，春光明媚，旭日东升。益友社成员接受地下党的安排，组成了"上海人民保安队"，投身到协助解放军接管上海、保卫上海的任务中去，我也开始了由为资本家卖命而走向为人民服务的道路。虽然协助接管的任务只有短暂的几天时间，但中华人民共和国成立后上海翻天覆地的变化，却给了我巨大的精神感染和鼓舞，深深地萌发了强烈的革命愿望，迫不及待地要投身到革命队伍中去，随着接管任务的结束和行业工会活动的开展，我就报考了当时刚刚成立的华东军政大学，并被录取。也就在这个时候，为了适应迅速发展的解放战争，特别是解放南方各省的需要，人民解放军又在上海、南京等地招收"南下服务团"，我为"解放全中国"的强烈愿望所驱使，想到参加南下比参加军大更直接，更实际，因此，又响应上海市总工会的号召，报名参加"南下服务"，后因解放西南的急需，改为"西南服务团"。在上海刚解放后两个月的 7 月底，告别了那受屈辱，遭困苦的学徒生活，昂首阔步地向西南服务团总部——上海大夏大学走去，实现了我的夙愿。

由于解放战争的迅猛发展，解放大西南的迫切需要，经过在上海一个月的集中学习后，整个队伍就转移到南京集中受训。在南京，我们除了比较系统地学习党的革命理论，如《中国革命与中国共产党》《将革命进行到底》外，还经常听邓小平、刘伯承、宋任穷、万里等领导同志亲自给我们做的政治报告。特别是邓小平同志当时以《老实》为题所做的报告，深入浅出，娓娓动听，精辟地论述共产党与青年的关系，殷切希望青年要以老实的态度对待人民，对待革命事业，对待党，这对我们这些刚刚踏入革命大门的青年来说，的确是一堂生动、深刻的党的基本知识启蒙课，对帮助我们奠定革命志向，端正南下动机，明确形势任务和坚定向大西南进军的思想和信心，都起了决定性的作用。与此同时，为了做好向西南进军的准备，又加强了行军训练和纪律训练，除了每天集合整队外，还专门进行了急步行军训练。经过这段时间的集训，大家的政治觉悟和组织纪律都有了很大的提高，并在此基础上进行了学习总结和组织调整，从而为进军西南奠定了思想基础和组织基础。正好在这个时候，从北京传来了中国人民政治协商会议庄严通过《共同纲领》，宣告中华人民共和国正式成立的喜讯。中国人民站起来了，一个新的时代正在世界的东方开始。而我们这支伴随着新中国的诞生而诞生的革命队伍，也随着五星红旗在天安门升起的第二天，迎着金秋的阳光，高唱着“到西南去！到西南去！”的战歌，浩浩荡荡地渡过了长江，走上向大西南进军的光荣而豪迈的征途。

经过七千里路的艰苦跋涉和风餐露宿，追随着刘、邓大军所向披靡的前进足迹，在 1949 年底前后，我们这支队伍终于来到了大西南的云、贵、川，并立即投入到接管城市、开辟新区和建设人民政权的工作中去。我们中队在湖南常德整编时被编入工会大队，分配到重庆市做工会工作，我也从此开始了建设西南、扎根西南的漫长而崎岖的道路，经过多次工作变动后，于 1980 年代初转到侨务工作岗位直到现在。我生长在苦难的祖国大地，也曾漂泊过异国他乡，是祖国的召唤使我走上回归的历程，并投身于祖国的民族解放和人民解放的伟大事业之中。经过半个世纪以来的风风雨雨，尽管道路坎坷不平，身受各种磨难，但始终没有动摇过当年回归祖国、报效祖国的初衷，也没有忘记自己是无产阶级先锋队一分子的天职，在各个历史时期和不同的服务岗位上，始终勤勤恳恳地奉献了一个“海外赤子”的全部精力和青春。

9. 陶仲：推进教育振乡梓 ①

姓名： 陶仲
出生时间： 1885 年
性别： 男
归国前所在地： 日本
归国后所在地： 重庆丰都
归国时间： 1918 年
归国原因： 学成归国

归侨教育家陶仲校长离开人世已有 30 多年了。回想当年，他在丰都县陶家坪担任校长职务的 10 多年岁月里，那种对人和善、谨慎谦虚、诲人不倦、公而忘私、舍己为校的高贵德行，给历届毕业学生树立了师道的楷模，实在令人终生难忘。

陶仲校长一身正气，始终不为黑暗势力所压倒。他在国民党中央政府任职的那几年里，看透了他们的愚民政策，腐败无能，官场中尔虞我诈，互相倾轧，毅然于 1935 年辞去重庆审计部月薪 180 元的官职。1939 年邀约了一位忠县的旅日归侨马仁庵先生，一起到丰都县陶家坪私立用宾小学担任起正副校长来。在他们的推动下，通过校董会，积极筹集资金，大兴土木，在短短两年时间内，修起了一所富丽堂皇的私立用宾初级中学。这对于当地人民来说是破天荒的大事，人们奔走相告，说中国再有几百个陶仲就好了。

在修建初中部的中途，学校总务部门经过试算，发现还差一大批木材才能完成一间大厨房、一间大食堂和一间大厕所的修建任务。在资金不足的情况下，陶校长毅然将自己私人山林中大小松树、柏树全部砍伐，无偿地奉献给学校搞修建，过小的树子后来作为童子军棍，进行教学。然而，他每月领

① 杨家庆：《怀念归侨陶仲对家乡教育事业的贡献》，载四川省归国华侨联合会、四川省华侨华人学会：《华侨华人研究文集》第一辑，成都：成都科技大学出版社，1993 年，第 167–170 页。有一定的修改。

取的工资却十分微薄，不足以供给自己两个儿女的入学费用，更不用说姑母的症病更是无钱治疗了。当我刚读完小学的时候，姑母就扔下家人与世长辞了。

他在整个办学期间，热忱关心贫苦农民的子女上学，对这一部分子女，学费都收得很低。一些家道极为贫寒的学生，只要肯学习，肯上进，成绩好，第二学期都得到减费和免费的照顾。他鼓励学生努力学习，以后成为对国家有用的人。记得在 1948 年春，国民党丰都县党部不满意陶仲校长的教育方针，派爪牙直接插手，夺取领导权，赶走陶仲及部分教员，但是陶校长并不甘心抛弃他心爱的事业回到家乡（红庙子龙滚函）同几位侄儿（杨家庆、杨家振、杨家穆）一起举办“实践补习学校”。主要招收初中肄业生。学费收得很低，仅够维持几位教员的生活，陶校长却一点待遇也不要，义务给学生上课。当时他任国语教学，杨家振任英语兼教导主任，杨家庆任数学，杨家穆任音乐、美术，刚好办了一学期，用宾中学的新任校长亲自到龙滚函来咆哮，说是实践补习学校堵截了用宾中学的学生来源，扬言要报告丰都县教育局来查封补习校。这时陶校长沉着、冷静、利用寒假，亲自到教育局周旋，获得默许。返家后，动员教师、学生一起迁徙校址于社坛区文庙。在那里，学生来源更多（不下一百人），因为社坛整整一个大区没有一所正式的中学。离家太远的学生，苦于缴不起食宿费，失学在家的特别多。就这样，我们每天早上都得起个绝早，步行 30 华里到校上课，寒来暑往，风雨无阻。这对失业青年来讲，算不了什么，然而对于一位 60 开外的陶校长来说，确实是艰苦卓绝。每天一往返，陶校长步履稳健，谈笑风生，以苦为乐，反倒教育和鼓励了一代青年。

1949 年冬，人民解放军进军大西南，社坛区旋即解放，共产党的地下区委书记也公开工作了。但不久，由于国民党溃逃前设置了埋伏——刀儿教组织暴动，攻打区公所，杀害了区委书记。在这兵荒马乱的时刻，实践补习校才被迫停办。此时，陶校长正式宣布告老还乡，安度晚年，把希望和理想寄托在共产党身上。

据说，早年陶校长公费留学日本，和郭沫若先生一起，最初攻读医学，后改学政治[①]，再后改学文学。他们常常在一起研究新诗的写法，再三修改后

① 实际是学的经济学。

直寄上海《星灯》诗刊登出，为中国现代文学的创立，作了点滴贡献。1931年回国后，随时注意新文学的动向，对鲁迅先生的文章，倍加赞赏，认为他的文章极其辛辣、嘲讽，对揭露时弊不遗余力。是爱国主义、救国主义的文学，对唤起东亚睡狮的觉醒起着巨大作用。1945年以后，革命文学在国统区秘密传播。陶校长找到一些毛泽东诗词，如获至宝，茶余饭后，琅琅诗歌声，响彻书斋。他最喜欢其中一首——《沁园春》，百诵不厌，并在学生中广为讲授。这在当时来讲，是严格禁止的。不过边远山乡没有多少特务懂得文学，对陶校长的反蒋行为，也就无可奈何了。

如今，陶校长的理想终于实现了。要是他还活在世上，亲眼看到他所培养的桃李遍天下，定会感到万分欣慰。特别是他的一位学生最近从台湾汇回美元300元，为已故老校长修建坟茔，成为尊师重教的典范。足见师生之间的情谊，陶校长之所以“不为五斗米而折腰”，决心以兴办教育事业去拯救国家的命运，实出于“教育救国”的影响，但是他的那种面向工农、面向劳苦大众的教育思想却是和陶行知的教育思想是一致的。以他爱祖国、爱人民、不惜倾家荡产办教育的精神来讲，和陈嘉庚先生多么相似。许多从用宾中学毕业出来的校友，在回忆自己的成长过程时，无不对陶仲校长感恩戴德。

10. 江潮：革命人生 ①

姓名： 江潮

出生时间： 1911 年

性别： 男

归国前所在地： 泰国、马来亚

归国后所在地： 广东、云南、重庆、湖北巴东、四川成都

归国时间： 1939 年 3 月 /1949 年（第二次）

归国原因： 南桥机工 / 从事革命被押送回国

我叫周志楣，笔名江潮，是侨裔，1911 年出生于泰国曼谷，正好与辛亥革命同庚，从小就处在世界与祖国动荡的年代。

先祖周应康在一百多年前，与当年反清复明失败的志士，不断受到清廷迫害而泛舟亡命海外。据我祖父周林告诉我们，当年海上交通不似现代那么方便，主要运输工具是大木帆船，坐在出国装够粮食的木船上，顺着风势漂洋过海，见岸就着陆定居。所以上辈华侨在南太平洋各岛都有。

先祖在暹罗（今泰国）着陆后，见这里是一个物产富饶的地方，尽管处在殖民统治之下，丰富的资源被殖民统治者和海盗掠夺。由于这里是远东三大米仓之一②，资源丰富，人民过着比较富裕的生活。先祖在这里各地流浪，靠医术为人治病，和当地暹女结婚，生男育女。传至我这一代人已是第八代了。从我祖父以上，代代都出一两个医生，是为家传，至我文字辈开始，才读新学不习八股，更不习儒医，改变了相传六代业医的家庭传统。

我父亲周方是碾米厂的工人，日本投降前夕，在曼谷失踪，据传已遇害。母亲辜月云是泰国华侨，职业是成衣匠，没文化，能勤俭持家。姐妹兄弟 7 人，有 4 个姐姐，下有弟妹各一，故家中生活较为困苦。我小时受祖父

---

① 周志楣：《江潮漫忆录》。载四川省归国华侨联合会、四川省华侨华人学会：《华侨华人研究文集》第一辑，成都：成都科技大学出版社，1993 年，第 187-201 页。

② 另外两大米仓是缅甸、越南。

母钟爱，所以才能读书，4 岁到天外天街嘉应会馆办的进德小学读书，11 岁便进潮州会馆办的黄魂中学。30 年代我回梅县老家看望重病的祖母，请名医为她治疗，不到一个月她的病就大有好转，但她不让我去香港上学，我只好在附近的南口街星聚中学高中部学习。这所中学是印尼华侨办的，教师队伍中进步人士很多，当时的教务主任是陈伯达，不久他就被国民党逮捕，逃脱后进江西苏区。我有个叔父周新龙在梅城东较场学艺中学教书。他叫我到梅县城里读书，生活较为方便，我祖母也同意。我通过叔父周新龙的关系，由训育主任郭访皋安排在高三年级。那时是 1930 年冬，陈济堂为广东省主席，他的部队先有王任寰军，后有黄延祯师驻在梅县，当时的县长是彭精一，配合国民党中央军对江西瑞金，当时的中华苏维埃进攻围剿。那时我亲眼所见，每周东较场——学艺中学校门前的广场上在黄昏时，总有两三起枪毙共产党人的惨事，少则数人，多则数十人甚至百多人。当时著名的“赤化”学校县城外有状元桥的东山中学、东较场的学艺中学。城里的省立五中、县立梅州中学、县立女子中学，虽然是官办的，算是最可靠的学校，但实际上仍有不少“赤化”学生。残酷的事实，在我思想上深深烙印着。不打倒反动派，人民就无法翻身的观念在潜移默化。

我无法在老家待下去，便来到香港，在南华学院取得毕业证后，回到泰国曼谷。那时我祖父已去世。家庭依然朝不保夕，姐姐们都嫁了，弟妹们读书交不起学费而失学当学徒工，以资助家庭糊口。南华同学王金赤在城内三民中学任校长，约我去教书，为了生活不得不去。一年后王金赤到《华侨日报》当副刊编辑主任，由他向校董建议，我接替了他的遗缺，任校长。

我思想上从小就憎恨帝国主义对殖民地人民残酷的压迫，就愤恨国内的军阀争权夺利屠杀人民。我小时常听到祖父和他的朋友聊天，谈的多是孙中山革命的事，以后又知道当时华侨很多是革命党人。广州暴动失败被埋葬在黄花岗的七十二烈士之一的温生才就是泰国侨裔。

20 世纪 30 年代初期，我在三民中学任教时，有一位老师，除上课之外，从不与人交往，上课来，下课就走了。最初我并不奇怪，待我接替校长以后，找他谈过几次话，他以为我知道了他什么，一学期末终他就请求辞职，才引起我注意，他姓付名克威，是潮州海丰县人。1929 年从香港来泰国。我就联想到 1928 年彭湃领导下的海陆丰苏维埃政权被摧毁后许多革命者和革命群众逃亡海外，莫非他就是逃亡者。因为那时泰国华侨社会是国民党的世界，故对我起了戒心，我极力挽留了他继续执教，表面上除教学上的接触外，平时很少联系。

那些年在第一次世界大战之后，资本主义国家元气未复，各国都在不景气的烟雾之中。另一方面苏联十月革命取得成功，马克思列宁主义在世界传播，中国共产党的建立，震撼着帝国主义在华的利益，国民党也背信弃义，为了巩固自己的统治，纠集国内外的反动势力，残酷地向年轻的中国共产党发动围剿，向全国爱好和平民主的人民展开大屠杀。九一八事变以后，东北三省让日本人占领，而不出兵抵抗。海外的侨胞社团纷纷电请国民党停止内战，集中兵力御侮图存。但国民党拒不接受共产党联合抗日的建议，丢了东北，华北也危在旦夕之际，国民党仍然不予置理，继续剿共。华侨社会里爱国热情高涨，锄汉奸，抵制日货，烧毁日货的壮举各国的华侨社会里天天有。

1930 年后，曼谷这个安宁的城市也出现慌乱。因为在嗌叻、黄桥等地，在公司廊码头，在横跨湄南江大桥上，时不时飘扬着斧头镰刀的红旗和呼唤工人团结起来和资本斗争，支援祖国抗日的红绿纸，华文的、暹文的标语贴满街头。这个信号，说明暹罗有了共产党。兴奋了的劳苦大众，黄桥一带的菜农、烟草农，秘密组织了农会，公司廊一带的鞋业工人，越督一带的成衣业工人，都纷纷秘密成立工会小组。

1934 年，我的堂侄周煌彝找我去参加成立暹华劳动者联合会，在会上看到了付克威、王金赤等人，我才恍然大悟，原来他们都是当年潮汕等地共产党的地下工作者，虽逃亡海外，一颗革命的种子，到任何地方都会落地生根、发芽成长开花的。以后我也参加了这个协会，那时主要活动是组织侨胞认清日寇蚕食政策，国民党安内必先攘外的投降卖国政策，揭露蒋家政权的反动本质和声援红军的斗争，宣扬共产党为祖国人民谋幸福的壮举。

因为那时暹罗是亲日的政府，我们这些活动是秘密进行的。同时我们没有报刊，仅有十多个晚上为工人补习的学校，但这些微不足道的宣传活动也未逃过暹罗亲日政府的鹰犬。1935 年，一二·九运动的消息传到暹罗曼谷后，我们支持北京学生的爱国行动，也组织以暹华劳联为主的示威游行。三角路警署前的大街上被警察的警棍乱打和水龙猛射而驱散队伍。1936 年秋的一个夜晚，我终于被三角路玻璃廊（警局）请了去，第二天早上送我到合艾警署，宣布驱逐出境，我不得不离开我生活 26 年的第二故乡，离开了父母妻儿流浪在马来亚。

我的伯父周风，从未见过面，仅从他和祖父的通信中知道他的住址。嘭哼州文冬埠是一个只有三四条街的小城市，平时不很热闹，每逢星期日就像赶集一样，供应着橡胶园、锡矿工人的粮食和日用品。我伯父还为英国的橡胶园——砂砒园做包工头，为该公司承包建筑。

1935 年 12 月 9 日，北京的各校学生在中国共产党领导下举行示威游行，反对日寇策划的冀察政务委员会成立，要求“停止内战，枪口一致对外”。这一二・九运动展示了全民抗日的新高潮，在国外各地的华侨爱国社团发表通电、宣言，要求蒋介石一致抗日。马来亚是英国的殖民地，华侨救国运动更为活跃。

我在伯父的胶园里，有时也到英国人的砂砒园里，所接触到的侨工都关心祖国的危亡，也正好发挥我的工作效用。首先和几个热心群众工作的工人接触。有个叫黄右的，还有个叫杨水的特别热心，很快就办起了夜校，名义上是夜校，实际上是谈阶级斗争、祖国抗战的事，国际、国内的形势，确实效果很好。因为这些工人从唐山（祖国）到此，长期都在橡胶园里工作，有要紧的事才到文冬去一下。连吉隆坡、新加坡的名字都陌生，更不要说到这些地方去游玩了。他们每月收入除应开销的以外，都积存起来，每年三次水客来时托带回唐山家里供奉父母，养育妻儿。他们知道没国就没有家的道理之后。就更加关心祖国的存亡，在砂砒园里的建筑工黄右、杨水悄悄地询问我泰国共产党的情况。我据实把所知道的告诉他们。我说曼谷是否有党组织存在我不清楚，但党员是有的。以出现红旗、标语和组织工会小组和农会等就可以证明。这些工会、农会联合建成的暹华劳动者协会也是秘密的，不能公开活动。就是去年冬声援北京学生爱国运动，暹华协会的会员和各华校学生游行示威也遭镇压。他们问我是不是共产党员，我否定。他们又询问有人愿意介绍入党是否同意，我表示同意。7 月初一个星期天在胶林深处，由杨水监誓举行了入党宣誓仪式，除黄右外，十多个参加仪式的人一个我也不认识，杨水一一予以介绍。各人各在自己工作的胶园深处也不易见面。大概我是周风的侄子，资产阶级的子弟而存戒心，虽有这些猜疑，但我不过问，交代的任务百分之百地去完成。主要是传播各地华侨对祖国救亡的消息，和祖国战场上的胜负，以及人民大众的情绪，国民党、共产党各个方面的情况，将这些情况告诉工人弟兄们，请为祖国存亡而解囊捐献购买军火、赈济灾民。

空闲时我也经常去文冬，有次经过陆祐街中段，发现有个小书店，卖的都是进步书籍，如鲁迅的杂文，创造社作家的小说。我在此买了苏联的译本《铁流》，和几本鲁迅的书，老板是个十七八岁的小青年，出来招呼我，请我进去坐一坐。我初到文冬，一个熟人也没有，几次上街到茶饭馆吃点喝点就无所事事了。我坐下后，他就笑吟吟地说："周先生我自我介绍吧，我叫陈修，以后来文冬请到这里歇脚，不要见外。"我奇怪他怎么认识我，还知道我是谁，如果不是在自己同胞的书店里，若是在街上，我会马上怀疑是当地的暗探，或国民党的特务呢！他大概从我表情的惊疑而察觉到内心世界，他赶快摊了牌，说："我是王金赤的朋友，王金赤也被驱逐到了新加坡，最近来信说要我留意，文冬有个叫周风的人是英国人橡胶园的包工头，他有个侄儿叫周楣在曼谷失踪了，不知是否到了文冬。当然我很快探听到你来了。"在陈修小书店，我认识了许多启文中学教书的老师，如陈仁熙、陈仁炳等人，也常在此书店相见。陈修介绍我加入中华民族解放先锋队后，展开了文冬救亡运动等事宜，文冬这块不起眼的小地方，国民党、三青团分子也非常猖獗。马来亚党领导下的橡胶工人、进步店员也不让步，以牙还牙给予打击。在这困难当头的时刻，侨胞大部分精力都为支援祖国抗战而努力。抗战最需要的人力物资，例如1932年1月28日，日本进攻上海时，蔡延楷的十九路军奋勇抵抗，军部收到捐款1068万元，其中有四分之三是华侨捐赠的。1933年1月至3月日军向热河、察哈尔及关内进行新的侵略扩张，中国驻军进行抵抗，各地华侨捐款助战，1935年8月1日中国共产党发表《为抗日救国告全体同胞书》即《八·一宣言》，号召全国各党、各派、各军无条件地停止内战，集中一切力量为抗日救国而奋斗，并提出组成国防政府和抗日联军等主张，得到广大华侨拥护。华侨的捐款除富有的侨商外，一般侨民、学生都采用义演、卖花等收入交南侨筹振总会寄回祖国。许多华侨青年不让家庭知道，偷偷地跑回祖国，有的则到延安去，如彭世馨等人在抗日军政大学学习，有一部分加入东江抗日服务团（纵队）。文冬这块小地方侨胞爱国热情和全马一样，新加坡或吉隆坡有什么活动，当日或隔日在彭亨州文冬、文积、劳勿等地也就展开。

1939年南侨总会筹购3000多辆大运输车捐献抗战，并号召司机、机工共有3200多人分9批先后回国在滇缅路为抗日运输军用物资。我不会开大卡车，仅会开家中自用的小车，看见那么多机工报名回国抗战，确实我的血液也在沸腾。我想报名参军，又怕不成，后得到陈修、汪清、陈仁炳、陈仁熙等支持报了名，练习开了一周大车，考试时居然合格，于 1939 年 3 月（第三批）在新加坡坐船到越南西贡起坡，改乘滇越铁路火车直达昆明，终于来到了抗战的岗位，到昆明后向军事委员会西南运输处报到后，被编在华侨运输义勇总队第三大队第九中队为服务员。我们大队当时驻在滇西芒市，急需要将积压在缅甸仰光、曼德理、腊戍等地的军用物资抢运回来，每部车配有两个驾驶员轮流驾驶，夜以继日地抢运回来，又急忙送到前线去。那时候的侨工只知道抗战，为了完成抗战任务，没日没夜地干，就是最好的朋友，一二年都难得坐在一块吃顿饭，喝杯茶。大家都忙，驾驶室就是饭堂，也是卧室。

提起滇缅公路，没走过的人觉得新奇，在我来说事隔数十年，每回想起仍然惊心动魄，不过在当时并不觉得。从昆明开车出来，一到下关，路就难走了，“下关风”名不虚传，向漾濞县进发，出峡口道中风势猛烈，车都有吹翻的危险，但是华侨司机自有一套本领，在山道崎岖急坡路狭的情况下，徐徐慢挡前进，发生事故也较少。经过永平到达功果桥，那时桥是铁索桥，每次仅能一辆一辆地过，过时桥身晃动，桥下的澜沧江水像千万头猛兽奔腾咆哮，真是惊险壮观。到保山县稍事休息，又奔驰至怒江，怒江水急亦如澜沧江，俗谚有“慢怒江”，就是说过怒江最好是早上或傍晚，不然易中毒难治。军运紧急，侨工们并不计较这些，确也不见得有很多人中毒，考此谚来由，昔日渡江只能早晚才可渡，无舟楫年代，用大木头刨空作舟容二三人过而已，江两岸都是高山，该地近乎热带气候，中午日照集中江上，不易散发，故易中热毒。我们是开车而过，所以此谚对我们无碍。过桥上坡后，直下龙陵，饭后趋芒市玉遮放、畹町、入缅甸，均坦途大道，速度也加快了。

虽然侨工们勤勤恳恳、任劳任怨地忘我工作，但仍然受到不应有的歧视。有一次一位福建籍姓周的司机，因汽车兵团的司机不守交通规则，占路不让，而发生争论，竟被活活打死。西南运输处并未及时向二百师汽车兵团交涉，引起归侨司机公愤。当时华侨运输十二大队驻保山，有部分未出发的司机向云南部队借枪，探悉当晚汽车团的车队将到保山，便把空车开出十多部到东门外五里许把公路塞住不让通过，待该兵团士兵破口大骂时，然后突向其攻击使其措手不及，此后该兵团与华侨司机双方进行循环报复。该兵团是属二百师，师长是杜聿明，蒋介石的王牌部队。当时此条公路的车队，有交通部的，有兴滇银行的，有复光公司的……对该兵团的欺凌只有忍气吞声相让而已。见华侨司机不畏强暴，敢与之对抗周旋，均站在侨工这边来，该兵团才有所顾忌，不久便调离此公路。

1941 年以后，越南、暹罗、马来亚、缅甸先后为日军占领。在缅甸各仓库压存的军用物资尚多，西南运输局从各大队（共有 15 个大队），抽调年轻、技术超群的机工组成 3 个华侨先锋大队在日军未到达前抢运，先运到畹町放下再回去抢运，直到日军占领腊戍后，不能再去时，才又匆忙将在畹町的物资运回内地，工作之苦及惊险程度确实无可比拟。

那时共产党前有日寇，后有国民党军队夹攻之下忙于战争的时刻，并未忘记远在云南西陲的 3000 多名海外赤子，1941 年春，我在芒市部队时，有不速之客叫白奋的（后又更名王值，也就是彭世馨），找我了解各队的机工思想和工作情况，商量在芒市外，路边盖一大草房开个饭店。因为畹町、遮放、芒市这三镇都是摆夷土司的领地，汉人很少，侨工一般要赶到龙陵县才有汉人的饭店，才能吃好饭，饭店开张了，取名为“外路人咖啡饭店”，在机工们食饭时宣传前线实况，揭露国内投降派又抬头不利抗日。一月份皖南事变，侨工们尚不知道，白奋来到后，许多侨工才清楚国民党丢了三分之二的国土，还要打内战，还想消灭新四军。侨工们对国民党反动派的倒行逆施感到无比愤慨。这个白奋是柔佛州的共产党员，回国后先到延安学习。1939 年，华侨归国服务团驻延安办事处成立后，彭世馨担任总干事。

1942 年缅甸沦陷，那时唯一的国际交通线瘫痪了，仗还得打下去，还必须要国际供应军需，也就必须开辟新的国际运输线。由腾冲新辟的一条到印度公路很快建成，这就是中印公路，也叫密支那公路。仓促修成，路基很坏，运输量不大。宋子良主持的西南运输处撤销。以曾养甫领导的中印运输局成立了，该局只录用数百名侨工，而剩下的 2000 多名并无善后，任其流离失所。侨工海外的家，因侨居国已被日寇占领不能通信，得不到接济，只有各自找活路了。1942 年 4 月我从川滇东路（昆明玉泸县蓝田坝）转轮至重庆，到全国慰劳总会找到一位泰国归侨蔡文娟女士，通过她的关系，暂时到江北相国寺武昌文华图书馆专科学校去教书，日本飞机几乎每天都来，学生暂不来上课，因此整日无所事事。蔡文娟又通过了玖祥，介绍到天官府七号文化工作委员会第二组去当雇员。当时郭沫若是主任委员，我在那里一个多月，从未见他来过（他是住在七号的对门六号），他的秘书姓罗有时来巡视一下就走了。第一组是国际政治组，组长石啸冲，和几个组员天天都在，他们都是东北人。我们的第二组是文艺组，有个组员叫钱远铎（是钱亦石的儿子）只会喝酒、骂街，像我一样的南郭先生，我们组长是田汉，不在会里，据钱远铎说到桂林安娥那里去了。柳青、臧云远有时来座半天写他的诗。其他大文豪如巴金等人有他们的办公桌，则未来过。我因不是文人，又不会写东西，在这里很不合适，一个月之后很苦恼。在七星岗的广东食品公司碰到一个梅县老乡，留学美国的硕士钟新祥教授。他知道我的处境后，问我愿不愿意去搞财务。当时真把我吓了一跳，我连算盘都打不来，怎能搞财务呢？他说没问题，介绍你到中国火柴专卖公司财务处去报到，然后到湖北省分公司去任财务科长。广东食品公司的林经理为我作担保人，就这样我到湖北巴东县湖北分公司去上任了。

那时湖北省大部分地区被日本占领了，剩下的只有靠近四川的十多个县，如秭归、巴东、施恩、宣威，利川等县。不久因宜昌被日本占领，第六战区的驻地三斗坪也吃紧，湖北省分公司撤销，在万县成立直属办事处，兼办湖北未失的县份的业务。在万县和进步的老师们经常接触。如当时在万一中任教的卢集干（新中国成立后在《四川日报》离休，后在《晚霞报》任职），《川东日报》的杨培新[①]，并常常资助抗日第六宣传队的演出等。

1944 年夏，得知万县警备司令部稽查处准备逮捕我，由谢章安排，我化名谢炼外逃，走彭水到酉阳专署农业推广所找到所长孙繁维同志后，他考虑到我的安全，该所尚有一个指导员的缺，便把我补上。我这个谢指导员经常随所长或其他指导员到属县乡去视察推广成绩，我的口音当地乡民听不懂，我也少说话（事实上我对农业知识一点也没有），混过了半年多，1945 年春末的一个晚上，我正准备睡觉，一位同事惊惶地叫我马上跟他走向后门，走到不远的实验林里，就听所里闹翻天，带我走的同事才告诉我；所长一早到专署开会，一天都没回来，刚才接到所长送来字条叫我速护送你到龚滩去，想不到抓人的来得那么快，如果我们稍迟几分钟也就落网了。我担心孔繁维所长的安全。那位同志告诉我不碍事，因为专员是孔的亲戚。酉阳警备司令部或警察局不会对他怎样的。我到了龚滩，7 月间又过河到贵州的沿河县一山寨住到 10 月初，日本投降了，抗战胜利了的欢声，全国人民皆大欢喜，蒋府还都南京。谢章来电促回万县，因万县警备部人事更迭。我也就

① 中华人民共和国成立后在北京中央人民政府银行经济研究室。

从龚滩顺流而下，坐歪屁股船在水急滩险的小河直奔涪陵，真是有“千里涪陵一日还”的壮观。谢会蓬已于前两天到涪陵来接我，涪陵粮食储运处的汪处长是会蓬的父亲谢荅青的好友，热诚接待了我，回至万县后，南洋华侨归国服务团的使命，因抗日胜利而宣告结束。

我准备重回马来亚之际，谢会蓬要求结婚同到马来亚去，其姑谢章赞成，其父谢荅青同意，草草结婚南返，临走前，岳父给我一首律诗送行：

韦皋疏矿舜钦奇，
快婿才华匹眇仪。
藉著交州年阅久，
遍游蜀国愿终违。
一官淡泊同如水，
百粤飞腾合有时。
此去岑南逢驿使，
折梅应早寄新诗。

每忆岳父过誉之词，令我羞愧而时时铭刻在心以自励。韦皋是唐之名将，贞元元年（785 年）为剑南川西节度使，边功甚伟。苏舜钦是北宋诗文革新运动者（1008–1048 年）。四五年冬经广州、香港返回马来亚。

马来亚人民在马来亚共产党的领导下，组成的武装经过三年零八个月的苦战，终于取得解放。我回到文冬后，伯父也被汉奸杀害，伯母带着弟妹到柔佛州去了。经过这场侵略战争，财产早已化为乌有，人能幸存就是万幸了。那时陈修在文冬二十一条石中华公学当校长，我回到二十一条石在工人们重建的中国公学当校长。1948 年 2 月中国民主同盟马来亚支部的秘书胡守愚同志到文冬来，在当地马共机关支持下建立中盟文冬分部，何南群任分部主委，陈修任组织委员，周游任宣传委员。主要活动是反蒋斗争，揭穿内战的实质，与当地的国民党欺骗侨跑的宣传谎言作针锋相对的斗争。

入侵马来亚的日本投降后，英帝国主义重回来窃取了马来亚人民三年零八个月浴血抗战的胜利果实，马来亚人民共和国被解散，马来亚又重新沦为殖民地。

1948 年 3 月新加坡的共产党人林亚亮被英国当局迫害致死。星州工会号召以中午12正时罢工五分钟，以悼念林亚亮同志，并向当局抗议。12时一到，全星州汽笛长鸣，任何车辆都停驶，轮船停航，工人停工，拉着人的黄包车也停下来，真是步调一致。仅仅是五分钟的罢工，也显示了工人团结的意志和力量。仅仅是五分钟的罢工，使马来亚的统治者惊恐万状。全马有12个州，当时星州属马来亚。英当局阴险的星马分治计划由此形成，让星州从马来亚划出去，成为英联邦的一个国家，把西婆罗洲划进来，又拼成12个州，所以现在就叫马来西亚。

1948年6月20日凌晨一时英马当局公布紧急法令，进行全马大逮捕。马来亚共产党从中央到基层，尽遭破坏。印度国大党、中国民主同盟、中华民族解放先锋队的成员无一幸免。我被捕后，我否认我是马共，仅承认我是中盟成员。在吉隆坡半山巴监狱囚了数月后，转移到马六甲集中营、居銮集中营，1949年武装解递出境。

我们这一群被武装押送的政治犯，到了香港，经驻香港的中共、中盟、民革等单位审查后送入解放区。我和谢会蓬由香港元朗村的党员郭高峰派交通员带到广东宝安县龙华区（半解放区）搞民运工作，宣传人民军队的胜利，征粮迎接解放军。是年11月宝安县解放军进城后，成立了人民的县政府，县委决定我担任了文教科的事宜。县城干部中，只有我是归侨，又兼任了侨务科的事宜。

在马来亚时，在监狱、集中营里身心受到严重摧残，回来后负责民运工作，白天学习和睡眠，晚上才出去搞宣传和组织征购工作，工作虽繁忙也不感觉累或病，进城了坐办公室后好像群病都来算账一样。风湿、头晕、肺结核，接着大吐血。在养病期间送谢会蓬回四川万县省亲，抵万市后，向万县地委统战部报到，病愈后留万市由地委财经委安排，到万县专区土产公司搞秘书工作。1953年3月调万县师范学校任政治教师。1955年调回万市二中。1959年因我给在马来亚的儿子写了封信，有人以此作为我里通外国的根据。我被划为右派内心不服，想到成都找省民盟谈我的处境，到梁平车站即被抓回，以企图投敌叛国罪判刑8年，谢会蓬为了划清界限，要求离婚，经我同意，由万市法院判决离异，1967年刑满不予释放，名曰留场就业。1979年我终获平反。

我平反后已年老病残，无家可归，故与成都的林维俊再次结婚，以利双方照顾。到1991年，我基本上得到了落实政策。

11. 周旭晟：多党家庭尤爱国[①]

姓名：周旭晟
出生时间：1939 年秋
性别：男
归国前所在地：缅甸
归国后所在地：重庆
归国时间：1943 年
归国原因：年幼随父母回国

回忆过去，看看现在，展望将来，今昔之比，令人心潮澎湃、思绪万千，无比感慨！

我故乡是厦门鼓浪屿，号称世界“海上花园”的宝岛。祖辈们为了开创理想的前程，背井离乡到了缅甸，办起了华侨育英学校并与缅甸人民建立起深厚的感情，华人教育事业一度兴旺他乡。1939 年初秋，我出生在异国仰光的一个知识分子家庭。

太平洋战争涉及东南亚各国，缅甸也未逃脱厄运。父亲周晨钟不幸抗日阵亡。1943 年幼小的我随母亲及一批逃难的人从滇缅公路逃回到祖国的抗日大后方——四川重庆，在举目无亲的巴蜀过着苦难的童年生活。

回国初期，母亲经缅甸教师联合会华侨驻渝办事处介绍到教养院教书，抗战胜利后教养院解散，母亲失了业。由于父亲惨死在日寇机枪下，既无钱返缅又无工作，我们开始过着无依无靠、极其困苦的流浪生活。那时，祸不单行，饥寒给我带来了严重肺炎，脸色干瘦苍白，鼻孔喘气，高烧 40 度，病情十分危急，母亲背着我到重庆宽仁医院，但无钱医治徘徊于医院门口，母亲焦急地看着我这个即将离世的生命，潸然泪下。天下毕竟有好心人啊！一位好心的陈先生眼见此景，慷慨掏钱相助，把我送进了医院。病治好了，

① 周旭晟：《昔日流浪儿 而今成圣人》。载四川省归国华侨联合会、四川省华侨华人学会：《华侨华人研究文集》第一辑，成都：成都科技大学出版社，1993 年，第 205-208 页。

幼小生命得救了，母亲带着我们子女买了礼物去谢救命恩人，陈先生家门紧闭，听邻居说陈先生是地下党，几天前已被捕了。我们母子听后激动得热泪盈眶，掏钱相助的，救我幼小生命的陈先生原来是共产党。

长时间失业，拖累又大，毫无办法的母亲，只好多次找驻渝侨务会，后经介绍到歌乐山第一保婴院当保姆，结束了失业困境，过着勉强维持全家糊口的苦难生活。直到中华人民共和国成立前夕的一年，保婴院解散，母亲又再度失业。我们无家可归，只好住在一间别人弃掉的烂草棚内。白天，母亲外出帮人洗衣。当时，金圆券、银圆券，涨得很厉害、钱不值钱，大哥周旭照只好到白糕铺找活干，在大街小巷叫卖白糕，贴补生活，我那时不到10岁，饿得饥不择食像乞丐一样在饭馆拣人家剩菜饭渣吃。再度失业，流浪异乡的生活使全家处于绝境。俗话说“天无绝人之路”，1949年，霹雳一声春雷响，来了救星毛主席、共产党、解放军，解放了全国人民，我们受苦受难的一家也从此得到新生。

中华人民共和国成立后，母亲教书工作有了保障，再不受失业之威胁、饥寒之痛苦，一直教书到退休，安度幸福晚年。迄今年近八秩的老母亲，生活在儿孙满堂，四代同堂的大家庭中，更激发了这个泸州市人民代表、泸县侨联副主席和政协委员爱党爱社会主义的老归侨的丹心。前几年她七十古稀还出游了香港、到故乡厦门探亲，最近又与新加坡驻日本、韩国大使、经济学家黄望青教授及台湾回大陆的兄弟姐妹来泸会亲，团聚一起，共叙半个世纪来的悲欢离合，苦涩、酸甜的坎坷人生，倾诉了对未来美好生活的憧憬之情。大哥这个旧社会卖白糕受欺凌的孩子，现在已是第七化建公司汽车队老工人了。大嫂在公司子弟学校工作，小妹原是一个文艺工作者，改革开放后，她争当女强人，丢掉铁饭碗，要干一番她所喜欢的事业。小弟旭川是一名干部、共产党员，并且是一个颇有名气的业余武术拳击教练，弟媳也是共产党员，爱人正兰是一个副科长、共产党员，在举世闻名的泸州老窖特曲酒厂工作，我的小孩中老大中专毕业。老二是电厂电器仪表工人，老三技校毕业后分在第七化建搞安装工作。旧社会，我这个幼时丧父，在饭馆拣剩菜饭渣的流浪儿童，是党给了我第二次生命，中华人民共和国成立后第一次踏上校门，从小学、中学、大学一直没有失学、享受补助，入了少先队、共青团、加入了致公党。在党的关怀培养下，在新中国红旗下，我成为一名化学教师和光荣的致公党泸州市工作委员会专职干部。粉碎“四人帮”后，我被选为泸州市人民代表、政协常委、侨联委员、总工会委员，致公党市工委委员等等，这是党和人民的信任。我们归侨、侨眷也和全国广大人民一样成为国家的主人。忆往昔，旧社会我一家人饱尝了战争带来的流离失所，辛酸苦难的生活；看今朝，全家人人都有工作，家庭有现代化设备，过上了多姿多彩比蜜还甜的生活。今昔对比，真是换了人间。我深深体会到，没有共产党就没有新中国，也就没有千百万受苦受难家庭的新生，也就没有我们美好的今天，没有我们的一切。受过苦的人才会珍惜今天的甜，也会倍加爱我们的党，爱我们的祖国、爱社会主义制度，才会真正体会到共产党是人民的大救星。饮水思源，我们过上安定生活不忘共产党，不忘解放军。这是千千万万人民肺腑的心声，也是我们致公党党员，归侨、侨眷的肺腑之音。

而今，我们这个家庭已是一个有共产党员、致公党员、民革成员、无党派人士的一个多党合作、和睦友爱、团结共处的家庭。家庭既是一个国家细胞，也是一个社会窗口。一个具有中国特色的社会主义国家，多党合作共事，才能集中全部力量，心往一处想，劲往一处使，齐心合力建设繁荣昌盛、富强的国家。

想想过去，看看现在，祖国蒸蒸日上，改革开放带来日新月异的巨大变化。我们充满无限希望、展望未来，中华的振兴，祖国的统一、四个现代化的实现，已指日可待。亿万人民在中国共产党领导下更加坚定不移地走社会主义富国强邦之路，奔向美好幸福的明天。

12. 方川如：滇缅公路显身手①

姓名： 方川如
出生时间： 1910 年 9 月
性别： 男
归国前所在地： 新加坡
归国后所在地： 重庆
归国时间： 1939 年 10 月
归国原因： 南侨机工

卢沟桥事变后，抗日的烽火燃遍了祖国大地。当时我在新加坡大坡丹绒巴葛律哇嘿街门牌 71 号“协家裕”木箱厂当汽车助手，随车工作。

北平、天津相继沦陷的消息传到了新加坡，广大华侨和每一个热爱自己祖国的炎黄子孙都为之震惊，一个个义愤填膺，口诛日本军国主义的侵略罪行。当我听到福建厦门也沦陷于日本帝国主义的魔掌时，自己更加怀念故土和亲人（因为我出生在厦门市，厦门是我的故乡）。每当我想起灾难深重的祖国，想起我家乡的人民受苦受难，我们每一个海外华侨都想尽自己的一点薄力，支援祖国的抗战。

1938 年，通过厂里工人吕良清介绍，我认识了郑青剑同志，每周星期六晚上在新加坡海边码头，参加多人乘凉，摆谈国内外形势。在郑青剑同志的宣传中，使我懂得了许多抗日救国的道理。后来郑青剑同志介绍我参加了星华各业工人抗敌后援会。在抗敌后援会的领导下，我们在新加坡开展了反对日本帝国主义侵略中国的宣传周活动。在活动中我们游行，坚决支持和声援英国人民反对日本帝国主义轰炸广州，我们和警察发生冲突。警察不准游行，用皮鞭和警棍来驱散我们，我们和他们进行了英勇斗争，在斗争中，有几百人被捕。第二天，经社会名流王吉士向警方交涉，我们才被放了出来。

① 方川如：《抗战回忆片断》。载四川省归国华侨联合会、四川省华侨华人学会：《华侨华人研究文集》第一辑，成都：成都科技大学出版社，1993 年，第 276–281 页。

1939年，星华各业工人抗敌后援会在郑青剑的领导下，曾组织了星华木业工人互助会之筹委会。经当地民政司批准后成立、由群众民选举，我为主任委员，吕良清、白交宝为副主任委员。在国外为了表示对祖国人民抗日斗争的支持，我们以木业工人互助会的名义向筹赈总会共捐箱数个。3个人分成一组，卖花所得之钱到晚上交经筹赈会。我们又举行罢工，向有关当局提出：第一，要求实行八小时工作制。第二，要求改善工人伙食。第三，抗战开始后，我们爱国人士向老板认购国债，支援抗日。可是这批钱在老板手中，已整整五月有余，我们要求把这笔钱拿出来，由我们工人筹委会处理。

经新加坡劳工司判决同意后，该款以星华工业工人互助会、筹委会的名义寄回祖国，支援抗日，慰劳在平型关大捷中的八路军将士。当时的平型关将士得到海外华侨寄出的钱和慰问信后，士气大振，增加了他们把抗日救国运动进行到底的决心。

同时，我们又用各种方式积累资金，把所得的资金全部寄回祖国，支援“抗日救亡”运动。捐款寄回国后，在国外我曾收到十八集团军参谋长叶剑英和十八集团军驻香港办事处处长廖承志两人盖章的收条。

为了把抗日斗争进行到底，不甘为亡国之奴，1939年5月18日，我到“南洋华侨筹赈祖国难民总会”自愿报告参加机工回国服务团。5月19日，我们“机工回国服务团”的华侨在新加坡的洪登港上船回围。“华侨机工回国服务团”先后分9批回国，每批几百人左右，一部分人回国后，到昆明的西南运输队。一部分人到重庆的十八集团军重庆办事处。这是在新加坡就分配好了的。我们这一批只有十几人被分到十八集团军重庆办事处。其中和我一起回国并在十八集团军办事处的另一位驾驶员程龙庆同志，现仍在重庆，另外，还有几名回国到延安读书的青年与我们同行。我们的领队是李振华同志。

我们从洪登港出发，船在大海上颠簸了四天四夜，才到了越南西贡。回国服务团坐火车经河内，再入云南，我们一行19人又搭原船驶向香港。因为香港还有一批归侨在那里等。他们也是机工回国服务团的成员。船开航以后，船长告诉大家说：接到日本军舰通知，要我们的船停止前进。并说船上有抗日分子，要进行搜查。后来，船长又告诉大家：为了避免搜查，船已改变航向，向菲律宾方向驶去。就这样我们躲过了日本军舰的搜查，绕道到了香港。到香港后，在香港八路军办事处的安排下，我们在海员俱乐部和香港归侨及“机工回国服务团”成员举行了联欢会。

休整了10多天后，我们又从香港出发乘船到了越南的海防，这次我们一行就有50多人，因为在香港上船的有40多人，其中多数是机工，也有回国求学的学生，如王唯真同志，当时就是回国求学的学生。

到了海防后，因办理入境手续和各方面原因耽误了些时间。我们一行乘火车经河内至凉山同登，然后乘汽车过镇南关，车到了祖国的土地凭翔县住下。因我们没有“越南驾驶执照”，就应请越南司机把车送到同登，我们再由同登把车子接回凭翔县，把车子停在中山公园大树下，等龙科长去桂林办汽车通行证。这些车有些是香港同胞捐赠，有的是加拿大华侨和美国华侨捐赠的，其中有一辆救护车和一批药品是宋庆龄捐献的。我们在凭翔县等了四十多天，日本飞机经常来轰炸公路，扫射汽车，破坏交通。龙科长到桂林办好手续回来后，我们才向重庆出发。

由于日军要封锁这条公路，敌机经常在公路上空盘旋，我们只能在夜间行车。我们开着汽车历尽艰辛，冒着生命危险，冲过每一道关卡。由凭翔县出发，出南宁，穿广西，翻独山，到了贵阳。到贵阳后，我和陆定清同志同车又到河地仓库抢运药品，再回到贵阳，于1939年10月上旬我们终于抵达重庆十八集团军办事处。

在十八集团军重庆办事处汽车队，当时我任中士驾驶员。当时祝华同志（现在商业部工作）是我们车队直接负责人。周恩来在重庆时，他就给周恩来开车，周恩来不在重庆时，他就经常组织我们学习政治时事，并负责处理车队的日常事务。

在十八集团军重庆办事处汽车队的几年里，我曾开车由重庆到延安往返几次，并为新四军送过新车。记得那是1940年，我和余技同志由贵阳交通站开车到桂林办事处等征接由香港来的两辆卡车。该卡车由叶挺军长的弟弟押车由香港回国。由于敌机封锁这条公路，只能夜闻行车，结果在离南宁不远的八塘，其中一辆车翻车，叶挺军长的弟弟身亡。我们在桂林得到消息，就赶去急救把另一辆卡车开回了桂林。桂林办事处处长李克农同志命我把车开到安徽岩寺新四军办事处，我们一行3人（其中一名是新四军的副官，名字我忘了，另一个是《新华日报》的记者），开着卡车，冲破敌人的封锁线，终于安全到达岩寺，把车交给了新四军办事处。第二天我和新四军副官（广东人）乘新四军卡车到金华坐火车回桂林。

由重庆到延安这条公路，是当时共产党边区与国民党统治区联系的唯一的地面交通线。十八集团军重庆、西安办事处的车队是这条线上引人注目的共产党车队，为了保证运输安全，副部长周恩来（当时周恩来担任军事委员会政治部副部长），和钱之光处长等许多同志，为我们操了不少心，汽车每次出发之前都要清点人数、物资，还对我们再三叮嘱，因为送去的一批批地下党员、民主人士、青年学生和技术工人，以及秘密材料、文件、电台对当时延安来说都是十分宝贵和重要的，同时，我们也认识到自己责任之重大。

我记得，无论在延安或者在重庆，我们华侨司机不仅在生活上受到热情接待，照顾，而且在思想上也得到关心。我们车队每次到延安任务完成后，都要休整十多天再运输。在休整期间，当时延安人民生活十分艰苦，住的是窑洞，吃的是小米……而我们吃大米，住在延安宝塔山北面的兵站里的平房……在延安还组织我们听演讲，参加晚会，参观一些地方，使我们感到延安就像自己的家一样。

1940 年底，皖南事变前夕，抗战进行到十分艰苦的持久阶段，国民党反动派又掀起第二次反共高潮。公路运输线封锁得更加严密。我记得，我们最后一次开车到延安的情况，那次我们是五辆卡车，两辆小车由重庆出发到延安。我们走褒城（四川和陕西交界的一个地方），国民党设有一个检查站要检查，借检查武器为名，要检查押运员的武器，说是要看号码是否与持枪证相符，检查后因无空子可钻又故意找麻烦，要我们把车开到汉中，到了汉中，墙头上有一个人打手势要我们把车又开回去。这样我们又回褒城，褒城检查站又找麻烦，要我们把车队的一个军医（该军医原在白崇禧部队做过事）扣押下来，这样几经交涉，耽搁了几天，才离开宝鸡。然后到了中部，又遇到检查站找麻烦，又要扣押人，结果一个参谋被扣下了。我们车队又继续前进。这样，在路上几经波折才进入边区地方，快到延安时，远远望见宝塔山，大家都高兴得吼了起来。

我们到了延安后，就发生了震惊中外的皖南事变。我从延安返回重庆，龙飞虎同志押我的车，我们再一次冲破重重封锁关卡回到重庆。由于皖南事变的发生，办事处以及汽车队的大部分人员已经遣散，“机工回国服务团”的人员都已离队，我是最后离开本队的了。离队前，祝华同志带我去见了办事处处长钱之光同志，钱之光同志非常关心我们离队后的生活，并给我发了路费，就这样，我才离开了工作几年的十八集团军重庆办事处。

1942 年，我由十八集团军出来后，又到重庆电信厂开车，当时滇缅公路吃紧，我由重庆开车到昆明，抢运器材到平彝所永宁州、尤里等地存放，然后经上述各地把器材转运回重庆。

抗日战争胜利几十年了，我们愿在有生之年和广大海内外侨胞一起为台湾早日回归祖国尽自己的一点力量。

13. 陈寿全：拳拳爱国心，耿耿赤子情[①]

姓名：陈寿全
出生时间：1916年
性别：男
归国前所在地：印度尼西亚
归国后所在地：云南昆明、重庆
归国时间：1939年
归国原因：南侨机工

为了表彰南桥机工的爱国精神和丰功伟绩，云南省在昆明西山公园建立"南洋华侨机工抗日纪念碑"。当我听到这个消息后，激动得彻夜难眠，不由回想50年前我们所走过的抗日救亡的艰苦历程。

七七卢沟桥事变的枪声，传到印尼邦加岛，侨胞们群情激愤。我和几个青年自发组织起来，到处向侨胞宣传：国难当头、有钱出钱、有力出力，并积极宣传抵制日货，带头把家里购置的日货扔到大街当众烧毁。我们骑上自行车往返几千里，到处募捐，将收集的衣服，钱财交到有关部门，让他们转交祖国人民。

抗日战争全面爆发的第二年，满22岁的我响应陈嘉庚先生的号召，毅然报名参加了第四批"南洋华侨机工服务团"。当时我父母还健在，需要我赡养，我离开他们将会给他们的生活带来极大的困难，可祖国处在生死存亡的关头，同胞们在流血牺牲，促使我毅然参加岛客属公会，在客属公会的保送下回到抗日的第一线参加战斗。临别前我不忍心告诉父母，我从家里悄悄出来到苏门答腊，几百人簇拥着我们，吹奏着雄壮的军乐，送我们好几里路来到码头登上轮船。汽笛响了，轮船即将开出码头。我突然看见我十二岁的

① 陈寿全:《拳拳爱国心，耿耿赤子情》。载四川省归国华侨联合会、四川省华侨华人学会:《华侨华人研究文集》第一辑，成都：成都科技大学出版社，1993年，第282–285页。本文与第一部分的陈玉琴访谈录内容有重复，但考虑到这是陈寿全的口述，资料很珍贵，故仍然选录。

小弟弟从远远的海边向码头奔来，可船已离开码头，小弟弟一下子跪倒在海边呼我，我放声痛哭。

小弟弟的到来，我的心几乎碰了，自古道“忠孝不能两全”，此时我只能在心里大声呼喊：爸爸、妈妈，我对不起你们，原谅我的不孝吧。弟弟的哭声听不到了，渐渐身影也看不到了，我回到舱中，看到同伴们告别了亲人仍在流着眼泪，为了鼓舞同伴们的斗志，我放声唱起：

向前走，别退后，
生死已到最后关头。
同胞被屠杀、土地被抢走，
我们再也不能忍受！
亡国的条件，我们决不接受！
祖国的领土，一寸也不能丢！

全船立刻响起了慷慨激昂的歌声。这首歌，我们从印尼唱到马来亚、新加坡……我们唱着这支歌踏上国土，因为我经常用歌声鼓舞同伴的斗志，大家亲切地叫我“歌全”。

回国集训后，我被分配到西南运输处机工服务队开车。每天我们冒着风险在滇缅线上运送着各种军用物资。当时兵荒马乱，很多商人为逃难也常请求我们捎带着他们离开，报酬是他商店的东西你看上什么就拿什么。满屋子的高级衣料琳琅满目的各种物品，我一概不要，却捡起了别人丢下的书:《西行漫记》《鲁迅文集》《丁玲文选》和巴金、老舍写下的小说，我收集了整整一麻袋。很多人嘲笑我是天下第一大傻瓜，可是，正是这些书让我认识到中国共产党的伟大，中国前途的希望所在，书成了我不可缺少的精神食粮。

1943 年我失业了，几经辗转来到了国民党资源委员会在重庆綦江建的“纯炼铜厂”（103 厂），特殊的经历，使我能较早地觉悟到工人们团结在一起的力量，认识到中国共产党的光明伟大。我组织工人和资本家斗，和工头斗，工人们有事都会自然地说，“走找陈师傅商量”。为解决工人们的生活困难，我组织过“友谊协进会”，工人们誉之为“工友之家”。

1949 年底，重庆解放了。我第一个组织厂里的工人去迎接解放军进厂，当时军代表还以为我是中共地下党员，要我立即着手建党工作。

祖国解放了，我渴望祖国独立、自由的理想实现了。我曾打算回到父母身边报养育之恩。可国民党留下的破烂摊子使国家相当困难。党号召人民为建设祖国贡献力量，像当年回国抗日一样，我义无反顾地拿出了从印尼带回的十两黄金和多年的积蓄买了公债，有人说我太憨、没有给自己留后路，没有给子女留下一点黄金，但我很自豪，我为祖国母亲尽了我应尽的力量。

1950 年我向党递交了入党申请书，要求加入中国共产党。我要在党的培养教育下将自己的毕生精力献给祖国的社会主义建设事业，献给人民，很快基层党组织根据我的表现批准了我的请求，可是由于我是归侨要报请市级机关批准，没想到被市某部门卡了下来，基层组织转告我，因我在国外的历史无法调查，要延长考验时间才能批准。我怎么也没想到这一延长考验竟是整整 40 年，我至今仍在被考验之中。

1966 年“文化大革命”爆发了，一些不明真相的人，利用大、小字报对我进行人身攻击，在会上他们甚至提出这样的责难：你在国外生活这么好，回来这么苦，为什么回来？他们认定我是里通外国的特务，要我交代回国的政治目的。多年来我的辛勤工作和无私贡献都成了我伪装积极的罪状。面对这莫须有的罪名，我痛不欲生！我恨不得剖开胸膛，让他们看看我有颗鲜红的心！尽管如此，我没有后悔我所走过的路，我是为救国回来的，我相信祖国不会忘记我们“机工服务团”的功绩；人民不会忘记海外赤子的赤胆忠心；人们最终会理解我们。

从离开南洋到如今，一晃已是半个世纪。我已是 70 多岁的老人，在我的有生之年能看到祖国人民给予我们“机工服务团”高度评价，并为“南侨机工服务团”建立纪念碑，我感到莫大的幸福。我常教育子女要以国家的利益为重，要为祖国的改革和建设贡献力量。令我欣慰的是我的 6 个孩子，有 4 个是中共党员，有的孩子还在单位的重要部门工作。我也时常写信告诉我海外的亲人，我生活在社会主义制度下，晚年是幸福的，我激励他们发扬华侨爱国献身精神，为祖国的社会主义建设作出新的贡献。因为祖国的繁荣富强便是我一生中最大的心愿！

14. 程龙庆：驾车奔向延安[①]

姓名： 程龙庆
出生时间： 1925 年 5 月
性别： 男
归国前所在地： 新加坡
归国后所在地： 重庆
归国时间： 1939 年 5 月 19 日
归国原因： 南侨机工

1937 年 7 月 7 日卢沟桥事变爆发，陈嘉庚先生组织南洋华侨筹赈祖国难民总会，新加坡华侨上街演讲、募捐、宣传抗日救国，气氛很浓。我和表兄洪木星也先后 3 次上街卖花募捐，筹款统一献给祖国。有几次上街号召华侨捐献衣服等物，人们踊跃响应，当筹赈会的汽车开来时，各种衣服从街道两边的大楼上抛下来，堆得像一座座小山，装了好几卡车，那种爱国热情，轰轰烈烈的场面，我一辈子也不会忘记。陈嘉庚先生于 1939 年初组织了“华侨机工回国服务团”，爱国华侨踊跃报名，纷纷抛妻别子，告别亲友，登程回国，我也被批准，参加第 5 批“华侨机工回国服务团”。“服务团”的华侨，每人均领一套中山装（当时在新加坡都穿西装），并一律剃光头，出发前放假 3 天，各华侨办的娱乐场对我们免费开放。

1939 年 5 月 19 日我们从新加坡港出发，船在大海上颠簸了 3 天，才到达越南。在安南稍事逗留，又搭原船驶向香港。途中要经过海南岛，听说海南岛被日军占领，我们要求船长绕道，船长同意了，可是快要绕过海南岛时却与日本军舰相遇，船上通知旅客准备接受日军检查，我们赶紧把身上穿的中山服脱下来，藏在煤堆里，大家紧张得连话也说不出来，不知什么原因，日本人没上船来，当我们的船又迎着海浪航行的时候，大家才松了一口

① 程龙庆：《一个机工回国参加抗战的回忆》。载四川省归国华侨联合会、四川省华侨华人学会：《华侨华人研究文集》第一辑，成都：成都科技大学出版社，1993 年，第 285-288 页。

气，在香港我们休息15天后，又由香港驶向越南海防。在海防办理入境手续延误了近两个月的时间。之后我们经过河内进入镇南关，终于踏上了祖国的土地。在镇南关附近一个小旅楼里又住了一个多月，才来到离镇南关20里左右的凭翔县，树林中早有20几辆汽车等着我们。我们分别驾驶这些汽车向重庆方向出发。从凭翔到贵阳这条公路是交通咽喉要道，而当时政府根本没把它放在心上，路面狭窄、破烂、坑坑洼洼，很不好走，加上沿途关卡众多，办理过关的手续复杂而缓慢，经常造成交通阻塞，最糟的是没防空设施，任凭日军飞机狂轰滥炸，当时公路上随时看到被炸坏的汽车。我们开着汽车，就这样停停走走，出南宁穿广西，翻独山越贵阳过遵义，终手抵达重庆。当山城的万家灯火出现在眼前，海上的颠簸，日军飞机的轰炸，道路的坎坷，霎时都烟消云散，我们高兴得笑出声来。

按照事先安排，我们9人被分配到十八集团军重庆办事处，我一个人留在车队。车队是临时组成，所在地四周都是农田宿舍和车库，都用竹子和篾席捆架起来，宿舍一楼一底，紧靠大门，车库有三四处，修理棚是一间茅草棚。这个地方吃水很困难，煮饭、洗东西都舀田里的水，一到炎夏酷暑，田里的水干涸了，吃水更加困难。一年多，由于水土不合，我们个个都打摆子、发高烧、发冷成了家常便饭。我们每月生活费很少，但对华侨是照顾的，每月发30块钱，其他人只有5块钱。我在办事处的两年多时间，正是抗日战争最艰苦的年头，那时重庆是陪都，日本的飞机经常来空袭。在一次轰炸中，我正在屋里下棋，听到“嗞”的声音，才急忙趴在乒乓桌底下，右脚被弹片划一个大口子。我受伤的消息一传到办事处，很快那边就派车把我送到土湾仓库的防空洞内，医生从办事处赶来。他一边为我包扎，一边说：“周恩来同志让我来给你治疗，他要你好好养伤。”还专门派一位同志负责照料我，医生也常来换药，半个多月伤便好完了。

在十八集团军重庆办事处服务的两年多时间里，我3次到延安，每次都是五六辆、多至十来辆，怕一辆在路上容易出事，便都结成“车队”。车上装的是药品、汽油等急需物资，为了保证行车安全，周恩来同志操了不少心。每次出车之前，都是他亲自与有关当局交涉、办理手续。在出发时，他亲自清点人数和物资，并从办事处内院陪着我们走到大门口，再三叮嘱我们。车队到延安，都受到边区军民的热情接待。我们住在延安宝塔北面的兵站里，总要休整20天左右。延安人自己吃小来，都优待我们吃大来，延安人自己住窑洞，都安排我们住平房。

1945 年抗战胜利后，国内机工侨工归心似箭，而中国当局是敷衍拖延态度。我们只希望政府早日把我们遣送回南洋，因为我们实在不能忍耐了。1946 年 5 月 9 日我连同其他 19 位机工致函陈嘉庚，请求陈先生敦促中国政府当局，协助迅速办理遣送事务，或发给旅费，自行设法南归。陈嘉庚先生立即将信转给新加坡《南洋日报》，该报全文刊载了此信，国民党政府迫于舆论压力，答应解决护照申请、路费等问题。眼看就要离开多灾多难的祖国了，我的岳母不幸病重，为了侍候她，我只好留在大陆，因而错过了回新加坡的机会。

中华人民共和国成立后，我到重庆公共交通公司工作，当汽车驾驶员，工作兢兢业业，每年都被评为先进生产者和安全行车标兵，我热爱祖国、热爱党，愿为社会主义事业贡献力量。1956 年我写了入党申请书，由于极“左”思潮的影响，认为我有“海外关系”，直到 1983 年才解决我的入党问题。现在我退休在家，一家人和睦，组织也照顾。我参加市侨联组织的活动，逢年过节得到侨联组织的关照，过着幸福的晚年。

15. 林广怀：听祖国召唤　抗战保国[①]

姓名：林广怀
出生时间：1919 年 7 月
性别：男
归国前所在地：马来亚
归国后所在地：云南、重庆
归国时间：1939 年 7 月 13 日
归国原因：南侨机工

青少年时代

我叫林广怀，原名林江海，祖籍福建永春县人，周岁时随父母“过番”侨居马来亚丹绒马林，投靠我祖父经营的“咸美杂货店”，后来我祖父去世，由我父亲林邦源继承经营生意，我们兄妹 9 人，全家生活全靠我父亲一人负担，因而积劳过度而病故，这时我年仅 15 岁。在生活的驱使下，全家迁往日叻务。我叔父林邦谦，他经营谦美公司树胶和杂货生意，从此我由学徒做起，一年后协助公司债务责任，全家的生活也安定。当我进入青年时代，因喜爱体育运动，我就在本地组织了“日光篮球队”作为业余爱好，开始了我黄金时代的生活。

国家兴亡，匹夫有责

1937 年 7 月 7 日卢沟桥事变，全面抗战掀开序幕后，《南洋商报》大量报道有关日本出兵侵占我国领土的消息。正当祖国处于生死存亡的危难时刻，广大海外侨胞铭记孙中山先生“华侨是革命之母”的教导，很快南洋华侨就掀起了抗日救国运动的浪潮，大家有钱出钱，有力出力，决不做亡

① 林广怀:《听祖国召唤 为华侨争光》。载四川省归国华侨联合会、四川省华侨华人学会:《华侨华人研究文集》第一辑，成都：成都科技大学出版社，1993 年，第 289-295 页。标题有所改动。

国奴。不久，武汉合唱团到马来亚各地进行募捐宣传，演唱抗日救亡歌曲。最使我记忆犹新的，如:《义勇军进行曲》等抗日救亡雄伟悲壮的革命歌曲，激起了我的爱国热情。当时，南侨总会主席陈嘉庚先生号召华侨要团结一致，万众一心，驱逐日寇，救我中华，要牢记:“毋亡国耻”四个大字，一定要把救国宣传运动推向新的高潮。不久，各地筹赈分会纷纷响应总会号召，侨胞统一戴青纱、袖章上写有“毋亡国耻”四个大字。当时我在叻务组织的“日光篮球队”，每个青年都戴上青纱，上街游行宣传，当时我又提出建议募捐办法:（一）首先抵制日货，（二）篮球比赛募捐，（三）文艺宣传募捐，（四）向大公司老板劝捐等等，大家都表示积极赞成。在募捐活动中，大家克服了重重困难，比如演出礼堂狭小，容纳观众不多，怎么办？大家建议利用篮球场空坝作演出场地，于是大家一起动手用锄头平地，再上山砍竹和椰树叶，还四处借木板修建露天戏台，使演出如期进行。全数收入约3000元马币，如数上缴森美兰筹赈分会。微微数额，却表达了侨胞一片赤诚之心。

由于我在本地搞募捐工作，对公司工作出力不够，被叔父责骂，斗气离开公司，租赁菜摊做生意，还勉强能维持家庭生活。当时《南洋商报》报道了陈嘉庚号召司机回国抗日服务的消息，各地司机踊跃报名参加，我当时即想到：国家兴亡，匹夫有责，我必须以实际行动以表决心，毅然到森美兰去报名。《南洋商报》登载了我的名字，被祖母、母亲及叔父知道了，赶去分会把我挡下来，我回国无望，但仍不回公司，菜摊由胞弟负责，我另在本地租铺面开糖果店。我在居住的英国殖民地马来亚，目睹亡国的马来人，在英国统治下过着可恶的亡国奴生活，我想祖国决不能被日本帝国主义灭亡，我们的同胞不能成为亡国奴。由此，我回国决心已定，于是改名林广怀骗过家庭关再次报名，当时被批准者总共27人，我被选为森美兰第二批司机回国服务队的队长，待祖母、叔父、母亲全家知道后，再也不好去阻挡我，并再三嘱咐我回到祖国要好好服务，抗日胜利早日回来，以免全家人挂念。在本地日光篮球队、育华学校、华商俱乐部组织的欢送大会上，我向大会致谢说:“今晚诸位为我举办这隆重欢送大会，心里很惭愧，为了不辜负大家的希望，我向大会宣誓，回到祖国，无论在任何艰险生死关头决不当逃兵，为祖国捐躯沙场。”第二天我赶回森美兰筹赈会待命、清点队员到齐后，整队分工，后由筹赈分会择日开欢送会，主席黄益堂发表了慷慨激昂的讲话，希望我们回到祖国后要克服困难，争取抗日早日胜利，并说胜利后再迎接我们胜利归来，大会还赠送锦旗作为留念。

走上抗日救国的途径

1939 年 7 月 13 日在森美兰筹赈会欢送下，我们乘上火车当天晚上到达新加坡。南侨总会派人接待，住在同济医院，陈嘉庚主席经常亲临指导慰问，勉励我们要团结一致，尽忠报国。随后编队属新加坡第八批共 300 多人，编为 7 个中队，总领队黄景镇，我是第 3 队队长，全队 57 人。不久由陈嘉庚主持大会，举行欢送仪式。我们经西贡、河内搭火车到昆明，由当时国民政府军事委员会西南运输处派人到火车站迎接，住在双塔寺。每天早晨跑步到师范学校操场升旗、听训话，受军训和驾驶实习。大约是九月间毕业调到 17 大队华侨补中队，由大队副李范率队由昆明乘车出发，到腊戍接车，滇缅公路急弯多，坡陡、山高，峻岭岩下烟雾层层看不到底，驾车稍有不慎就会车翻人亡。到遮放接车后，我的任务是运输军需物资。一次，我从遮放到广西柳州。由于日寇日夜轰炸，当转运至迁江前线已是深夜。当时枪声不断，满天火光，目睹抗日战友受伤倒地，有的周身是血，其痛苦呻吟的惨状，我心中实在难受。这时我想起回国前向大会宣誓的情景，胆也就壮了，心也不怕了，我就奋勇背伤兵上车，至于饥饿口渴均置之度外，连夜将伤员运回柳州治疗。我经常运战士往返于前线，有一次白天运战士赴前线，突然听到车上战士喊有日机，我急停车，跟战士一起扑卧沟里。日机炸后走了，附近民房有的被炸燃烧，有的倒垮，跟我后面约半公里的一辆车被炸，死伤多人，带队官员怕死，到柳州后就开小差回昆明老家去了。我有时奉命送士兵或弹药武器到迁江，哪怕是寒冷的冬天，细雨不停，道路难行，为防日机，晚上开车不敢开大灯，只有摸索前进，一路上全身疲劳，眼皮如垂千斤睁不开，虽历尽艰险，但心无怨言，一心想到的是为祖国，为抗日，视死如归。1940 年 2 月间，运受伤战士来重庆养伤。这时我们 17 大队已调往重庆南岸四公里西南运输队处第 3 处。我报到后，就担任运输军用品往返于西南 3 省，有时仍到广西、湖南辰溪等地。

陈嘉庚主席率领南侨总会回国慰问考察团，沿途考察，6 月间到达重庆，西南运输第 3 分处，排队迎接慰劳考察团。陈主席勉励我们说：抗战期间要排除万难，坚持到抗战胜利。同年随大队调云南宣威、往返昆明——

泸州运输物资，不久被拆散，送我们到叙永司机训练所，后又调重庆第3大队，我任分队长，1941年底，我已结婚，又随大队携家眷调去昆明，住在西站。1942年往腊戍接车运物资回昆明，沿途公路上尽是华侨难胞扶老携幼，饥寒交迫，病倒睡卧于公路两旁。有的徒步逃命回昆明，其痛苦惨状，目不忍睹。在昆明卸货后，又即令我分队立即到腊戍抢运，可是车到芒市，总站命令转载侨胞回昆明，因车辆拥挤，白天晚上走走停停，行驶3天，5月4日我车刚过惠通桥时就听到腊芒山上炮声隆隆，不久，该桥就被炸了。我的堂兄林蔗唐、林蔗必、林财，因他们3人同时都在芒市装运难侨，我到昆明寻找不见人，据说他们未过桥，可能已牺牲，令我悲痛疾首。滇缅公路封锁后，就在昆明待命。不久3大队合并到华侨第2大队，后来移交中缅运输局。我被通知去堂山训练所，由于该所混乱一团，没人负责，其生活苦状，一言难尽，还不如难民收容所。我这异乡人在昆明举目无亲，找工作比上天还难，在生活万分困难下，我携家眷回重庆居住。我多次要求工作，11月14日报到上班，驾驶柴油车运物资往返于贵阳、昆明、湖南、辰溪等地。1945年日寇大举进攻贵州，贵阳紧张。我废寝忘食，不分昼夜送13军到前线，指挥部命令我车运伤员回贵阳。返回重庆时日本已宣布投降。

复员操旧业　为民做奉献

抗日胜利后，我仍担负驾驶工作行驶于西南3省，万想不到抗日刚刚胜利，12月1日我就失业了。1946年巧遇在川陕公路局开车的同学，介绍我到该局驾驶大客车专走广元。

当时由于复员工作需要调我参加输送机关员工去湖南长沙，返重庆后听说侨务委早已登记南侨机工复员南返，我即到侨委会登记，主办人说："南侨机工复员手续早已办完，你来登记已经迟了，只能领奖金200元美金，你在西南运输处连续工作6年已经证明，可由本会向中央政府代你申请颁发抗日胜利勋章。"我得勋章后即寄回南洋以慰亲人并向陈嘉庚主席汇报，表示我没辜负家中亲人对我的希望。1947年我在重庆民族路76号创办南洋汽车行，营业收入好，购有车辆，中华人民共和国成立后结束车行生意。

中华人民共和国成立后我到川东署北碚公安厅生产股开客车。在"三反"运动中能积极踊跃发言。敢于同坏人坏事作斗争，运动胜利结束后，调我到本市公共交通公司担负驾驶工作。我埋头苦干，努力工作，几十年如一日，年年完成生产任务，多次被评为年度先进生产者，还被评为市“安全行车先进者”光荣称号，获得物质奖励和奖状。1983 年晋升为特级驾驶员。1984 年获交通部安全行车百万公里奖章、奖状、物质奖。1985 年和爱人光荣退休，得到组织照顾，搬进新住房，幸福愉快地欢度晚年。回忆往昔，饮水思源，归功于党，归功于人民，更怀念陈嘉庚主席的教导。

出国探亲　重返星州

1987 年 7 月间和爱人出国探亲，逗留在新加坡时曾前往拜访陈嘉庚主席侄儿、新加坡中华总商会主席陈共存先生，承他热情接见，细心询问留居祖国机工幸存者的身体、家庭等生活情况，并关心地询问有何建议，有何要求。我代表重庆幸存者向他汇报。他介绍《联合晚报》高级记者李永乐先生来我处了解留居祖国机工幸存者近况。但适逢马来西亚亲人来新加坡见面，约我外出，错过了机会，很是遗憾。

1988 年 10 月 14 日在四川省侨联的关怀下，组织全省各地南侨机工健在者，游览成都、都江堰、新都、乐山、峨眉山等名胜古迹。每到一处，都受到当地侨务部门热情接待，这是我半个世纪以来最为高兴、最难忘怀的一件事。更为欣慰的是，在 1990 年 4 月重庆市第 3 次侨代会的开幕式上，市委副书记、市长孙同川的致词中对南侨机工在抗战中的作用给予了高度评价。同时最近省侨务部门决定给我们颁发荣誉证书，这使我感到无限光荣和骄傲。我和在渝健在的南侨机工颜世国、方川如、黄金水、程龙庆等人联合，向市侨办、市侨联，赠送了两面工艺精细的锦旗，以作永久的纪念。

16. 六位华侨机工的自述 ①

华侨机工是抗战期间从南洋各地回国支援抗战的华侨汽车司机和修车技工的通称。1939 年各地归国参战的华侨机工前后九批，共 3200 多人。像华侨机工那样人数众多、有组织和统一领导的回国参加抗日救亡运动，在华侨爱国史上是没有先例的，这是华侨爱国史上的壮举。他们为祖国抗战建立了卓越的功勋。

黄金水

出生时间：1911 年 7 月
性别：男
归国前所在地：新加坡
归国后所在地：云南、重庆
归国时间：1939 年 3 月
归国原因：南侨机工

我原住马来亚马六甲，1937 年日本帝国主义发动侵略战争，28 岁的我，血气方刚，积极参加抗日宣传、抵制日货和募捐救灾等。陈嘉庚先生发出成立南侨机工回国服务团的号召时，我认为正是报效相国杀敌良机，虽然父母阻拦（当时我只订婚未结婚，减少一层阻力），但仍经过千方百计的努力，参加到马六甲第二批机工团的行列，由洪华民带队至新加坡，1939 年第 3 批回国，到达昆明后编入 12 大队补充队受训，不久被派去缅甸接车。回至保山正逢敌机大轰炸，不幸腿部负伤，伤愈后继续奔驰于滇缅公路前线，抢运军需及人员，日夜奋战。抗战胜利后，国民党发动内战，我们不但未能得到应有的奖赏和应有的安定生活，反而流离失所，生活无靠。为了生活，我辗转来到重庆。中华人民共和国成立后，我被安排在公共汽车交通公司，才

① 曾瑞炎：《六位华侨机工的自述》。四川省归国华侨联合会、四川省华侨华人学会：《华侨华人研究文集》第一辑，成都：成都科技大学出版社，1993 年，第 295–299 页。

真正有了安定的工作。从自己的经历中，我体会到中国共产党才是真正为国为民的伟大政党，没有共产党就没有新中国。为此我在1953年诚意自愿申请入党，经党组织一年的考察，于1954年被接受为正式党员。

颜世国

出生时间： 1909年12月
性别： 男
归国前所在地： 马来亚
归国后所在地： 云南、重庆
归国时间： 1939年7月
归国原因： 南侨机工

抗日战争爆发后，当时我在马来亚马口我叔叔开的一间店铺工作，投入了轰轰烈烈的募捐救国运动中。记得是1939年2月，在我结婚的婚礼上，我和妻子将自己的结婚戒指捐献了出来。不久，陈嘉庚先生领导的“南侨总会”发出了征募华侨青年机工回国服务的号召，当时我心里想：支持祖国抗战是每个华侨义不容辞的神圣责任，现在是报效祖国的时候了，于是我决定应征报名。我是家中的长子，家中许多事都由我处理，为避免家庭的阻拦，我只好先将已怀孕的妻子送回槟城岳母家，然后背着母亲和弟妹到美兰矿务会馆报了名。1939年7月我们启程回国，我被安排在第8批，同行的有林广怀、谢隆生、陈鼎盛、李苏、张同辉等30多人，路程是由新加坡至西贡，再由西贡到昆明。在昆明作短期集训两个月，考试合格后，我被分配在西南运输处17大队17补充队，共有20人，除一名是广西、一名是南京的国内司机外，其余都是华侨，扎营地点就在重庆南岸四公里处，任务是到广西柳州运输军火。1940年贵州独山失守，我又转到滇缅公路抢运物资。滇缅公路自昆明起至下关抵缅甸的腊戍，全程1000多千米，山高路险，路基很差，我们对整个道路又不熟悉，行车十分小心。1941年2月的一天，我们的车队经过惠通桥，这是滇缅必经之路，日军千方百计想破坏这座桥。这天日军在离桥不远的来腊猛山头上不断用炮火封锁去路，硝烟弥漫，炮声隆隆，路上难民扶老携幼熙熙攘攘，许多汽车都堵塞了，看到这种情景，更加激起了我对侵略者的仇恨。幸好，我们终于通过重重封锁，顺利来到了保山。但是我们有不少华侨司机，流血牺牲在运输线上，为祖国作出了重要贡献，这是值得我们永远怀念的。

曾杏存

出生时间： 1910 年 8 月

性别： 男

归国前所在地： 新加坡

归国后所在地： 云南、重庆

归国时间： 1939 年 8 月

归国原因： 南侨机工

当时日寇大举向中国进攻，家乡广东汕头也被日军侵占了，日军到处血腥屠杀，奸淫妇女，无恶不作，使我仇恨满胸，恨不得一夜之间把敌人统统消灭。新加坡《星洲日报》登载“南侨总会”主席陈嘉庚先生号召华侨青年回国抗日服务的消息，更使我热血沸腾：我决定丢下自己的工作，放弃优裕的生活条件，毅然报名回国贡献自己的力量。那时我才 28 岁，年轻力壮，家属不在身旁，无任何牵挂。我们于 1939 年 3 月 14 日离新启程，同行有卢松深、扬木深、张永隆、张木隆等人。18 日抵西贡堤岸，改乘滇越铁路货车，行程 7 天，长途跋涉，历尽艰辛，逢庙宿庙，草地当床。更惨的是日机在天上狂轰滥炸，滇越路热气袭人，不少人受不了死在那里，被炸死的也不少。目睹这些悲惨情景更激励了我们的爱国之心，不管怎样艰险，毫不动摇，视死如归，创造了英雄业绩，爱国精神真可谓与山河共存，日月同辉。

吴璋

出生时间： [1]

性别： 男

归国前所在地： [2]

归国后所在地： 云南、贵州、重庆

归国时间： 1939 年

① 因年代久远，信息不全，所以此处为空白。

② 上同。

归国原因：南侨机工

为了支援祖国抗战，我们响应陈嘉庚先生的号召，回国来到昆明，住在潘家湾西南运输处驾驶员训练所，几个月以后我被分到西南运输处第六大队，开始是跑后方线路：昆明——贵阳——重庆。几个月后我们驾车运输往返于柳州——合池——田东——桂林。这条线路危险性大，白天不能开车，否则日机发现后就要轰炸（我现在耳聋，就是当时被炸弹震聋的），我们只好晚上不开灯开夜车。一次，我们7辆车满载汽油，要经过昆明惠通桥，为了阻止日军过桥，中国军队就把桥炸了。我们无法驾车过桥，毅然把这7辆车和载的汽油全部烧了，不让日军得到。我们7个驾驶员就游泳过河到保山。在保山我们又驾车拉难民到昆明。以后我们在重庆——贵阳——保山等地驾车拉汽油等物资直至1945年日本投降。

封朝光

出生时间：[①]
性别：男
归国前所在地：新加坡
归国后所在地：云南、四川、重庆
归国时间：1939年3月
归国原因：南侨机工

我受陈嘉庚先生抗日号召的影响，报名后在新加坡集中，加入第3批南侨机工回国服务团，分在昆明西南运输处训练所开车。当时的大队长叫谭光柏，一月后，派我到（缅甸）泽徨接车，返回昆明后不久调回大队工作。一次，从昆明到楚雄运弹药，途中因车后门脱掉，弹药失落两箱，回昆明后被宪兵部以出售弹药给“共匪”为名，我被逮捕了，遭受严刑拷打后送五华山关押待查。3月后，因失落的弹药被查到，我被放回原单位工作。以后我们在保山、昆明、贵州和广西一带驾车为抗战搞运输。缅运输总局结束时，我也失业了，只好以修车为生。后来昆明市五家坝空军招收汽车驾驶员，我报

① 因年代久远，信息不全，所以此处为空白。

考后被录用，不久调去四川泸州南田坝工作，直到抗战胜利。年老到重庆，和儿子一家一起生活。

邢福昌

出生时间：1919 年 8 月

性别：男

归国前所在地：新加坡

归国后所在地：云南、重庆

归国时间：1939 年 8 月

归国原因：南侨机工

抗战爆发时，我在新加坡海军军港电工部做电工工作，与全体华侨一起开展抗日救国活动。1939 年我不顾亲友的劝阻，辞去军港的职务，毅然报名参加第九批南侨机工回国服务团，返回新加坡报到。8 月 18 日我们离开新加坡码头，送行的人群久久不肯离去，当时的情景，至今我还记忆犹新。到昆明后，我们住在西南运输处驾驶员训练所。第九批第一队是为军政部招募的，但是军政部久久没有来人接取，等不耐烦了，特逢军校训练班在昆明招收华侨学生，我就与几个好友去报名并被录取了。年底军政部来电叫西南运输处派车送我们来重庆化龙桥军政部第二汽车修理厂。1940 年 3 月特训班来函通知我与林明芳、钟积节、李奇香到合川报到，5 月入伍正式受训，被编为特训班第 7 期军校 17 期 3 大队 9 中队（又名华侨队）。日寇南侵，川南不稳，1941 年迁驻宜宾，一边设防一边受训。1942 年毕业，被派到重庆市磁器口道场军统南洋班第二期受训，8 月毕业，10 月被派到重庆卫戍总部稽查处小龙坎稽查所青木关分所任稽查员。经过几十年的风风雨雨，本人已到暮年，不能为祖国建设出多少力，为此而叹息：

赤子思亲心未泯，腥风血雨醒迷津。
东邻野狗战鼓激，神州遍地起狼烟。
匹夫有勇愁无底，莽汉出手功力轻。
大好河山待修饰，留得伤疤后人警。

后　记

《重庆归侨口述史》在各方面的努力和支持下终于和大家见面了。这是一件值得庆幸的事。重庆市移民文化研究会把华侨历史纳入自己的工作范围，我们认为是一大胆的尝试和创新，得到有关部门的重视和支持，也弥补了重庆侨务工作的空白。

编写《重庆归侨口述史》，可以说是一件抢救性的工作，从归侨本身来说，回国参加抗日战争的前辈“南侨机工”健在的只有一个人了，中华人民共和国成立后至1978年以前回国读书或参加建设的归侨也都是七八十岁的老人了，年老体弱，加上居住比较分散，他们大都不熟悉运用微信，联络采访工作的难度可想而知。幸运的是，我们得到了有关部门的支持，特别是各级侨联的大力帮助配合，以及归侨本人及其眷属的大力配合。我们特别感谢重庆中国三峡博物馆领导，特别是副馆长张荣祥研究馆员给予的大力支持和关心；感谢重庆市社科联的同志的支持立项。中国华侨出版社的编辑同志提出了宝贵的修改意见。在此，特向上述有关部门领导、人士表示衷心的感谢！

本书的编写，邓海东、池文庆大力参与并做了大量联系工作。陈玉琴参与了早期材料收集。参与访谈和文稿整理人员：岳精柱、董涛、邓海东、池文庆，重庆大学的在校学生桑雪、马乐瑶、祖立阳、饶品、李蒙、李希珺、李奇灿、赵一雪、唐子涵、肖军伟、海翠婷、庞玉玲、王煜鋆、敖畅、田杨、肖军伟、李光璐、桑雪，北京师范大学江津附属学校教师岳士尊等。在此向大家表示衷心的感谢。

www.ingramcontent.com/pod-product-compliance
Ingram Content Group UK Ltd.
Pitfield, Milton Keynes, MK11 3LW, UK
UKHW061826190726
13853UKWH00009B/2456